Brygida Ochaim · Claudia Balk

Varieté-Tänzerinnen um 1900
Vom Sinnenrausch zur Tanzmoderne

Brygida Ochaim · Claudia Balk

Varieté-Tänzerinnen um 1900
Vom Sinnenrausch zur Tanzmoderne

Deutsches
Theatermuseum,
München
23.10.1998 - 17.1.1999

Georg-Kolbe-Museum,
Berlin
14.2. - 11.4.1999

In reduzierter Fassung
(Dokumentationsteil):
Tanzarchiv Leipzig
29.4. - 13.6.1999

Brygida Ochaim
Claudia Balk

Varieté-Tänzerinnen um 1900

Vom Sinnenrausch zur Tanzmoderne

Stroemfeld / Roter Stern

**Eine Ausstellung des
Deutschen Theatermuseums, München**

**Unter Schirmherrschaft des
Conseil International de la Danse
der UNESCO**

Ausstellungsidee: Brygida Ochaim

Katalog und Ausstellung: Brygida Ochaim und Claudia Balk

Biographien und Objektrecherche: Brygida Ochaim

Dokumentation: Anne Blankenberg, Brygida Ochaim

Organisation: Anne Blankenberg, Andrea Hauer

Übersetzungen (französisch): Marietta Piekenbrock

Titelfoto: Saharet. Plakat von Maurice Biais, Paris 1902,
Farblithographie, 136,5 x 93 cm, Staatliche Museen zu Berlin –
Preußischer Kulturbesitz, Kunstbibliothek

Die Deutsche Bibliothek – CIP-Einheitsaufnahme

Varieté-Tänzerinnen um 1900 : Vom Sinnenrausch
zur Tanzmoderne; [anläßlich der gleichnamigen
Ausstellung im Deutschen Theatermuseum München:
23.10.1998 - 17.1.1999] / Brygida Ochaim u.
Claudia Balk. - Frankfurt am Main ; Basel :
    Stroemfeld, 1998
    (Roter Stern)
    ISBN 3-87877-745-0
NE: Ochaim, Brygida; Deutsches Theatermuseum <München>

Copyright © 1998
Stroemfeld Verlag
Frankfurt am Main und Basel
Alle Rechte vorbehalten. All Rights Reserved.

Entwurf: Michel Leiner
Layout und Satz: Wolfgang Scheffler, Mainz
Belichtungen: p+d, Offenbach-Biber
Druck und Bindung: Offizin Anderse Nexö Leipzig / Interdruck
Gedruckt auf säurefreiem, alterungsbeständigem Papier
entsprechend DIN ISO 9706

In gleicher Ausstattung liegt vor:
Claudia Balk, Theatergöttinnen
Clara Ziegler – Sarah Bernhardt – Eleonora Duse
ISBN 3-87877-485-0

Bitte fordern Sie die kostenlose Programminformation an:
Stroemfeld Verlag, Holzhausenstr. 4, D-60322 Frankfurt am Main
e-mail: Stroemfeld@t-online.de

Inhalt

Claudia Balk

Vom Sinnenrausch zur Tanzmoderne

>»Die Leute sind es nämlich müde, reden zu hören.
[…] Denn die Worte haben sich vor die Dinge
gestellt. […] So ist eine verzweifelte Liebe zu allen
Künsten erwacht, die schweigend ausgeübt werden:
die Musik, das Tanzen und alle Künste der Akrobaten und Gaukler.« (Hugo von Hofmannsthal)[1]

Die vergessenen Musen des modernen Tanzes

Legendäre Berühmtheiten einst – heute vergessen. Scharen eines sensations-
lüsternen Publikums der Metropolen Europas und Amerikas applaudierten jener
spezifischen Gruppe schillernder Stars um die Jahrhundertwende, denen nun noch
einmal vermehrte Aufmerksamkeit zuteil werden soll: den gefeierten Tänzerinnen großer Varietébühnen. Sie verliehen einer Zeit, die wegen ihrer Um- und

Aufbrüche zu unserem Jahrtausendende
wieder zur gedanklichen Auseinandersetzung lädt, ihren körperlichen Ausdruck. Von den Fesseln des erstarrten
Balletts losgelöst, kreierten sie Darbietungen, mit denen sie die Entwicklung
des modernen Tanzes vorbereiteten.
Doch in den einschlägigen Tanzlexika
wird man vergeblich einst so klangvolle
Namen wie La Belle Otéro, Cléo de
Mérode, Saharet, Olga Desmond oder
Anita Berber suchen. Die frivole Muse
des modernen Tanzes ist nicht mehr
präsent – vielleicht gar absichtsvoll vergessen aufgrund der ihr anhaftenden
Unseriosität.

Wie sehr diese Tänzerinnen die – primär
männliche – Phantasie beflügelten, be-
zeugt nicht nur ihr Widerhall in literarischen Zeugnissen ihrer Zeit; die berühmten Varieté-Tänzerinnen wirbelten auch
durch die Gefilde Bildender Kunst. Diese
Verflechtungen dialogisierender Künste
bestätigen die faszinative Wirkung der
Varieté-Tänzerinnen, den Reiz und die
zeitgemäße Attraktivität ihrer Darbietungen.

La Belle Otéro,
Fotografie von Reutlinger
[Kat.-Nr. 198]

Ernsthaftigkeit und ästhetisches Niveau ihrer Tanzbestrebungen aber wurden von
den Zeitgenossen schon bezweifelt: »Man sucht oft abzustreiten, dass die Kunst
unserer Danseusen von einem versteckten geistigen Willen belebt ist…«[2]. Und
auch einer der wenigen heutigen Fürsprecher der Varieté-Tänzerinnen als Vor-

Vom Sinnenrausch zur Tanzmoderne   7

boten der Tanzmoderne gesteht solcher Kritik doch eine gewisse Berechtigung zu: Vor Isadora Duncans ersten Auftritten in Europa »...waren bereits Tanzbewegungen entstanden, die als praktischer Beginn der Moderne einzustufen sind ..., wenn ihre Repräsentanten auch wenig theoretische Äußerungen überlieferten.«[3]

Varieté-Tänzerinnen als Wegbereiterinnen der Tanzmoderne

Die These, die Varieté-Tänzerinnen seien Wegbereiterinnen der Tanzmoderne gewesen, ist also nicht neu, doch wurde sie nie einer ausführlichen Darstellung für wert erachtet, sondern eher nur als Marginalie behandelt.

Wolfgang Jansen hat in seinem Buch ›Das Varieté‹ diesem Thema immerhin einen Abschnitt gewidmet, in dem er eingangs ausgiebig Arthur Kahane zitiert: »›Mein historisches Gewissen mahnt mich: nicht von den Wiesenthals ging die Renaissance des Tanzes und die Überwindung des Balletts aus, die sich in den letzten dreißig Jahren vollzogen hat, von den Sisters Barrison an [...] bis zu den Tillergirls; ich weiß, wie bahnbrechend die zähe Prophetennatur der armen Isadora Duncan gewirkt hat; ich erinnere mich an den Feuerzauber der Loïe Fuller, an die exotisch elementare Wildheit der Saharet, an die männerbezwingende Otéro; ich weiß, ... wie bedeutsam die transzendente Seelenkunst der Mary Wigman ist; welche mystische Ausdrucksreiche durch Rhythmus und Linie Sent M'ahesa ahnen ließ [...] Alles das und vieles andere ist stark, schön und neu, revolutionär und tief und erzieherisch und weltanschaulich bedeutsam.‹«[4]

Sent M'ahesa,
Fotografie von Hugo Erfurth, 1914
[Kat.-Nr. 343]

Dazu meint Wolfgang Jansen: »Essayistisch überspitzt mutet es auf den ersten Blick an, die Barrisons und Tillergirls in einem Atemzug genannt zu finden mit ... Mary Wigman und den Schwestern Wiesenthal, deren aller Erscheinen revolutionierend gewirkt haben soll. Dennoch zeugen die Äußerungen in einem vermittelten Sinn von einem genauen historischen Bewußtsein, das zu Recht zur Kenntnis nahm, daß die Wiedergeburt des Tanzes nicht von den überlieferten Aufführungsstätten ausging, sondern zu einem wesentlichen Teil von jenen Bühnen, die gemeinhin als triviale Unterhaltungsstätten angesehen werden.«[5]

Beinahe prophetisch in Bezug auf die Vorbereitung der Tanzmoderne im Varieté muten die folgenden Sätze Arthur Moeller-Brucks an, die er bereits im Jahre 1902 formulierte: »Wenn aus diesem Variete [sic!] ... dereinst die grossen Schöpfungen der grossen Szene entstiegen sein werden, kann es selbst zweifellos nur mehr noch den Charakter und Rang einer kultur- [sic!] und kunstgeschichtlichen Kuriosität haben. Bis dahin aber ist es das Phänomen, in dem einzig die Elemente überhaupt zu einem Ausdruck gelangen können, die ihren Endzweck erst noch finden sollen.«[6]

Claudia Balk

Während Jansens Argumentationslinie hauptsächlich auf dem Akzent der Aufführungsorte basiert – offenes Varieté versus verschlossene Opernhäuser –, einem Themenkreis, der weiter unten eingehender betrachtet wird, geht die Darstellung von Gunhild Oberzaucher-Schüller über eine Teilgruppe der Varieté-Tänzerinnen weit mehr ins tanz- und kulturgeschichtliche Detail.

Die amerikanische Gruppe der ›prime movers‹

Folies-Bergère – La Loïe Fuller,
Plakat von Jules Chéret, 1893
[Kat.-Nr. 107]

Sie beschäftigt sich mit dem Einfluß »... jener amerikanischen Grenzgänger, ... die zu Beginn unseres Jahrhunderts wiederholt zwischen den geographischen und kulturellen Räumen wechselten; es handelt sich dabei um die Tänzerinnen Loïe Fuller, Isadora Duncan, Maud Allan und Ruth St. Denis, jede für sich von ausgeprägter künstlerischer Qualität, die sich historisch gesehen zur Gruppe der ›prime movers‹ vereinen.«[7]

»Fuller und die anderen ›prime movers‹ des Modern Dance hatten in Mitteleuropa einen Platz gefunden, wo sie ihre Ideen verwirklichen konnten; sie hatten damit neue Pfade beschritten, ja sogar Wege geebnet, auf denen ihnen manche Mitteleuropäer folgten; für diejenigen jedoch, die auf eigenen Fundamenten bauten, hatte das Wirken der Amerikaner Signalwirkung: Durch die Tore, die die Amerikaner aufgestoßen hatten, brachen sie ins 20. Jahrhundert auf.«[8]

Wie schwierig aber die qualitative Bewertung der Darbietungen schon dieses kleineren Kreises, ja auch nur einer einzelnen Tänzerin ist, veranschaulichen die folgenden Sätze Oberzaucher-Schüllers: »Varietéästhetik ist wohl das eigentliche Charakteristikum der frühen, europäischen Phase der Ruth St. Denis, eine vielleicht überraschende Äußerung angesichts des Bekanntheitsgrads der Tänzerin diesseits und jenseits des Atlantiks. Als Gründerpersönlichkeit des Modern Dance gefeiert, wird Ruth St. Denis in Amerika fast zwangsläufig größte Beachtung zuteil. In Mitteleuropa verzerren insbesondere die Huldigungen, die ihr von Persönlichkeiten wie Hugo von Hofmannsthal und Harry Graf Keßler entgegengebracht wurden, den wahren Wert gerade jener Tänze, die sie hier tanzte, ja sogar kreierte. Waren Tänze wie *Radha, Cobras, Incense, Nautch* oder *Yogi* nicht bloße Varietéroutine, deren choreographischer Wert auch nicht durch die künstlerische Aura der Amerikanerin aufgewertet wurde?«[9]

Ruth St. Denis in *Radha*,
Fotografie von Gerlach, um 1906
[Kat.-Nr. 328]

Varieté: Definitionsansätze

Offenkundig bereitet es also – nicht nur wegen der Quellenlage[10] – erhebliche Schwierigkeiten, auch nur die herausragenden Tanzdarbietungen auf den Varieté-bühnen ästhetisch einzuordnen. Das Charakteristische des Varietétanzes – wie generell der Spezies Varieté – zu beschreiben, ist ein Thema, das den Sekundärautoren eher Probleme bereitet hat, als daß ihre Bemühungen wirklich der Erhellung gedient hätten. Recht charmant konstatierte 1902 der ›Klassiker‹ aller Sekundärautoren zum Thema Varieté, Arthur Moeller-Bruck: »In unserem Begriffsvermögen ist für eine Klarheit über Variete und Dinge, die es angehen, noch so gut wie gar nicht vorgearbeitet. Das Variete ist intellektuell ein vollständiges Novum für uns, von einer Jungfräulichkeit, die sich gegen alle Versuchungen des sonst so formelgierigen Menschengeistes wahrhaft grossartig gehalten hat.«[11]

Beim selben Autor findet sich auch eine Wiedergabe – nur damaliger? – Meinungsbildung, die gleichzeitig eine Erklärung der oben geschilderten Situation anbietet: »Und ästhetisch sei das Variete eine Profanation sämtlicher neun Musen, Kunst in einem Gewand, das nach der Bordelle, wie ein schlimmer Kalauer lautet, zugeschnitten scheint; auf jeden Fall prostituierte Kunst.«[12]

Ebenso wie andere Autoren zitiert Ernst Günther ausgiebig Moeller-Bruck, von dem er auch den Begriff ›Varietémoment‹ übernimmt: »›Varieté ist alles, was Dionysos den Menschen antreibt zu tun und das noch nicht Kunst geworden oder überhaupt nicht Kunst zu werden vermag‹, meinte Moeller-Bruck ...«[13]. Und selbst setzt Günther hinzu: »Varieté ist eine Kunstform zur Unterhaltung auf Massenbasis, besser vielleicht: eines Massenpublikums. Sie ist in ihrer Genealogie ebenso verwandt mit dem Theater wie mit dem Zirkus, ohne mit einem von beiden identisch zu sein. Gewiß, Varieté ist wie das Theater an die Bühne gebunden. Doch im Gegensatz zum Theater bedarf es keiner wohlorganisierten dramatischen Handlung, in der der einzelne nur dazu da ist, das Ganze zu verdeutlichen.«[14] Die Inhaltslosigkeit des Varietés ist ein wichtiger Gesichtspunkt, der uns im folgenden noch näher beschäftigen wird.[15]

Das Varietémoment und die Momenthaftigkeit des Varietés

Hier ist aber nicht der Ort für neue Begriffsbestimmungen, allgemeine Debatten, ob das Varieté an sich als Kunst zu qualifizieren sei, und auch nicht zur eingehenden Beschäftigung mit der Geschichte des Varietés. Weit ergiebiger im Zusammenhang mit der These, die Varieté-Tänzerinnen hätten den Weg der Tanzmoderne geebnet, ist es, das Augenmerk auf einige charakteristische Besonderheiten des Varietés zu richten, d.h. nicht das mißverständliche ›Varietémoment‹, sondern die Momenthaftigkeit des Varietés soll uns interessieren: »Das Varieté ist wie der Zirkus die Einheit der Vielfalt. Wie dieser fügt es Darbietungen, die sich in Entstehung, Form, Charakter und Inhalt unterscheiden – also das selbständig existenzfähige Einzelne –, zu einem sinnvollen Ganzen zusammen. Der Unterschied zum Zirkus wiederum liegt nicht etwa allein in der Spielfläche – hier Bühne, da Manege –, sondern im Charakter der ausgewählten Einzeldarbietungen, die im Zirkus zunächst primär in Verbindung zum Pferd standen, während sie im Varieté Unterhaltung und Geselligkeit stimulieren sollten.«[16]

In diesem thematischen Zusammenhang, der Pluralität der Darbietungen in Form einer sog. ›Nummern‹-Folge, ist auch Wolfgang Jansens Behauptung über Varieté und Tanzmoderne bedenkenswert: »Die Verbindung von Varieté und

Claudia Balk

Pluralismus der Tanzstile zur Jahrhundertwende erwies sich ... gerade aufgrund der prinzipiellen Offenheit des artistischen Programms als außerordentlich fruchtbar.«[17]

Beschaffenheit der einzelnen Varieté-Darbietung

Aus der Definition der programmatischen Konstruktion von Varieté als Reihung unterschiedlicher Darbietungen[18] ergeben sich notwendig Gesetzmäßigkeiten, denen die einzelnen Darbietungen sich unterzuordnen haben.

Kürze und Prägnanz

Eine Varieté-Darbietung sollte kurz, unverwechselbar und leicht identifizierbar sein, mit starken Reizen arbeiten und sich scharf gegen andere Darbietungen abgrenzen. Nur die Kürze der einzelnen Varieténummer kann eine möglichst üppige Vielfalt des gesamten Programms garantieren. Der intendierte Eindruck eines Varietéabends, der sich mit einem farbigen Mosaik vergleichen läßt[19], kann nur entstehen, wenn die Vielfalt des Gebotenen in schnellem Wechsel aufeinander folgen kann. So lautet die dramaturgische Devise des Varietéprogramms: Tempo! Die Rasanz der Nummernfolge ist das Strukturprinzip eines gelungenen Varietéabends. So referiert auch Ernst Günther: Die »...modernere Variante [der Definitionsversuche] erklärt das Varietémoment als ›Zeitgeist‹, als Ausdruck des schnellebigen technisierten Zeitalters.«[20] Oder wie ließ 1910 Heinrich Mann seinen Varieté-Künstler sagen: »Das Leben besteht, wie das Varieté, aus Nummern, die zehn Minuten arbeiten. Manchmal ist's eine Attraktion, manchmal ein Reinfall.«[21]

Vielfalt und temporeiche Abwechslung bestimmen den Unterhaltungswert des Varietés. Langatmigkeit wie längere Pausen, etwa wegen komplizierterer Umbauarbeiten, würden dem Publikum auf die grundsätzlich amüsierte und animierte Stimmung schlagen, das die Permanenz unterschiedlichster Darbietungen erwartet. Der Blick auf die Varietébühne hätte im besten Falle die Attraktion eines Kaleidoskops zu besitzen: ein permanent wechselndes, farbiges Spiel.

Das bedeutet aber auch, daß sich die einzelne Varieté-Darbietung deutlich von der vorhergehenden und der folgenden abgrenzen muß. Trotz des Gebots der Kürze muß sie sich optisch einprägen und rasch ihre Attraktion entfalten. Im Rahmen eines Varietéprogramms kann eine Darbietung nur die Aufmerksamkeit des Publikums auf sich lenken, wenn ihre Dramaturgie einfach aber wirkungsvoll strukturiert ist.

Vergleichbar ist das Varietéprogramm etwa mit einer Menüfolge, bei der ja auch der Eigencharakter der Speisen gewahrt und deutlich voneinander unterscheidbar gestaltet sein sollte. Niemand wird auf die Idee verfallen, fünf Suppen oder Süßspeisen nacheinander aufzutischen, denn ein Menü wird zusammengestellt, um während des Sättigungsprozesses der Eintönigkeit zu entgehen.[22] Nur durch die Abwechslung wird man in die Lage versetzt, stundenlang zu tafeln oder nahezu inhaltsfreien, amüsanten Darbietungen auf der Varietébühne zuzusehen.

Frei von Inhalten

Denn prinzipiell ist das Varieté kein Ort, an dem geistige Inhalte transportiert werden sollen. Entsprechend formuliert Ernst Günther in seinem Buch über die Geschichte des Varietés: »Das Varieté interpretiert nur sich selbst, und dort, wo es eine – bescheidene – Handlung aufgreift, kann sie diese bestenfalls illustrieren.«[23]

Damit aber ist diese Gattung losgelöst von der theatralen Bedingung des ›als ob‹. Das Dargebotene steht nur für sich selbst und verweist auf nichts anderes. Dadurch war das Varieté wiederum ein idealer Ort, an dem sich auch der Tanz von seiner Last des Transports von Inhalten befreien konnte. Die Voraussetzung für den Schritt zum abstrakten Tanz war so gegeben.

Hiermit zeichnet sich nun auch eine weitere mögliche Entwicklungslinie ab als die allgemein tradierte der Tanzhistorie, nach der im sog. Schattenakt von Marius Petipas *La Bayadère*[24] die erste Tendenz zum abstrakten Tanztheater gesehen wird. Eine Pluralität der Wege zum abstrakten Tanz bietet sich als die wahrscheinlichste These an, denn die Zeit war reif für diese Entwicklung auf verschiedenen künstlerischen Gebieten.

Geschichte des Varietés
England oder Frankreich – wem gebührt das Primat?

Ein Thema, an dem keiner vorüberkommt, der sich mit dem Varieté beschäftigt, ist die Diskussion, ob das Varieté nun zuerst in England oder in Frankreich entstanden sei. Günther räumt den französischen ›Amüsierbetrieben‹ mit Recht zumindest den Vorrang ein, daß der Begriff des Varietés der französischen Sprache entstammt: »Jene, die vom Namen ausgehen, siedeln die Entstehung des Varietés in Frankreich und nicht in England…« an.[25] Und er erläutert: »Bereits im frühen 18. Jahrhundert war das Wort Varieté … in Gebrauch, allerdings in Verbindung mit dem Kunsthandel. Plötzlich tauchte es in Zusammenhang mit dem Theater auf. In der französischen Theatergeschichte gelten die ›Varietés Amusants‹ als die berühmtesten Vaudevilletheater in der Zeit der großen Revolution [...] Um 1810 wurde das ›Théâtre des Varietés‹ gegründet, ebensowenig ein Varieté, vielmehr ein Vaudevilletheater für gehobene Ansprüche.«[26]

Für unseren tanzorientierten Blickwinkel aber ist ein weiterer Gesichtspunkt von Interesse: Dem Tanz bot die französische Variante, die sich etwa zeitgleich mit der englischen entwickelte, den besseren, üppiger beschaffenen Nährboden.

Geschichte des Cancan oder Wie kam der Tanz ins Varieté?

Mit dem Varieté-Begriff assoziiert sich auch heute noch eine gewisse ›französische Frivolität‹, wie sie gerade um die Jahrhundertwende extensiv dargeboten wurde. Fester Bestandteil dieser Erwartungshaltung war und ist der Cancan. Mit dem Cancan ist auch die Beantwortung der Frage verwoben: Wie kam der Tanz ins Varieté?

In seiner blumigen Formulierungsweise beschreibt Moeller-Bruck: »Im Cancan wurde der Geist des Variete zuerst tumultuarisch entfesselt. Dionysos, der grosse Gott des Lärms, mischte sich unter die Tänzer und Tänzerinnen [...] Cancan … bedeute[t] den chaotischen Lustausbruch einer Masse, die von dem jagenden Verlangen gepeitscht wird, dem Gefühl der allgemeinen Zusammengehörigkeit von sich selbst aus den Ausdruck zu geben, den es durch das Drama noch nicht erhalten kann. Im Cancan des Volkes rast sich derselbe Sturm und Drang körperlich aus, in dem geistig seine jungen Dichter ihren Untergang und damit die Erlösung finden. Und … so übertäubt das Volk im Cancan den Schmerz, den ihm das tägliche Leben mit seinen hässlichen Zufällen schlägt und hält den Wirbelwind des gemeinsamen Fatums in rauschenden Linien fest.«[27]

Eine ganz andere Entwicklungslinie legt Siegfried Kracauer in seiner Schilderung ›Jacques Offenbach und das Paris seiner Zeit‹ nahe; über den Pariser Karneval schreibt er: »Noch regierte das Fest … an den drei letzten Faschingstagen die Straße …; noch war es von einer Ungezähmtheit, die bewies, daß die revolutionären Erdstöße nicht aufgehört hatten.«[28] »Brach das Dunkel herein, so leerte sich die Straße, und bald danach begannen in allen Theatern die Maskenbälle. Der berühmteste oder vielmehr berüchtigste war damals der des Theaters der *Variétés* [eigene Hervorhebung]. […] Hier dirigierte Musard. Hier wurde der Cancan getanzt. […] Sämtliche literarischen Zeugnisse sprachen von ihnen als von einer Hölle und belegten sie mit Worten, die sonst nur zur Schilderung rauschartiger Zustände verwandt werden, in denen sich Lust und Grauen vermengen. ›Das ist der Bürgerkrieg‹,

Saharet
[Kat.-Nr. 313]

schrieb ein Chronist, ›das ist ein Massaker…‹ Ein anderer: ›Das sind Pantherschreie – eine Freude, die man für Wut halten könnte.‹ Der Cancan, der auf diesem Hexensabbat zelebriert wurde, war erst ein paar Jahre alt.«[29]

Vom wilden ›Gesellschaftstanz‹ entwickelte sich der Cancan allmählich zum vorgeführten Tanz – er wurde zu einem Synonym für das französische Varieté. Anne M. Wagner schreibt: »Die private Sprache des Kaiserreiches war der Can-Can…«[30], und sie schildert auch die weitere Entwicklung dieses als Sensation empfundenen Tanzes: »Der Can-Can wurde in den öffentlichen Tanzsälen der dreißiger Jahre des 19. Jahrhunderts geboren; vermutlich wurde er von dem berühmten Tänzer Chicard ins Leben gerufen. Zwar war dieser ein Mann, aber seine Schritte wurden bald von Tänzerinnen aufgenommen, insbesondere im Bal Mabille; dieses Tanzhaus […] war der Lieblingsplatz der Rigolboche, geborene Marguérite Badel, der Can-Can-Königin des Zweiten Kaiserreiches…«[31].

Offenkundig bedeutete Cancan also »Lustausbruch« und ›Betäubung‹ eines »Massenpublikums«, ja er bot exzessives Amüsement, den prickelnden Genuß zertanzter Tabus – mit einem Wort: Sinnenrausch!

Ihn und noch viel mehr versprach das Varieté der Jahrhundertwende. Mesdames, Messieurs – hinein ins Vergnügen! »Olympia, Palladium, Folies-Bergère oder Divan Japonais: Namen, die verkünden, daß das Varieté eine Art Paradies ist, ein Paradies vorgegaukelter Illusionen, aber auch ein Ort, wo die Hemmungen instinktiv verschwinden.«[32] – Willkommen auch im ›Paradies der Herren‹!

Position des Publikums oder Tanzende (Männer-)Träume

Der verführerische Reiz weiblicher Schönheit in paradiesischer Entblößung, der den Mann seinen Verstand verlieren und ihn Sünden begehen läßt, er entwickelte sich zu einem zentralen Motiv der Varietébühnen um die Jahrhundertwende. Gänzlich frei vom Druck männlicher Konkurrenz konnte Adam ihn seinerzeit unbeschwert genießen. Das Bonmot Eva-Elisabeth Fischers über die Tanzdarbietungen Isadora Duncans, denen dieser Reiz auch noch auf eine spezifische Weise anhaftete, könnte adäquater für die Varieté-Tänzerinnen nicht formuliert werden: »Ihr Körper muß Verlockung gewesen sein, wenn unter den Tuniken wogte, was Frau ist. Männer brauchte sie auf der Bühne nicht. Sie saßen ja im Publikum.«[33]

Galerie tanzender Schönheiten

Wie ein König konnte sich der männliche Besucher eines Varietés fühlen, etwa wie Ludwig I., der die ausgesucht schönsten Mädchen und Frauen seines bayerischen Königreiches malen ließ, um sie in seinem Schloß zu einer ›Schönheiten-Galerie‹ zu vereinen. Zumindest das Bildnis – damals vor der Verbreitung der Fotografie etwas sehr Persönliches und Kostbares – wollte er von diesen Frauen besitzen!

Dem einfachen Bürger bot sich seit Erfindung der Fotografie und der Entdeckung ihrer Reproduzierbarkeit immerhin die Möglichkeit, privat sammelnd in Fotoalben persönlich zusammengestellte ›Galerien‹ weiblicher Schönheiten anzulegen.[34]

Cléo de Mérode,
Fotografie von Reutlinger
[Kat.-Nr. 175]

Harem

Doch während sich der Fürst des christlichen Abendlandes vorwiegend mit den Bildnissen begnügen mußte[35], konnte der Potentat exotischer Reiche des Morgenlandes die schönsten Frauen leibhaftig zur ständigen Verfügung um sich versammeln. Ein wahrer Männer-Traum!

Auch dem männlichen Varieté-Besucher boten sich die ausgesucht schönsten Frauen verschiedenster ethnischer Herkunft in leibhaftiger Präsentation dar. Ein vorgetanzter Männer-Traum, der seine Fortsetzung in der Phantasie des einzelnen Zuschauers finden konnte. Ephemerer Rausch eines Abends, der doch jederzeit wiederholbar war: Willkommen im Varieté!

»Der Fremde, ob er aus Chicago, Madrid oder New Delhi nach Paris kommt, will geblendet werden. [...] Und darum zeigt man ihm [Varieté-Darbietungen] ... mit aller nur denkbaren Prachtentfaltung ... als Schmuck schöner ... Frauen. Diese sind die regierenden Göttinnen des Varietés ... Wo sind sie geboren...? [...] Sie nähren in uns immer aufs neue Illusionen, die sich selten verwirk-

Claudia Balk

lichen. Die Frau in ihrer Vielfalt – ein … Harem. Für diese Frauen ist jeder männliche Zuschauer ein kleiner König, ein kleiner Pascha.«[36]

Verfügbarkeit aller weltlichen Reize und Exotismus

Im quasi jedermann zugänglichen ›Harem‹ des Varietés war die Frau in vielfältiger Varianz und auch allen erdenklichen exotischen Reizen real präsent. Diese vorgegaukelte Verfügbarkeit der Frau bot eine kaum zu unterschätzende Qualität des Amüsements in der Zeit zunehmender weiblicher Emanzipationsbestrebungen[37]. Die Verfügbarkeit vielfältiger Genüsse, die Demokratisierung dieses einst elitären Privilegs – diese Worte markieren ein innovatives Lebensgefühl des 19. Jahrhunderts. Die Paradiese einer neu entstehenden, vielköpfigen Konsumgesellschaft werden eingerichtet: Die Warenhäuser.[38] In ihnen gibt es alles zu bestaunen und zu kaufen, was man sich nur wünschen kann, ja scheinbar alles, was die gesamte Welt zu bieten hat. Die Sehnsucht nach exotischen Reizen kann nun gestillt werden, sie haben Warencharakter angenommen.

Schon in ihrer äußeren Erscheinung lockten die neuerbauten Warenhäuser und brachten die Zeitgenossen zum Staunen: »All die prächtigen Magazine mit den hohen Scheiben verwandeln sich … [abends] in strahlende Feenpaläste. Hat man jemals einen königlichen Gast glänzender empfangen? Persische Teppiche hängen nieder, mit allen Düften des Orients gefüllt; indische Shawls, mit Gold durchflochten, Blumengirlanden von Fenster zu Fenster, weiße Kaschmirs in weichen, üppigen Falten, kostbare Geschmeide …, Perlenketten …«[39].

Und mit Emile Zola unterwegs im ›Paradies der Damen‹: »Eine Ausstellung sommerlicher Seidenwaren … erhellte die Halle mit dem Schimmer der Morgenröte, gleich einem Sonnenaufgang in den zartesten Tönungen des Lichts … Da gab es Foulards, zart wie Wolkengebilde, Surahs, leichter

Cléo de Mérode in *La Cambodgienne*,
Fotografie von Reutlinger, 1900.
[Kat. Nr. 160]

als von Bäumen herabgeflogene Flaumfedern, Pekingseiden, glatt wie die Haut junger Chinesinnen. Und dann noch Pongéeseide aus Japan, Tussah und Corah aus Indien, ungerechnet unsere leichten Seiden…«[40].

Die Qualität der einzelnen Ware diktiert nicht mehr allein den Wert des Angebotes, sondern die Quantität der Vielfalt regiert die Welt der neu erwachten Konsumgesellschaft. Auf den Varietébühnen wird sich in den 20er und 30er Jahren unseres Jahrhunderts eine durchaus vergleichbare Entwicklung vollziehen: Die Solotänzerinnen werden verdrängt werden vom bewegten Ornament der Masse – den Girls-Truppen.

Doch zurück in die weltlichen Paradiese des 19. Jahrhunderts: Zu ganz besonde-

ren Gelegenheiten hatte Paris in einem noch viel umfassenderen Sinn und Aus-
maß die ›ganze Welt‹ zu Gast: Zu den Weltausstellungen »… wallfahrte die Welt
… und lernte sich hier als Welt erkennen. Die Goncourts hatten auf dem Aus-
stellungsgelände die Empfindung, sie spazierten in einem Traum herum. Der
Traum bestand aus Fetzen, die allen Erdteilen entstammten. Minarets und Kup-
peln erhoben sich über nordischen Hütten, die feierliche Strenge Ägyptens
vermischte sich mit holländischer Niedlichkeit, und Rußland grenzte unmittelbar
an Tirol. Es war schön, diese Traumlandschaft zu durchmessen, die farbig wie ein
Bilderbuch war.«[41]

Amüsierwut

Exorbitante Konsumräusche, farbige Träume von der Welt – über die Franzosen
des II. Kaiserreichs hat Siegfried Kracauer geschrieben, »… daß die vom Willen
zum Rausch beherrschte Gesellschaft Freude, um jeden Preis Freude begehrte…«[42].

Amüsierwut der Zeit – ein Phänomen, das vor allem in Bezug zu sehen ist mit
der neuen Möglichkeit sozialen Aufstiegs durch das Geld. Die alten sozialen
Schranken waren endgültig gefallen. Ins Varieté konnte jeder gehen, der Geld
genug hatte für den Eintritt und einen einigermaßen passablen Anzug – und sei
er auch nur für diesen Anlaß geliehen. So wünscht sich auch George Duroy, die
Titelfigur aus Guy de Maupassants Roman ›Bel-Ami‹, als erste Vergnügung auf
der untersten Stufe seines sozialen Aufstiegs einen Besuch der Folies-Bergère!
Zuvor hätte er nicht das Geld allein nur für den Eintritt gehabt, nun fragt ihn ein
ehemaliger Kriegskamerad, der ihn einen Abend lang freihält, nach dem Genuß
mehrerer Glas Bier und einem kleinen Bummel: »»Was könnten wir jetzt wohl
anfangen?«»[43] »Duroy in seiner Verlegenheit wußte nicht, was er sagen sollte;
endlich entschloß er sich: ›Ich war noch nie in den Folies-Bergère. Da ginge ich
gern mal hin.‹ Sein Begleiter rief aus: ›Die Folies-Bergère, du lieber Himmel!
Da schmoren wir wie in einer Bratküche. Na, meinetwegen, da ist immer was
los.‹«[44]

Amüsement bis an den Rand des Ruins, und weiter. Ruin – ein Spiel zur Zeit des
II. Kaiserreiches und der Dritten Republik, in der Vermögen – z.B. durch die neue
Einrichtung der Börse – so leicht zu gewinnen waren wie nie[45] und in der Geld
zum Schlüssel beinahe eines jeglichen sozialen Aufstiegs geworden war.

In Arnold Hausers sozialkritischen Worten liest sich das so: Schon das »… Juli-
königtum ist eine Periode der Prosperität, eine Blütezeit der industriellen und
kommerziellen Unternehmungen. Das Geld beherrscht das ganze öffentliche und
private Leben; alles beugt sich vor ihm, alles dient ihm, alles prostituiert sich […]
Jetzt … wird auf einmal jedes Recht, jede Macht, jede Fähigkeit in Geld ausgedrückt.«[46] Während des II. Kaiserreichs wird »Frankreich … kapitalistisch nicht
nur in den latenten Bedingungen, sondern auch in den manifesten Formen seiner
Kultur. […] Das Luxusbedürfnis und vor allem die Vergnügungssucht sind un-
vergleichlich größer und allgemeiner als je. Der Bürger wird selbstbewußt, an-
spruchsvoll, anmaßend und glaubt über die Bescheidenheit seiner Herkunft und
die Gemischtheit der neuen mondänen Gesellschaft, in der die Halbwelt, die
Schauspielerinnen und die Fremden eine bisher unerhörte Rolle spielen, durch
Äußerlichkeiten hinwegtäuschen zu können.«[47] Nicht nur im Varieté also war die
Gesellschaft bunt gemischt – sie war es plötzlich generell, auf jeglichem gesellschaftlichen Schauplatz!

Claudia Balk

Folies-Bergère – Emilienne d'Alençon,
Plakat von Jules Chéret, 1893
[Kat.-Nr. 62]

»Glücklich ist, wer vergißt, was doch nicht zu ändern ist.«
Ein operettenselig dahingesummtes Motiv, das doch sehr ernst grundiert zu in-
terpretieren ist: Die Frustration des Bürgertums über weiter bestehende politische Rechtelosigkeit in Deutschland (nach dem 1848 mißlungenen Versuch einer
Revolution) wie in Frankreich (allen Revolutionsversuchen zum Trotz) sucht sich
in Leichtlebigkeit und Amüsement ein Ventil.

Paris – die Hauptstadt des totalen Amüsements

Auf einem Höhepunkt sozialer Umwälzungen durch die industrielle Revolution entwickelt sich zuerst Paris zum modernen Sündenpfuhl einer Amüsierstadt, zur Hauptstadt des Amüsements. So konstatiert auch Arnold Hauser, daß ab dem II. Kaiserreich »Paris ... abermals zur Hauptstadt Europas [wird], doch nicht wie einst zum Mittelpunkt der Kunst und Kultur, sondern zur Vergnügungsmetropolis, zur Stadt der Oper, der Operette, der Bälle, der Boulevards, der Restaurants, der Warenhäuser, der Weltausstellungen, der fix und fertigen und wohlfeilen Genüsse.«[48]

»Meine Herren, Paris ist die Metropole der Welt ..., der Mittelpunkt der schönen Künste, der Wirtschaft, der Vergnügungen ...«[49], schwärmt auch einer der Provinzler in der Komödie *Das Sparschwein* von Eugène Labiche.

Diese allgemein, ja auch international verbreitete Erwartung an das Paris des 19. Jahrhunderts schlug sich in der zeitgenössischen Literatur nieder, u.a. diente sie Georges Feydeau und Eugène Labiche zur grotesk gesteigerten Komik in einigen ihrer Lustspiele. Anläßlich der Inszenierung Peter Steins von Eugène Labiches *Das Sparschwein* 1973 schrieb Henning Rischbieter: Die auf den ersten »... folgenden vier Akte führen die Kleinstadt-Bürgergruppe in Kalamitäten, Krisen, schließlich Katastrophen. [...] Ein Schwank? Was an Aufschluß über historische Gesellschaftsformation in den effektvoll gemachten Stücken Dumas', Labiches, Feydeaus steckt, hat diese Aufführung exemplarisch gezeigt. [...] Der Schwank wird zum Exempel für die Kleinbürgerdämmerung.«[50]

Die hohe Erwartungshaltung an die Vergnügungsmetropole Paris diente auch den Librettisten Jacques Offenbachs, Henri Meilhac und Ludovic Halévy, zur gern strapazierten Komik. Gerade aber über die Qualität der sozialkritischen Zuspitzung der Komik gehen die Meinungen heutzutage auseinander. Der dezidiert hohen Einschätzung durch Karl Kraus widerspricht der Rezensent K.H. Ruppel: »... das alte Schema vom Provinzler, der in der Weltstadt pikante Abenteuer sucht und dabei permanent in die Bredouille gerät, schlägt allzusehr durch – da haben Labiche und Feydeau ganz andere Katastrophen zusammengebraut ... Vom Hintergründigen dieser, die Gesellschaft der Dritten Republik und die Décadence ihrer Bourgeoisie wahrlich verteufelt-komisch demaskierenden Art gibt es im *Pariser Leben* nichts.«[51]

Für das amüsierwütige bourgeoise Spießertum aus ganz Europa, ja der ganzen sog. ›zivilisierten‹ Welt war in der zweiten Hälfte des 19. Jahrhunderts Paris das Zentrum der Lust, fleischlicher Liebes- und Voyeursgelüste!

Gleich bei ihrer Ankunft in Paris zählen in Jacques Offenbachs Operette *Pariser Leben* ein schwedischer Baron und seine Gattin ihre gesammelten, so typischen Wünsche auf:

> »Baron: Ich möchte ins Theater gehn,
> Doch wo nicht viel gesprochen wird,
> Und hübsche Mädchen tanzen sehn,
> So ungezwungen kostümiert.
> Joséph: Ach, das sehn Sie ganz gewiß,
> So etwas gibts nur in Paris!
> Baron: So ein Ballett, so: oh la la![52]
> Joséph: Sowas ist natürlich da.
> Baronin: [...] Und das Café Chantant besehn,
> Wo abends die Thérésa singt.

Claudia Balk

Cléo de Mérode,
Plakat von PAL, um 1900
[Kat.-Nr. 152]

Joséph: Ach ja, die hören Sie gewiß.

So etwas gibts nur in Paris!

Baronin: Doch wie sichs schickt für eine Frau?

Joséph: O das weiß der [empfohlene Führer] ganz genau! [...]

Baronin: Das Vergnügen, die Freuden,

Die uns bietet Paris,

Sehn wir ganz gewiß. [...]

Baron: Doch alles in Ehren – alles in Ehren! [...]

Baronin: Doch alles in Ehren – alles in Ehren!«[53]

Die aufgelisteten Wünsche des Barons und seiner Gattin gebündelt in nur einem Etablissement zu befriedigen – das wäre nur im Varieté möglich gewesen. Doch dieses Genre existierte in seiner eigentlichen Form noch nicht, als Jacques Offenbachs *Pariser Leben* 1866 uraufgeführt wurde. So konnte Baron Gondremark nur ins Café Chantant, den Vorläufer des französischen Varietés, gehen und die übrigen begehrten Reizwirkungen an anderen Orten suchen.

Operettenseligkeit

Dem allgemeinen Bedürfnis nach intellektuell leichtgewichtigem Amüsement verdankte vor dem Prosperieren der Varietés vor allem die Operette ihre Blütezeit[54]. Symptomatischerweise ist der »... auffallendste und vom naturalistischen Standpunkt eigentümlichste Zug der Operette ... ihre vollkommene Unwahrscheinlichkeit, der irreale, märchenhaft phantastische Charakter ihrer dahinwirbelnden Szenen. [...] Erst der an ... Kunstrichtungen [wie Expressionismus und Surrealismus] geschärfte Blick vermochte festzustellen, daß die Operette nicht nur ein Abbild der frivolen und zynischen Gesellschaft des Zweiten Kaiserreichs war, sondern zugleich ihre Selbstpersiflage ..., der Hof in den Tuilerien und die Welt der prassenden Bankiers, der verbummelten Aristokraten, der emporgekommenen Journalisten und der verwöhnten Kokotten hatte etwas Unwahrscheinliches, etwas gespensterhaft Unwirkliches und Unhaltbares an sich – das war ein Operettenland, eine Bretterbühne, deren Kulissen jeden Augenblick einzustürzen drohten.«[55]

Demgemäß fährt Hauser auch fort: »Mit dem Zweiten Kaiserreich gingen die besten Tage der Operette zu Ende[56]; die Freude, die die späteren Generationen an ihr hatten, galt ... den ›guten alten Zeiten‹, die man [...] in dem einen Teil von Europa mit Napoleon III. und Offenbach, in dem anderen mit Kaiser Franz Joseph und Johann Strauß in Verbindung brachte ...«[57].

Neben Paris und Wien wäre noch das Berlin Wilhelms II. zu ergänzen. Interessanterweise sind gerade diese drei Metropolen auch Hauptstädte der Varietés gewesen – vor allem jener Varietés, in denen unsere Tänzerinnen auftraten.[58] Nicht daß hiermit der alte Versuch, von der Operette zum Varieté eine Entwicklungslinie zu konstruieren, reanimiert werden soll[59]. Aber die Grundstimmung gewisser Leichtlebigkeit und eines erhöhten Amüsieranspruchs ab Mitte des 19. Jahrhunderts war doch wohl deutlich beider Gattungen wohlbeschaffene Basis.

›Der männliche Blick‹

Scheinbare Königinnen der leichtlebigen, bunt gemischten Gesellschaft im Paris jener Zeit waren die Kurtisanen. Die Liaison mit nur einer dieser berühmt berüchtigten ›Damen‹ konnte ein komplettes persönliches Vermögen verschlingen. Die Stadt war voll von diesen Geschichten, die sich auch in zeitgenössischen Romanen widerspiegelten wie Honoré de Balzacs ›Glanz und Elend der Kurtisanen‹ (1838 - 1847) oder Emile Zolas ›Nana‹ (1879 / 1880). »Inkarnation des Luxus und der Verschwendung im zweiten Kaiserreich war die Kurtisane. In der Entfaltung ostentativen Reichtums am eigenen Körper, der so ungemein kostspielig war, daß von ganzen Vermögen gesprochen wurde, die die Liebhaber für die Ausstattung und den Lebensunterhalt dieser Frauen ausgaben, verkörperten die Kurtisanen einen neuen Typus des uneingeschränkten Konsums. [...] Der Erfolg dieser Frauen hätte niemals so nachhaltig sein können, wenn es nicht eine öffentliche Meinung gegeben hätte, die darauf ausgerichtet war, die Kurtisanen plakativ in die Öffentlichkeit zu tragen. Die Medien, über die ›Öffentlichkeit‹ hergestellt wurde, waren vor allem die Presse, aber auch die Theater, der Boulevard und die Cafés. [...] Die Publizität, mit der die Frauen umgeben wurden, schaffte Erwartungshaltungen. Sie erzeugte Bilder und Vorstellungen in den Köpfen von Männern und Frauen. Es entstand ein Bild von Weiblichkeit, das sich mit den Eigenschaften der Kurtisane verband.«[60]

Simone de Beauvoir, als Französin mit dieser historischen Eigenheit vertraut, hat sich auch mit dieser weiblichen Spezies auseinandergesetzt: Die Kurtisane, von ihr bevorzugt als »Hetäre« bezeichnet, ist »... gerade um die Anerkennung ihrer Besonderheit bemüht ...: Wenn ihr dies gelingt, kann sie ein bedeutendes Schicksal beanspruchen. Hierbei sind Schönheit, Charme oder Sex-Appeal notwendig, aber nicht hinreichend: Die Frau muß sich durch ihren Ruf ›auszeichnen‹. [...] ›lanciert‹ ist sie erst, wenn der Mann ihren Wert in der Welt publik gemacht hat. Im vergangenen Jahrhundert bezeugten das Palais, die Equipage, die Perlen den Einfluß, den eine ›Kokotte‹ über ihren Beschützer erlangt hatte, und erhoben sie zum Rang einer Demi-Mondaine.«[61]

Weiter folgt Simone de Beauvoir: »Auf diesem Wege gelingt es der Frau, eine gewisse Unabhängigkeit zu erlangen. Sie stellt sich mehreren Männern zur Verfügung und gehört auf diese Weise keinem endgültig. Das Geld, das sie ansammelt, der Name, den sie ›lanciert‹, wie man eine Ware lanciert, sichern ihr eine wirtschaftliche Unabhängigkeit. [...] Abgesehen von ihrem Geschlecht, das sie den Männern als Objekt ausliefert, sind sie zum Subjekt geworden. [...] In der Hetäre finden die Mythen der Männer ihre bestrickendste Verkörperung: Mehr als jeder andere Körper, als jedes andere Bewußtsein wird sie zum Idol...«[62].

Auf der Bühne des Varietés aber war eine Reihe dieser Frauen zu betrachten – Gunhild Oberzaucher-Schüller spricht eindeutig klassifizierend gar von »... den großen ›Kurtisanentänzerinnen‹ Mata Hari, La belle Otéro, Cléo de Mérode, der Saharet oder den ›Five Sisters Barrison‹...«[63]. Das sonst so exklusive Vergnügen, eine solche Frau näher in Augenschein nehmen zu können, ja gar tanzen zu sehen – im Varieté war es gefahrlos, also auch nicht ruinös. Schon auf der Varietébühne aber zeigten diese schillernd schönen femininen Wesen mehr von ihren körperlichen Reizen, als der brave Bürger zu Hause – und damit generell in seinem gesamten Leben – zu sehen bekam. Dafür war der Eintrittspreis eines Varieté-Abends ausgesprochen moderat!

Die Sensation war der Stachel des Publikums im Varieté, sensationslüstern durfte, ja sollte es sein – wobei die Akzentuierungen dieses zusammengesetzten Wor-

Saharet
[Kat.-Nr. 307]

tes von Darbietung zu Darbietung variiert wurden. Die Sensation konnte auch nur aus einem teilweise – oder später gänzlich – entblößten Frauenkörper bestehen, der Akzent also deutlich auf ›lüstern‹ liegen.

Auf freizügige Darbietung weiblicher Reize war primär das männliche Publikum der Varieté-Tänzerinnen fixiert, dagegen mußte später auch noch eine Isadora Duncan antanzen: Das »...›Männerpublikum‹, wie es Hermann Bahr einmal, sich selbst durchaus mit einbeziehend, spezifizierte, der ›Künstlerhäuser‹ oder ›Zirkel‹ [–den einzigen alternativen Auftrittsorten–], unterschied sich ... allein durch seinen Bildungsgrad, nicht aber in seiner Erwartungshaltung. Geändert hatte sich bislang allein die Intention der Tanzenden. Bahrs Kommentar zu Duncans ersten, in kleinem Kreis erfolgten Auftritten in Wien ist ... typisch... Die Brillanz der Formulierung nie außer acht lassend, schreibt er zunächst, stets in leicht ironischem Ton, vom Körper der Duncan als einem ›schlanken bildsamen Leib, [der] durch ein wunderbares Zucken und Huschen ergriffen wurde, bis sie am Ende, in einen süßen Taumel entrückt vom seligsten Lächeln umspielt, strahlend und bebend, wirklich einer jener hold berauschten Schwärmerinnen glich, die auf alten Vasen mit dem Tambourin den heiligen Zug der flötenden Satyrn und gestreckt nachschleichenden Panther ungestüm anführen...‹«[64].

Gegenüber der Dominanz männlicher Wünsche und Erwartungshaltungen des Varieté-Publikums hatten männliche Tänzer kaum eine Chance.[65] Vor diesem Hintergrund ist vielleicht auch noch die Rezeptionsblockade gegenüber Ted Shawn zu verstehen, denn seine »...fast programmatisch zur Schau gestellte Männlichkeit ... stieß hier auf äußerst kritische Reaktionen...«[66].

Nackttanz

Leicht bekleidete Tänzerinnen sollten über die Bühnen der Varietés wirbeln. Das männliche Publikum wollte einiges mehr zu sehen bekommen, als im täglichen bürgerlichen Umfeld erlaubt war. Diesen Reiz bot ja schließlich schon in eingeschränktem Maße die Ballettbühne.[67] Umso mehr wurde die Befriedigung fleischlicher Voyeursgelüste vom leichtlebigeren und künstlerisch wie intellektuell anspruchsloseren Varieté erwartet. Die Bayaderen ließen einen freien Bauch sehen, den sie in schwingende Bewegung zu setzen wußten, und die Cancan-Tänzerinnen präsentierten juchzend ihre zartbestrumpften Schenkel und bisweilen auch ein bißchen mehr.

Leicht bekleidet, d.h. nicht mehr körperbeengend eingezwängt in die Ballettcorsage und geschnürt im Spitzenschuh, tanzten aber auch die Vertreterinnen der Tanzmoderne.[68] Die männlichen Mißverständnisse waren vorprogrammiert, mit denen beispielsweise Isadora Duncan zu kämpfen hatte: »Und ihre Gewänder, unter denen kein Korsett die fülligen weiblichen Formen in züchtiger Façon hielt, taten ein übriges [dazu, Isadora Duncan zu einem Skandalon zu machen]. Duncan folgte auch in der Bekleidung dem Gesetz der Natürlichkeit und ließ den Körper materiell und sinnlich erscheinen […] Sie entlarvte die Doppelmoral der Bühnenpräsentation, konfrontierte die Voyeure mit ihrem Voyeurismus und vertrieb sie damit aus ihrem Zuschauerkreis.«[69]

Als eine potentielle Varieté-Attraktion von erotischer Reizwirkung wurde in besonderem Maße ihr Verzicht auf jegliche Bekleidung ihrer Füße empfunden, wie eine Episode ihrer Memoiren verdeutlicht: »Eines Tages erschien bei mir ein wohlgenährter Herr in kostbarem Pelz, die Finger mit Brillantringen geschmückt. ›Ich komme aus Berlin,‹ sagte er, ›wir haben von Ihrem Barfußtanz gehört.‹ – Diese Bezeichnung für meine Kunst verletzte mich begreiflicherweise aufs äußerste, – ›ich bin vom größten Varieté Berlins beauftragt, mit

Mata Hari
[Kat.-Nr. 151]

Ihnen sofort ein Engagement abzuschließen!‹ […] Sie werden mit großer Aufmachung als ›Erste Barfußtänzerin der Welt‹ eingeführt werden, es wird ein kolossaler Erfolg – Sie nehmen natürlich an!‹ ›Ganz gewiß nicht!‹ antwortete ich wütend.«[70] »Barfußtänzerin« – zu dieser anstößigen Spezies gehörte auch Rosa Fröhlich, die Heinrich Manns Romanfigur Professor Unrat in ihren fatalen Bannkreis zog: »Die Künstlerin Fröhlich hatte in der Zeitung gestanden… Die ganze Stadt wußte Bescheid über sie, außer Unrat. […] ›Sie tanzt ja barfuß, das ist doch eine seltsame Fertigkeit, Meister.‹ […] ›Barfuß‹, wiederholte der Schuster. ›O-o-oh! Also tanzeten auch die Weiber der Amalekiter, die vor dem Götzen tanzeten.‹«[71]

Der Textilverzicht gipfelte im Nackttanz Olga Desmonds oder Anita Berbers. Speziell Olga Desmonds Darbietungen aber sind keineswegs mißzuverstehen als die letzte Erfüllung gieriger Männeraugen-Wünsche, vielmehr bediente sie sich einer Ideologie, die eher an Isadora Duncan denken ließe.[72] In ihrer Nacktheit vollführte sie wohl den heikelsten Grenzgang zwischen Varietésensation und Kunstanspruch der entstehenden Tanzmoderne.

Anita Berber dagegen suchte bewußt den Skandal, er scheint ihr Droge und Lebenselexier gewesen zu sein.[73] Über ihre textilfreien Tanz-Darbietungen schrieb eine zeitgenössische Journalistin rückblickend: »Sie war eine der ersten Nackttänzerinnen. Zu einer Zeit, da die Frauen noch dick waren und ihren Überschuß an Fett klug und schämig hinter Kleiderhüllen verbargen, sprang sie mit ihrem gertenschlanken splitternackten Körper ins Rampenlicht. Damals war Nacktheit noch eine Sensation, und über ihr Kostüm, das aus einem einzigen Brillanten bestand, sprach die halbe Welt.«[74]

Olga Desmond im *Schwertertanz*,
Fotografie von Skowraneck, 1910
[Kat.-Nr. 83]

Claudia Balk

Mit diesem ›Bühnenkostüm‹ bediente Anita Berber noch in den 20er Jahren unseres Jahrhunderts einen Topos Männer-faszinierender Weiblichkeit, wie ihn die Literaten und Bildenden Künstler des 19. Jahrhunderts geschaffen hatten: ›Nackt und mit Juwelen bedeckt‹. Erläutert hat u.a. Hans H. Hofstätter diese Bildvorstellung: »Die Symbolisten kleideten vor allem ihre Vorstellung des Weiblichen, das sie als rätselhafte und gefährliche Macht empfanden, in den Kontrast nackten Fleisches und glitzernder Substanzen – den Kontrast von äußerster Natür- und äußerster Künstlichkeit.«[75] Gustave Flaubert, Théophile Gautier, Charles Baudelaire, Gustave Moreau, Joris-Karl Huysmans, Oscar Wilde u.a.m. – sie alle wirkten über Jahrzehnte hinweg, teilweise in direktem Dialog miteinander, an dem Bild der ästhetisierten, der idolhaft geschmückten, entkleideten Femme fatale mit: »Zum wertvollen Artefakt degradiert, fungiert sie [die Femme fatale] als kostbares Objekt der Begierde. Sie wird stilisiert zur Kunstfigur…«[76].

Diese unwirklich schönen, vor allem dem Manne gefährlichen Geschöpfe träumten die Dichter und Maler des 19. Jahrhunderts bevorzugt hinein in die entlegenen Sphären exotischer Paradiese. Dort residierten sie als Cleopatra, Salammbô, Salome – oder als priesterliche Bayadere.

Diese Konnotationen optischer Muster machte sich auch noch eine Ruth St. Denis zunutze, was ihr zwar Erfolg bescherte, gleichzeitig aber ihrem Seriositätsanspruch hinderlich war. Gunhild Oberzaucher-Schüller referiert: »Sich ein objektives Urteil von der choreographischen Qualität der Tänze der St. Denis zu machen, die in der Folge fast ausschließlich in Varietés auftrat, fällt offenbar schon der zeitgenössischen Fachliteratur schwer. […] Stellvertretend sei Schur angeführt, der der St. Denis ›Feinfühligkeit im Nachschaffen‹ zugesteht, die ›eigenschöpferisch genannt werden kann‹; der Prunk der Kleidung diene nur, der Tanz selbst würde zum Mittel. St. Denis wolle zeigen, daß Tanz Kunst sei, weihevoll sein könne, beinahe eine religiöse Übung, und schließlich, daß der Rhythmus der Sinn des Tanzes sei. Besonders die letzte Aussage wiese sie als wahrhaft moderne Tänzerin aus.«[77]

Dagegen bescheinigt ihr Gunhild Oberzaucher-Schüller kritisch: »Varietéästhetik ist wohl das eigentliche Charakteristikum der frühen, europäischen Phase der Ruth St. Denis […] Waren Tänze wie *Radha*, *Cobras*, *Incense*, *Nautch* oder *Yogi* nicht bloße Varietéroutine…?«[78]

Mit ihrer Bühnenkleidung jedenfalls erfüllte Ruth St. Denis Gesetzmäßigkeiten des Varietés: Unabdingbar – neben Textilarmut – waren auf diesen Bühnen farbenprächtige, üppige Kostüme, die starke optische Reize boten mittels farbiger Seiden, Federn und glitzerndem Schmuck. Der Phantasie der Kostümgestalterinnen, eben der Tänzerinnen selbst[79], waren keine Grenzen gesetzt. Welcher reich bestellten Symbolwelt – assoziativ ausgerichtet auf die gefährlich reizvolle Femme fatale wie die leichtlebige Demi-Mondaine – sich die Varieté-Künstlerinnen da-

Rita Sacchetto in *Orientalische Phantasie*,
Fotografie im Vertrieb von Hermann Leiser
[Kat.-Nr. 244]

bei bedienten, wird im Zusammenhang ihrer Selbstinszenierung auf Künstler-Plakaten detaillierter beschrieben werden.[80]

Eine betörende, blendende Optik hatte seinerzeit schon Théophile Gautier propagiert, als die Ballerinen gerade erst begonnen hatten, sich auf das wadenlange

Saharet
[Kat.-Nr. 315]

Tutu festzulegen. In seiner »amüsanten Apologie des Theaterflitters«[81] zog er diesen deutlich jedem Versuch vor, der Tanzkleidung auf der Bühne eine uniformiert schlichte Strenge der Seriosität zu verleihen: »›Die Manier der spanischen Tänzerinnen, sich zu kleiden, ist in mancherlei Hinsicht den Kostümen der französischen Tänzerinnen vorzuziehen, die – beginnend mit Mlle. Taglioni – auf den weißen Musselin geradezu eingeschworen sind. Die Pailletten machen einen entzückenden Eindruck; sie fangen das Licht in plötzlichen, überraschenden Punkten auf und blenden das Auge; indessen sind sie längst auf die Kleidung von Straßenkomödianten verbannt, auf Kostüme von Harlekins oder von komischen Marquis'. Was eine Tänzerin braucht, sind: Federn, Flitter, künstliche Blumen, silberne Ähren, vergoldete Schellen, der ganze tolle und üppige Schmuck einer fahrenden Komödiantin. Außer ihrer Grazie und Lustigkeit haben diese unwahrscheinlichen Kostüme auch noch den Vorzug, die Bewegungen in keiner Weise zu behindern…‹«[82].

Im Varieté war die üppige Ausgestaltung der Kostüme aber auch schon deshalb ein Muß, weil es dort kaum Bühnenbilder gab zur ostentativen Prachtentfaltung und Produktion optischen Glanzes. Einige Ausnahmen bildeten aufwendige Revue-Produktionen[83], in denen die Folies-Bergère eine Zeit lang ihre Chance sahen, Grenzgänge der theatralen Genres[84] und vermutlich auch die Produktionen, in denen Ruth St. Denis sich zeigte, der eine Affinität zu theatraler Bühnendekoration nachgesagt wird. Doch gattungsspezifisch fürs Varieté, von dem explizit die Revuen zu unterscheiden sind, waren diese Ausflüge in bühnentechnische Opulenz nicht, da sie die Dramaturgie der Nummernfolge schwerfällig werden ließen bzw. das Prinzip der Abwechslung unterliefen. Für üppige optische Reize hatten primär die Varieté-Tänzerinnen selbst zu sorgen – eine Aufgabe, der sie oft in verschwenderischem Maße nachkamen.

Glanz, Pracht und Luxus – das waren Zauberformeln der neuen Gesellschaft ab Mitte des 19. Jahrhunderts –, notfalls wurde auch falscher Schmuck akzeptiert, wenn er nur funkelnden Glanz versprühte. Erlesener Geschmack war ohnehin die Domäne einer untergegangenen Gesellschaft, ihre Vertreter waren in der Minderzahl. Nun, da das Geld regierte, war Pracht der Präsentation gefragt – ganz nach dem persönlichen Gusto der gesellschaftlichen Parvenues. Dies alles und mehr ist nachzulesen in diversen Romanen der Zeit wie schon in den Werken Honoré de Balzacs und später z.B. in denen Emile Zolas. Auch Arnold Hauser reflektiert: »Dem neuen Reichtum, der beträchtlich genug ist, um glänzen zu wollen, aber nicht alt genug ist, um ohne Ostentation zu glänzen, ist nichts zu kostbar

Claudia Balk

und zu pompös. Er ist wahllos in seinen Mitteln, in der Verwendung der echten und der falschen Materialien und wahllos in den Stilen, die er sich aneignet und miteinander vermischt. Renaissance und Barock sind für ihn ebenso nur Mittel zum Zweck, wie Marmor und Onyx, Samt und Seide, Spiegel und Kristall.«[85] Konsequenterweise war das »...Kunstleben des Zweiten Kaiserreiches ... von einer unschwierigen und gefälligen, für das bequem und denkfaul gewordene Bürgertum bestimmten Produktion beherrscht. Die Bourgeoisie ... begünstigt eine Malerei, die nichts als ein angenehmer Wandschmuck, eine Literatur, die nichts als eine anstrengungslose Unterhaltung, eine Musik, die leicht und einschmeichelnd ist und ein Theater, das mit den Tricks der *pièce bien faite* seine Triumphe feiert. Der schlechte, unsichere, leicht zu befriedigende Geschmack wird tonangebend, die wirkliche Kunst hingegen zum Besitz einer Kennerschicht, die den Künstlern für ihre Leistungen keine entsprechende Kompensation mehr zu bieten in der Lage ist.«[86]

Im Varieté regierten nun erst recht die Präferenzen der – bisweilen neureichen – bourgeoisen Masse.[87] Elitärer Geschmack – dieser Anstrengung konnte sich die höhere Theaterkultur befleißigen. Das Varieté war in diesem Punkt wesentlich anspruchsloser. Hier wollte man schließlich keine Schwellenangst aufbauen, sondern ungeniertes Amüsement bieten. Es wirkt schon wie eine Ironie der Theatergeschichte, daß sich gerade auf den Bühnen dieser intellektuell anspruchslosen Gattung die Entwicklung des modernen Tanzes anbahnte.

Varieté als ›Konsumtempel‹ und Umschlagplatz für Liebesware

Das Varieté bot das totale Amüsement: Man konnte essen und trinken[88], d.h. sich also auch an alkoholischen Getränken berauschen, man konnte Liebe kaufen, weibliche Reize bis zur prickelnden Grenze der Schamlosigkeit goutieren oder den Nervenkitzel artistischer Sensationen genießen. Der Intellekt war nicht gefordert, man mußte sich weder körperlich noch geistig anstrengen, und doch ereignete sich ständig etwas.

Die reduzierte intellektuelle Anforderung an das Publikum bei gleichzeitig hohem Amüsementwert bildete wohl auch die Basis für die düstere Prognose der Brüder Goncourt, die befürchteten, »...daß der Zirkus, das Variété und die Revue das Theater verdrängen würden.«[89]

Die Phänomene sind be- und erkannt – auch und gerade in unserer heutigen Zeit. Wie hatte Siegfried Kracauer doch im Vorwort zu seinem ›Offenbach‹-Buch formuliert: »Welche Gesellschaft wird in dem Buch angesprochen? Die französische des neunzehnten Jahrhunderts... Diese Gesellschaft ist ... die unmittelbare Vorläuferin der modernen, ... als sie auf den verschiedensten Gebieten Motive anschlägt, die sich heute noch fortbehaupten. Und zwar reagiert sie im Rahmen übersehbarer Verhältnisse mit solcher Deutlichkeit, daß ihre Reaktionen den Wert von Modellen erlangen.«[90]

So ist leicht die Parallele zwischen damaliger Amüsierwut und unserer heutigen Gesellschaft zu ziehen, die schon vor einigen Jahren die Titulierung ›Wir amüsieren uns zu Tode‹ als prägnant zutreffendes Bonmot feierte und momentan mit ihrer Sucht nach dem ›Event‹ sämtliche Kulturbereiche in zwanghafte Bewegung versetzt.

Wie damals von den Gebrüdern Goncourt wird auch heute die Gefahr gesehen, daß eine primär – oder gänzlich – nonverbal aufgebaute ›Spaßkultur‹ die intellektuelle Hochkultur existentiell gefährden könne: »Die ökonomischen Bedingungen begünstigen jene ästhetischen Formen, die an die Produzenten die geringsten

Bar aux Folies-Bergère (Bar in den Folies-Bergère),
Gemälde von Edouard Manet, 1882

finanziellen Anforderungen stellen und an die Zuschauer die geringsten intellektuellen. Denn die meisten Tanzevents haben nicht nur den Vorteil, billig zu sein oder preiswert ..., sie bieten einen weiteren Vorteil: Sie sind überall zu verkaufen...«, konstatiert 1998 C. Bernd Sucher. Unter der Überschrift »Der Zirkus tanzt« sieht er als bedrohliche Tendenz europäischer Theaterfestivals: »Das Schauspiel hingegen wird Stiefkind der Festivalmacher, weil es Sprachkenntnisse erfordert ... und (hoffentlich) eine angestrengte geistige Auseinandersetzung.«[91]

In den Varietés des 19. Jahrhunderts waren aber die Darbietungen auf der Bühne durchaus nicht immer das Wichtigste, sie konnten auch zur peripheren Randerscheinung degradiert werden. Die Varieté-Künstler waren keineswegs ständig die Hauptpersonen des Gesamt-Amüsements, denn im Varieté konnte sich das Publikum ungeniert selbst in den Mittelpunkt stellen. Das Bühnengeschehen wurde an den Rand gedrängt wie auf dem Gemälde Edouard Manets, der ›Bar in den Folies-Bergère‹: »Ein paar winzige Beine, die oben links baumeln, sollen einen Trapezkünstler darstellen, doch scheint das niemand weiter zu beachten.«[92] Das Publikum dagegen ist so detailliert dargestellt, daß auch authentische Persönlichkeiten der damaligen Zeit (1881/1882) identifizierbar sind, »...darunter die erkennbaren Gestalten von Méry Laurent und Jeanne Demarsy...«[93].

Auch in Guy de Maupassants Beschreibung der Folies-Bergère klingt an, daß die Darbietungen auf der Bühne bei weitem nicht alles waren, was das Interesse der Besucher auf sich lenkte: George Duroy, der Titelheld des 1885 erschienenen Romans ›Bel-Ami‹, besucht zum ersten Mal dieses Varieté, aber er »...kümmerte sich kaum um die Vorführung [»Auf der Bühne vollführten drei junge Männer in enganliegenden Trikots nacheinander Übungen am Reck...«[94]]; er hatte den Kopf gewendet und sah unablässig hinter sich nach der großen Wandelhalle hin, die voll von Männern und Prostituierten war. Forestier sagte zu ihm: ›Sieh dir bloß mal

Claudia Balk

Casino de Paris
[Kat.-Nr. 389]

das Parkett an; nichts als Spießer mit ihren Frauen und Kindern, harmlose Stumpf-köpfe, die bloß herkommen, um zuzusehen. In den Logen Boulevardbummler, ein paar Künstler, ein paar Huren zweiter Ordnung; und hinter uns das komischste Gemisch, das es in Paris gibt. Wer diese Männer wohl sein mögen? Sieh sie dir doch genauer an. Von jeder Sorte sind welche da, aus allen Berufsschichten und allen Kasten, aber das Luderzeug überwiegt. Kleine Angestellte, Bankmenschen, Ladenschwengel, Ministerialschreiber, Reporter, Zuhälter, Offiziere in Zivil, An-geber im Frack, die in der Kneipe zu Abend gegessen haben und so tun, als kämen sie aus der Oper, ehe sie ins ›Italiens‹ gehen, und dann noch ein Haufen Zwei-deutiger, die sich der Analyse entziehen. Und die Frauen? Nur *eine* Marke: die, die im ›Américain‹ zu Abend essen, Huren zu einem oder zwei Louis, die hinter Aus-ländern her sind, weil die fünf Louis blechen, Huren, die ihren Stammkunden Be-scheid sagen, wann sie frei sind. Man kennt sie samt und sonders seit zehn Jahren; sie sind jeden Abend hier, das ganze Jahr hindurch…‹«[95].

Diese Publikumssituation, die wunderbar deutlich einer Fotografie des Casino de Paris, eines der frühesten Varietés von Paris, abzulesen ist, entsprach aber dem virulenten Darstellungsbedürfnis nicht nur stadtbekannter Kurtisanen zur Lancie-rung ihrer eigenen Person, sondern einer neu emporgekommenen Gesellschaft. Schon über die Gesellschaft des II. Kaiserreichs schreibt Arnold Hauser: »Die Vergnügungssucht der herrschenden Schichten, ihre Schwäche für öffentliche Veranstaltungen, ihre Freude daran, zu sehen und gesehen zu werden, macht aus dem Theater die repräsentative Kunst des Zeitalters. Keine Gesellschaft war so

Moulin Rouge
[Kat.-Nr. 389]

theaterfreudig wie diese, für keine bedeutete eine Premiere so viel wie für das Publikum Augiers, Dumas' und Offenbachs.«[96]

Das Varieté ging nun noch einen Schritt weiter als das Theater: hier war das Publikum zur Selbstdarstellung, Kontaktpflege und -anbahnung nicht mehr nur auf die offiziellen Pausen verwiesen. Im Varieté durfte es ohne intellektuell belastetes schlechtes Gewissen ganz nach Belieben kommen und gehen. Die Varieté-Tänzerinnen wußten aber dennoch das Interesse ihrer Zuschauer zu erregen, und sei es beispielsweise, daß sie wie die Cancan-Tänzerinnen des Moulin Rouge mitten im flanierenden Publikum ihre Röcke lüpften, um in ihren temperamentvollen Tanz auszubrechen.

Vorzüge der Inhaltslosigkeit: Leichtere Konsumierbarkeit

Das amüsierwillige Publikum wurde in den neuen Vergnügungstempeln nicht mehr mit Inhalten belastet, und kein Kunstanspruch wurde noch als Vorwand benutzt, um die voyeuristischen Gelüste zu befriedigen. In diesem Sinne boten die Darbietungen attraktiver Tänzerinnen pures Amüsement.

Lediglich eine knappe Skizzierung legitimierender Ausgangssituationen erforderten noch die Entkleidungsszenen, wobei sich zwei Situationsmodelle besonderer Beliebtheit erfreuten: ›Phryne erscheint nackt vor ihren Richtern‹[97] und ›Mado / Yvette oder X. geht zu Bett‹[98]. Nacktheit oder Entkleiden war in der öffentlich sich eher prüde gebenden Gesellschaft des ausgehenden 19. Jahrhunderts, zu deren Schutz Zensurbehörden und Sittenpolizei berufen waren, selbst auf den Amüsier-Bühnen des Varietés nur dann erlaubt, wenn eine – sei es noch so rudimentäre – Handlung sie ›dramaturgisch erforderlich‹ machte.

Tänzerinnen waren natürlich schon vor der Eröffnung der Varietés Objekte voyeuristischer Begierden gewesen, nicht nur des reinen Kunstgenusses wegen gingen zahlreiche Männer gern ins Ballett.[99] Berühmt berüchtigt waren in dieser Hinsicht die Beziehungen zwischen dem Pariser Jockey-Club und den Ballett-Tänzerinnen der Opéra. Zu den Ballettvorlieben des Jockey-Clubs schreibt Hedwig Müller: »Daß die Mitglieder des aristokratischen Jockey-Clubs sich während des Abendessens von Boten berichten ließen, wie weit die Opernvorstellung fortgeschritten sei, damit sie ja nicht den Einsatz der Ballettszenen versäumten, ist eine historische Tatsache.[100] Ebenso, daß sie Opern zu stören pflegten, wenn das Corps de Ballet nicht ausgiebige Einlagen bot. Wagners Werke mißfielen ihnen in dieser Hinsicht besonders – sieht man vom Tannhäuser-Bacchanale ab.«[101]

Der Reiz der Darbietung wurde erhöht durch die Tatsache, daß die Tänzerinnen des ›Corps de ballet‹ nicht abgeneigt sein konnten, auch persönliche Beziehungen anzuknüpfen, d.h. »… die für den Lebensunterhalt unerläßlichen ›Mäzene‹ zu finden. Die Doppelmoral der Zeit fand hinter den Kulissen ihre Fortsetzung in der Prostitution. Der Zwang, die Bühnenkostüme selbst zu stellen, der die Schauspielerinnen des 19. Jahrhunderts in Not trieb, bestand für die Ballerinen in gleicher Weise. Von der Monatsgage hätten sie nicht einmal den üblichen Verbrauch der handgearbeiteten seidenen Spitzenschuhe bezahlen können, geschweige denn die für die ausstattungsreichen Ballett- und Opernproduktionen notwendigen Kostüme. Die Theaterdirektoren – auf Sparsamkeit bedacht und auf einen ›guten‹ Ruf ihres Hauses als angenehmen Aufenthaltsort der einflußreichen Herren Adeligen und Direktoren – förderten die Prostitution der Balletttänzerinnen, gewährten zum Beispiel den männlichen Logenbesitzern, wie an der Wiener Hofoper, ungehindertes Besuchsrecht in den Ballettgarderoben…«[102].

Ebenso war die soziale Situation der Schauspielerin die einer Außenseiterin, ausgegrenzt aus der bürgerlichen Gesellschaft.[103] In leichteren Stücken hoben auch die Schauspielerinnen bisweilen die Röcke und tanzten zum Amüsement primär der männlichen Besucher. Honoré de Balzac fand dafür folgende Worte, die er eine seiner unzähligen Romanfiguren ausrufen ließ: »›Ich könnte keine Frau lieben, die ein Schauspieler vor dem Publikum auf die Wange küßt, die in den Kulissen geduzt wird, die sich vor einem Parterre erniedrigt und ihm zulächelt, vor ihm tanzt, die Röcke hochhebt und sich als Mann kleidet, um zu zeigen, was ich allein sehen will. Oder wenigstens, wenn ich eine solche Frau liebte, müßte sie das Theater verlassen, ich würde sie mit meiner Liebe reinigen.‹«[104] An anderer Stelle desselben Romans läßt Balzac deutlich werden, daß diese Freizügigkeiten durchaus ökonomisch kalkuliertes Rezept waren: »›Glauben Sie, daß das Stück von du Bruel Ihnen Geld einbringt?‹ fragte Finot den Direktor [eines Theaters am Premierenabend]. ›Das Stück ist ein Intrigenstück... Das Boulevardpublikum liebt diese Gattung nicht[...] Alles hängt heute abend von [den Schauspielerinnen] Florine und Coralie ab, die entzückend schön und graziös sind. Diese beiden Mädchen haben sehr kurze Röcke, sie haben einen spanischen Tanz zu tanzen, sie können das Publikum fortreißen. Diese Vorstellung ist ein Spiel mit Würfeln.‹«[105] Die doppelbödigen Verbrämungen mittels schwacher Konstrukte von Inhalten und vorgeblichem Kunstanspruch waren im Varieté nun nicht mehr notwendiger Usus. Das allein sollte aber nicht darüber hinwegtäuschen, daß in Betrachtung der sozialen Situation der Kolleginnen vom Ballett und von der Sprechbühne die Varieté-Tänzerinnen nicht eklatant als die einzig frivolen, bürgerlich ausgegrenzten Geschöpfe herausragten. Der Grad ihrer aus der offiziellen bourgeoisen Perspektive verurteilten Unseriosität erreichte jedoch einen neuen Höchstwert.

Die unseriöse Muse: Varieté als Liebesmarkt

Gesteigert wurde dieser noch durch die eindeutige Tatsache, daß in Varietés wie den Folies-Bergère käufliche Liebe feilgeboten wurde, wie schon das Zitat aus Maupassants ›Bel-Ami‹ veranschaulicht hat. Gesellschaftlich war der Ruf der Damen vom Varieté denkbar schlecht, ja auch das Ansehen der gesamten Gattung, die man »...als prostituierte Kunst bezeichnet [hat], wie übrigens gelegentlich auch den Tanz. Ein böses Wort...«, wie Ernst Günther in seinem Buch zur Geschichte des Varietés meint, »...doch zu gewissen Zeiten schon durch die Nachbarschaft zur tatsächlichen Prostitution zumindest wortspielerisch berechtigt. [...]selbst im weltberühmten Casino de Paris war es vor der Jahrhundertwende üblich, daß die leichten Mädchen von Paris dem Herrenpublikum amouröse Gesellschaft leisteten, ob organisiert oder aus freien Stücken, sei dahingestellt.«[106] Besonders bekannt für pikant frivole Spezialitäten allerlei Art waren die Folies-Bergère: »Die Folies suchten den Erfolg mit allen Mitteln. Bereits 1876 annoncierten sie ›die nacktesten Frauen der Welt‹ – nichts anderes als Damen in fleischfarbenen Trikots, immerhin sensationell für die Zeit. Da auch das

Lona Barrison,
Fotografie von Reutlinger
[Kat.-Nr. 44]

offenbar keine Wirkung auf Dauer zeitigte, organisierte man den ›freien Zutritt
zu den Garderoben für Herren von Stand‹ und das ›Promenoir‹: Die Direktion
verteilte an die hübschesten und ›gediegensten‹ Prostituierten der Stadt Freikarten zum vierzehntägigen kostenlosen Aufenthalt in den Wandelgängen und im
Foyer. Zwar durften die Herren nicht direkt angesprochen werden, doch ein auf-
forderndes Kopfnicken war den Damen gestattet. Paul Derval schrieb später in
seinen Memoiren: ›Dieses geniale System bewährte sich einige Jahre hindurch
sehr gut. Jeder Pariser wußte, daß die Damen im Promenoir solche von leichter
Tugend waren, und daß sie die Creme ihrer Profession darstellten... Kurz, das
Promenoir der Folies Bergère war als der beste Liebesmarkt der Stadt bekannt.‹
(Am Rande: Auch damit folgte Paris eigentlich nur einem Londoner Beispiel;
selbst die berühmten Theater Drury-Lane und Covent Garden hatten Freikarten
an Prostituierte vergeben!)«[107]

Das soziale Ansehen war also denkbar schlecht, damit aber war die Freiheit
der Varieté-Tänzerinnen scheinbar grenzenlos, nur den Gesetzmäßigkeiten des
Varietés hatten sie sich unterzuordnen. Innerhalb dieser rein formalen Normen
aber konnten sie sich bedenkenlos in Szene setzen – Hauptsache: Sie hatten Erfolg. Wie aber provozierten die Varieté-Tänzerinnen ihren immensen Publikums-
erfolg?

Die Selbstinszenierung der Varieté-Tänzerinnen

Die Varieté-Tänzerinnen, sie wußten die Aufmerksamkeit des Publikums auf sich
zu lenken, sie nutzten das aufgeheizte Klima und boten, was seinerzeit primär der
männliche Besucher begehrte. Virulente Bildvorstellungen ihrer Zeit – wie den
bereits vorgestellten Topos ›Nackt und mit Juwelen bedeckt‹ – griffen sie auf, sie
verliehen ihnen Fleisch und Blut.

Mata Hari
[Kat.-Nr. 150]

Claudia Balk

Entlehnte Thematik und Bildhaftigkeit

Woher nahmen die Varieté-Tänzerinnen jedoch ganz konkret die Stoffe und Mythen, aus denen sie die stark reizvollen Bilder von sich selbst schufen? Erstaunlicherweise werden wir bei dieser Nachforschung auch auf die Ballett-Tradition zurückverwiesen.

Zwar imaginierte die Ballettromantik primär die Frau als ätherisches Wesen, nicht ganz von dieser Welt. Zur visuellen Bezeichnung dieser Traum- und Fabel-

wesen erfand diese Epoche Tutu und Spitzenschuh. Doch schon in der Hochphase des romantischen Balletts gab es zwei ästhetische wie inhaltliche Strömungen. Das wohl bekannteste Zitat des Ballettkritikers Théophile Gautier ist die Unterscheidung eben dieser beiden Richtungen, personifiziert in Marie Taglioni als »christliche« und Fanny Elßler als »heidnische Tänzerin«[108]. Letztlich begegnet uns in dieser Klassifizierung wieder die bekannte, im 19. Jahrhundert häufig repetierte Vorstellung von der Frau in der Polarisierung als Heilige oder Hure.[109]

Welche Tanzdarbietungen waren aber einige der größten Publikumserfolge der sog. ›heidnischen‹ Tänzerin Fanny Elßler? Ihre spanische Cachucha und die Rolle der Bayadere. Spanische Tänze boten auf der Varietébühne u. a. La Belle Otéro, Rosario Guerrero und La Argentina, während sich auf den exotisch anmutenden Tanz der Bayadere Mata Hari, Maud Allan und Ruth St. Denis spezialisiert hatten, um nur einige der bekanntesten Varietéstars zu nennen.

Rosario Guerrero
[Kat.-Nr. 127]

Spanische Tänzerin

Spanischer Tanz war schon im frühen 19. Jahrhundert ein Synonym für pure Leidenschaft. 1837 schrieb anläßlich eines Pariser Gastspiels spanischer Tänzer Théophile Gautier: Sie »›…stehen überhaupt in gar keinem Verhältnis zu unsern Tänzern; diese Leidenschaft, dieser Schwung, diese Begeisterung, die man sich schlechterdings gar nicht vorstellen kann; … sie haben in ihrer Manier nichts Mechanisches oder Entlehntes, nichts was an Schule erinnerte, – ihr Tanz ist eher ein Tanz des Temperaments als ein Tanz der Regel, und in jeder seiner Gesten spürt man die ganze stürmische Kraft südländischen Blutes.‹«[110]

Und während dieses Gastspiels schon beschwerte sich Théophile Gautier, daß die Oper diesem spanischen Tanzpaar nicht die Pforten öffnete: »Es ist merkwürdig, daß man dieses hübsche Paar nicht an die Oper engagiert hat… Diese Nationaltänze hätten in ihrer Ursprünglichkeit Farbe in das so langweilige Ballettrepertoire gebracht.«[111]

Bayadere

1837 hatte sich Théophile Gautier auch schon den Tanz einer echten Bayadere auf der Pariser Ballettbühne gewünscht: »Warum hält es niemand für möglich, daß zum Beispiel die Partie einer Bayadere viel reizvoller wäre, würde sie von einer echten Bayadere aus Kalkutta oder Masulipatnam interpretiert?«[112]

Gautier wiederholte diesen Wunsch, als er 1844 Marie Taglioni in dem Ballett *le Dieu et la bayadère* rezensierte. Dabei erinnerte er sich an ein Gastspiel originär indischer Tänzer und Tänzerinnen: »Ganz Paris kam in die Variétés, um zu sehen, wie sie den *Malapou* tanzten, die *Toilette de Vishnou* oder andere heilige Tänze, die sie mit liturgischen Gesängen untermalten. Die bewunderungswürdige Schönheit ..., die vollkommenen Formen ... wurden allerdings nur von den Malern, Bildhauern und Künstlern wahrgenommen. Das französische Publikum, das die Taglioni verehrte und als Typus der Bayadere bereitwillig annahm, konnte den Unterschied zu einer echten Bayadere gar nicht ermessen...«[113].

Später, im Varieté, war auch eine Ruth St. Denis keine originäre Bayadere, aber sie bekundete doch glaubhaft, Kenntnis der heiligen Tänze des Fernen Ostens zu besitzen[114]: »Es ist mehr als wahrscheinlich, daß sie Indien kennt und die dunkleren Länder hinter Indien...«, vermutete 1906 Hugo von Hofmannsthal deutlich beeindruckt. »Jedenfalls hat sie diese ewigen Dinge des Ostens gesehen, und nicht mit gewöhnlichen Augen. Ob sie unter ihnen gelebt hat, jahrelang oder stundenlang – was hat Zeit mit diesen Dingen zu tun!«[115] Sie war nun für die literarische Generation Hugo von Hofmannsthals die ersehnte Bayadere.

Eingestimmt auf seine Verehrung der »unvergleichlichen Tänzerin«[116] wurde Hofmannsthal durch Briefe Harry Graf Kesslers, der Ruth St. Denis in Berlin sah.[117] Am 29.10.1906 schrieb er: »Die St. Denis ... *mußt* Du sehen; sie ist ein Wunder. Ich habe ... davon den stärksten Eindruck gehabt, den mir der Tanz als Kunst überhaupt je gemacht hat. Ein indischer Tempeltanz, ganz nackt, aber doch in einem märchenhaften Kleid aus schwerem Goldgeschmeide; wie sich hier die Linien des Nackten, mit dem Faltenwurf und seiner schweren Grazie vereinigen, so daß bald das Gewand und bald der Mädchenkörper zu verschwinden scheint, und doch beide immer in ihrer ganzen Fülle von Reichtum und Anmut zusammenwirken, das ist der höchste Anblick von reiner sinnlicher Schönheit, den ich je gehabt habe; sie ist die Bayadere, in der bloß die beiden Pole: Tierschönheit und Mystik ohne jede Zwischenskala geistiger oder sentimentaler Töne vorhanden sind, geschlechtlose Gottheit und bloß geschlechtliches Weib...«[118].

Die Bedürfnisse nach authentischeren exotischen Reizen schienen einige der gefeierten und umjubelten Varieté-Tänzerinnen nun endlich stillen zu können – eine zeittypische Konstellation, die beispielsweise auch eine Mata Hari zu nützen verstand.

Ballett und Varieté

Es war aber keine Laune des Zufalls gewesen, daß gerade die im 19. Jahrhundert aktuellen Bildvorstellungen von der Frau wie die Bayadere alias Salome bzw. auch die Elementargeister, die Willis, die Ballettbühne bevölkerten. Denn gerade in der Hochphase des romantischen Balletts waren es die Literaten, die die Stoffe für diese Kunstgattung entwickelten, wie das Paradebeispiel *Giselle* zeigt.

Losgelöst vom Kunstanspruch wechselten nun aber die sinnlichen Mythen der Ballettbühne hinüber ins Varieté. Zurück blieben die zerbrechlichen Geschöpfe überirdischer Sphäre, wie sie die Ballettromantik zuhauf geschaffen hatte. Sie fristeten ein anämisches Dasein, denn das Ballett war in seiner Tradition erstarrt, die erfindungsreiche Phase der Romantik war längst vorüber, und neue Ideen wuchsen noch nicht nach.

»Die Blüte des Balletts, beheimatet als eigene Bühnengattung in allen Opernhäusern der großen Städte, fiel in die Jahrzehnte zwischen 1830 und 1870. Maria Taglioni, Fanny Elßler und Carlotta Grisi rissen die Zeitgenossen in einen Taumel der Begeisterung.«, faßt Wolfgang Jansen die ballettgeschichtlichen Fakten zusammen. Und er fährt fort: »Bewegungstechnische Erstarrung und der vermeintlich bereichernde Einsatz überbordender Ausstattung verursachten [später] schließlich eine zunehmend stärker empfundene ›Agonie‹ der Tanzkunst, die sich auch in einem tiefgreifenden Verlust gesellschaftlicher Resonanz ausdrückte. Die Begeisterung anläßlich von Auftritten der Ballerinen gehörte inzwischen der Vergangenheit an...«[119].

Stars und Image

Die berühmten Ballerinen waren die ersten Stars der Theatergeschichte, die von einem internationalen Publikum gefeiert wurden. Fanny Elßler gelang es sogar, auch schon in Amerika mit großem Erfolg zu gastieren. Doch nach der Hochphase des romantischen Balletts bot diese retardierende Gattung keine Basis mehr für den Aufstieg neuer Stars.

Die anämischen, nicht lebendigen, unwirklichen Geschöpfe der Ballettromantik waren im fortgeschrittenen 19. Jahrhundert nicht mehr gefragt, nun wurden Schauspielerinnen wie Sarah Bernhardt zu Weltstars, indem sie die Frivolität etwa einer *Kameliendame* ausspielten. Wenn auch diese Femmes fatales, die in allen Kunstgattungen absolut en vogue waren, ihr sündhaftes Treiben oft mit ihrem Leben sühnen mußten, so bildete dies tragische Ende doch den Schlußpunkt der Tragödie, nicht aber den Beginn eines zweiten, ja hauptsächlichen Teils, wie es den Gepflogenheiten romantischer Ballett-Dramaturgie entsprach, nach deren Muster beispielsweise auch *Giselle* strukturiert ist. Dem Leben zugewandte weibliche Geschöpfe wollte das Publikum sehen, voller Sinnlichkeit und Leidenschaft. Die Ballettbühne lieferte sie nicht. Genau diese Lücke entdeckten die Varieté-Tänzerinnen und füllten sie auf ihre unterschiedliche Weise aus.

Imagekreation der Varieté-Tänzerinnen

Sie gingen dabei eine Verbindung zwischen ihrer eigenen Person und der dargebotenen Erscheinung ihrer Kunstfiguren ein, die sich so kongruent gestaltete, daß eigentlich nicht mehr von einer ›Rolle‹ gesprochen werden kann. Die theatrale Bedingung des ›als ob‹ wurde aufgelöst.

Die Definition von Enno Patalas, die dem Star späterer Kinoprovenienz als Erfolgsrezept eine »...monolithische Einheit aus äußerer Erscheinung, Leinwandrolle und (vermeintlicher) individueller Existenz...«[120] empfiehlt, erfüllten die Varieté-Tänzerinnen in letzter Konsequenz: Sie verkörperten nichts als sich selbst. Sie traten nicht in einem spanischen Tanz oder in der Rolle der Bayadere auf – sie waren spanische Zigeunerin wie La Belle Otéro oder Bayadere wie Mata Hari, die als Kind den Tempeltanz in Indien bzw. Java[121] erlernt haben wollte.

Auch die wenigen ›Rollen‹, die von den Varieté-Tänzerinnen verkörpert worden sind, nehmen in der Regel einen Sonderstatus ein. Die *Salome* beispielsweise, die Maud Allan u.a. fast zwanzig Monate lang ununterbrochen und ausschließlich im Londoner Palace Theatre dargeboten hat, ist eher schon als eine Art Inkarnation

Maud Allan als Salome
in *The Vision of Salome (Die Vision der Salome)*,
Fotografie von József Kossak, um 1907
[Kat.-Nr. 2]

Mata Hari
[Kat.-Nr. 147]

zu klassifizieren. Und auch als La Belle Otéro – von ihrem Image her die spanische Femme fatale par excellence – in fortgeschrittenem Alter als *Carmen* in Georges Bizets gleichnamiger Oper auftrat, wurden genau betrachtet nur zwei kongruente Bildvorstellungen zur Deckung gebracht.

Einprägsame Geschichten gehörten zum Image der Varieté-Tänzerinnen ebenso wie prominente Affairen und die frivol prickelnde Aura der Demi-Monde. Gemäß den Gesetzmäßigkeiten der Varieté-Darbietung mußten sich die Tänzerinnen deutlich voneinander absetzen, d.h. ihr Image mußte möglichst scharf gezeichnet sein, damit es exakt identifizierbar nur auf diese eine Person zu beziehen war. Märchenhaft ausgeschmückte Legendenbildung war dabei ein bevorzugter Bestandteil des Images erfolgreicher Varieté-Stars.

Legendenbildung

Die Legendenbildung hat letztlich aber die Varieté-Tänzerinnen derart überlagert, ja überwuchert, daß nur davon Bruchstücke der heutigen Generation im Gedächtnis geblieben sind. So ist im Bewußtsein der Jetztzeit beispielsweise von La Belle Otéro nur noch der Reklamegag zum Neubau des traditionsreichen Hotels Adlon in Berlin präsent, der von ihrer immensen Kofferanzahl berichtet. Der Ursprung ihrer einstigen Popularität, der solche Geschichten erst erblühen ließ und sie in Umlauf setzte, – ihr Tanz – der ist vergessen. Da machen sogar tanzhistorisch Interessierte häufig keine Ausnahme.

Das wohl blumigste Beispiel einer Legendenbildung präsentierte damals eine »…Tochter des Mützenhändlers Zelle aus Leeuwarden und Frau des Hauptmanns MacLeod…«, sie »…verwandelte sich in eine Orientalin. Mata Hari – das Auge der Morgenröte – nennt sie sich in der poetischen Bildersprache des Fernen Ostens. ›In Malabar, an der Küste Südindiens, kam ich als Tochter einer Brahmanenfamilie zur Welt. Meine Mutter war eine berühmte und gefeierte Bayadere im Tempel Kanda Swany; mit vierzehn Jahren, als sie mich gebar, starb sie. Als ihre Leiche auf dem Scheiterhaufen verbrannt war, zogen mich die Priester auf und gaben mir den Namen Mata Hari. Schon als kleines Kind wurde ich in der unterirdischen Grotte der Pagode Schiwas in die heiligen Tänze des Gottes eingeweiht, da ich die Nachfolgerin meiner Mutter werden sollte. [...] So reifte ich allmählich zur

Claudia Balk

Jungfrau heran, und in einer warmen Frühlingsnacht, als die silberne Mondscheibe am Himmel hing, wurde ich in die Geheimnisse der heiligen Liebe der Göttin Saktyjudja eingeweiht... Als Bayadere durfte ich nie irdische Liebe empfinden. Mein Leben war dem Gott geweiht. Da lernte ich einen britischen Kolonialoffizier kennen, der entführte mich aus dem Heiligtum Schiwas und machte mich zu seiner Gattin. So bin ich Lady Gretha MacLeod geworden...‹«[122].

Dies ist nur eine der zahlreichen Varianten ihrer Abstammungslegende, die Mata Hari im Laufe ihrer relativ kurzen aber heftigen Karriere als Tänzerin erfand. Häufig siedelte sie ihre Kindheit auch auf Java an, damit den Ursprüngen ihrer exotischen Kenntnisse um ein Quentchen Wahrheit näher. Gut ein Dutzend dieser Variationen ihrer selbst konstruierten Legende referiert Sam Waagenaar in seinem »erste[n] wahre[n] Bericht über die legendäre Spionin«.[123] Das unveränderliche Zentrum der gern variierten Legende bildete aber stets die originäre exotische Herkunft als Garant für die authentischen Kenntnisse des fernöstlichen Tanzes.

So kommentiert auch Wencker-Wildberg die von ihm zitierte indische Familiengeschichte Mata Haris: »Es war ein frei erfundenes Märchen, das sie ihren Zuhörern erzählte und das diese mit neuen Ausschmückungen weitergaben, aber es war als Rahmen für ihre Tanzdarbietungen geschickt erfunden, und es erfüllte vor allem seinen Zweck: Es suggerierte dem Publikum die Legende ihrer indischen Abstammung. [...] Überflüssig zu sagen, daß sie in Java und Sumatra [wo sie tatsächlich mit ihrem Ehemann gelebt hatte und aus deren Landessprache sie ihren Namen kreierte] niemals indische Tänze gelernt oder sich mit ihnen beschäftigt hat. Was sie den Parisern vortrug, waren samt und sonders Tänze eigener Erfindung, es waren ebenso persönliche und willkürliche Schöpfungen wie das Märchen ihrer indischen Abstammung. Aber gerade diese exotisch-romantische Note wirkte und bahnte ihr den Weg zum Erfolg.«[124]

Mit geradezu wütender Energie beteuerte Mata Hari gar letztlich eben die Authentizität ihrer erfundenen Legende, als sie sich zunehmend gegen Nachahmerinnen zu wehren versuchte[125]. Laut Sam Waagenaar erklärte sie: »›Ich würde mich ... geschmeichelt fühlen – wenn diese Darbietungen vom künstlerisch-wissenschaftlichen und vom ästhetischen Standpunkt aus richtig wären. Leider sind sie es nicht. [...] Auf Java ... habe ich von frühester Kindheit an die tiefe Bedeutung dieser Tänze gelernt, die einen Kult, eine Religion darstellen. Nur wer dort geboren und aufgewachsen ist, ist von ihrem religiösen Gehalt durchdrungen und kann ihnen jene ernste Note verleihen, auf die sie Anspruch erheben.‹«[126]

Die Legende Mata Haris entfaltete eine so erfolgreiche Wirkung, daß sie auch nach der Hinrichtung der Tänzerin und späteren Spionin dauerhaft anhielt: die Verfilmung ihrer Biographie mit Greta Garbo als Titelfigur ist heute noch bekannt, und Darstellungen ihres farbigen Lebenslaufs werden immer wieder gern verfaßt und publiziert.

In der Kunstfertigkeit der Legendenbildung hatte es zumindest eine prominente Vorläuferin schon gegeben: Lola Montez. »Um Lola Montez reihen sich zahlreiche Legenden, und sie selbst hat auch bestens mitgeholfen, eine Vielzahl neuer Legenden zu produzieren.«[127] Reinhold Rauh gibt in seinem Buch Informationen über die angebliche Spanierin: »Sie, die sich mit Künstlernamen Lola Montez nannte, ist unter dem Namen Eliza Gilbert in Irland geboren worden. Und dies wahrscheinlich im Jahr 1820.«[128] »Auch in ihren ... Memoiren, die Licht in ihre Vergangenheit bringen sollten, gab sie nochmals zum besten, 1823 in Sevilla geboren worden zu sein. Die spanische Mutter, eine geborene de Montalvo, stammte demnach aus dem alten maurischen Geschlecht, das sich bis ins 15. Jahrhundert zurückverfolgen ließe.«[129] Schon für ihr Debut ließ sie – nicht eben wahrheitsgetreu – öffentlich ankündigen, »›...daß zwischen den Opernakten sich Donna Lola Montez vom Teatro Real, Sevilla, für ihren ersten Auftritt in England mit dem original spanischen Tanz *El Oleano* die Ehre gibt.‹«[130] Rauhs interessante Schlußfolgerung ließe sich kongenial auch auf einige der Varieté-Tänzerinnen übertragen: »Mit Lola Montez war ein Nimbus verbunden, der weit über dem Denkhorizont ihrer meisten Zeitgenossen lag und sie für viele Männer nur um so begehrenswerter machen mußte.«[131]

So erinnert die Geschichte der Lola Montez an die spanische Tänzerin Carolina Otéro oder an die selbsternannte Bayadere Mata Hari. Es ist ernsthaft zu vermuten, daß Lola Montez, wenn das Varieté schon entwickelt gewesen wäre, dort und nicht auf den Ballettbühnen aufgetreten wäre. Genau genommen wäre es auch ihr verwehrt worden, auf der ehrenwerten Bühne des Münchener

La Belle Otéro,
Fotografie von Reutlinger
[Kat.-Nr. 205]

Hof- und Nationaltheaters zu tanzen, hätte sie sich nicht mit Charme und Temperament die hochkönigliche Protektion Ludwigs I. zu verschaffen gewußt.

Saharet, Fotografie vermutlich
von Franz von Stuck, um 1905
[Kat.-Nr. 295]

Wenn auch nicht alle der hier vorgestellten Varieté-Tänzerinnen wirklich den Status eines Stars beanspruchen konnten – es sei denn, man wollte die These wagen, daß bereits in dem Jahrhundert, das den Star überhaupt erst erfand, dieser Begriff bereits schon wieder inflationierte, – echte Attraktionen von einem hohen Sensationswert waren sie allemal. Nicht immer verdienten sie Vermögen, und nicht jeder lag ein Heer von Bewunderern zu Füßen, doch alle ihre Namen verfügten über einen erhöhten Bekanntheitsgrad. Sie warben mit eben diesen Namen – den damit verbundenen Legenden und Attributen – für sich selbst. Ihre Gastspiele in Städten wie Paris, Wien, London oder Berlin wurden häufig als Sensationen gehandelt, sie sorgten für heiß begehrten Gesprächsstoff. Der Rummel um ihre Person konnte sich zum fieberhaften Taumel steigern, der manchen Zeitgenossen ungewollt mitriß. Davon erzählt auch eine Karikatur mit dem Titel ›Der Zauberlehrling‹, die Franz von Lenbach und Saharet darstellt.

Nach anfänglicher Faszination, die ihren Niederschlag in seinen Portraitstudien fand, geriet er ungewollt in den Strudel ihrer ›Marketing‹-Maschinerie, die öffentliche Wirkung der faszinativen Relation ließ

Claudia Balk

sich von dem Malerfürsten nicht mehr kontrollieren.[132] (Vgl. Abb. S. 83) Auch Franz von Stuck interessierte sich in München so für Saharet, daß er sie mehrfach portraitierte.

Dialog der Künste

Wie erfolgreich die Varieté-Tänzerinnen es verstanden haben, sich in Positur zu setzen, verdeutlichen eben diese Spuren, die sie in anderen Kunstgattungen hinterlassen haben.

»In diesem Zusammenhang«, gibt Gunhild Oberzaucher-Schüller zu bedenken, »ist prinzipiell zu fragen, inwieweit Schriftstellerbetrachtungen ... für die Einschätzung von künstlerischem Wert herangezogen werden können. [...] Ebenso falsch, wie oft praktiziert, ist der Schluß von der Größe des Dichters auf die Bedeutung der Quelle. [...] Die Autorität des Dichters trübt allzuoft den Blick für das eigentliche Thema: Nicht der Tanz an sich steht also im Mittelpunkt des Rezipienten, sondern vielmehr die Gedanken der Dichter, Schriftsteller, Maler und Komponisten über den Tanz.«[133]

Varieté-Tänzerinnen in der Literatur

Bei der Betrachtung der bekannten literarischen Zeugnisse, in denen die Varieté-Tänzerinnen sich widerspiegeln[134], vermittelt sich der Eindruck, daß diese Künstlerinnen nicht den Ausgangs-, sondern den Endpunkt literarischer Phantasie bildeten. Ein Hugo von Hofmannsthal etwa äußerte sich in einem essayistischen Feuilleton über Ruth St. Denis, zu literarischer Produktion regte sie ihn nur bedingt an. Bevorzugt wurden die Varieté-Tänzerinnen von den Künstlern der schreibenden Zunft als lebende Inkarnationen ihrer literarischen Vorstellungswelten rezipiert.

Heinrich Mann wiederum haben die Varieté-Künstlerinnen nur als soziale Spezies der Femmes fatales und bürgerlichen Außenseiterinnen interessiert. Ist sein Einakter *Varieté* primär von seiner Kritik des gesamten Amüsement-Genres bis hin zur Operette gekennzeichnet, das in innig fester Umklammerung mit dem Kommerz dargestellt wird, so suchte er im Roman ›Professor Unrat‹ die atmosphärische Leichtlebigkeit des Varieté-Milieus auf, um daraus eine soziale Studie zur Charakterisierung einer gesellschaftlichen Außenseiterposition zu gewinnen, die er den normativen Begrenzungen des Bürgertums entgegensetzte.[135] Die (sozial-) kritische Sehweise wie die Intention deutlich vernehmbarer Aussagen ließen gerade in Bezug auf die Varieté-Künstlerinnen nur typisierte Darstellungen zu.[136] Entsprechend ist die konkrete Anspielung auf eine reale Varieté-Tänzerin so knapp gehalten, daß sie nur assoziativ spielerische Bezeichnung für diejenigen bleibt, die mit den bekannten Persönlichkeiten des Genres vertraut waren.[137] Leda, die weibliche Hauptfigur des *Varietés*, die über ebenso unbedeutende wie austauschbare Talente verfügt[138], lebt eine exaltiert unbürgerliche Existenz, in deren Gestaltung alle allgemeinen Imagemuster wie aufwendige Kleider, Affairen und pressewirksame Sensationen Verwendung finden.

Zu der von Heinrich Mann in Einakter und Roman dargestellten sozialen Ausnahmesituation der weiblichen Figuren kontrastieren in besonders deutlichem Maße die festgefügten Wertigkeiten des männlich repräsentierten Bürgertums. Die Tänzerin Rosa Fröhlich – in der Verfilmung von Marlene Dietrich dargestellt – fungiert im Roman ›Professor Unrat‹ als Katalysator, der das morsche, nur scheinbar festgefügte System des bürgerlichen ›Tyrannen‹ Unrat zum Einsturz bringt. Zu Genese und Schemata der handlungstragenden Figuren seines Romans äußerte Heinrich Mann selbst: »Während der Pause [in einem Theater in Florenz] wurde im Zuschauerraum eine Zeitung verkauft, darin fand ich eine Nachricht aus Berlin, von einem Professor, den seine Beziehungen zu einer Dame vom Kabarett auf strafbare Abwege gebracht hatten. Kaum hatte ich die wenigen Zeilen gelesen, da standen auch schon vor mir die Gestalt des Professor Unrat, die Gestalt seiner Verführerin und sogar der Schauplatz ihrer Wirksamkeit, der Blaue Engel. [...] Das Mädchen sah sofort und für alle Zeiten so aus, wie es aussehen mußte, um einen alternden Mann von Grundsätzen sie alle vergessen zu lassen. [...] Er und sein Schicksal waren nur noch auszuarbeiten und hinzuschreiben.«[139] Damit bestätigte Mann selbst die Typenhaftigkeit und funktionsorientierte Darstellung seiner ›Barfußtänzerin‹. Trotz deutlich vorgetragener Sozialkritik und beharrlicher Titulierung der Tänzerin als ›Künstlerin Fröhlich‹ setzte Heinrich Mann letztlich nur eine Femme fatale in gewohnter Funktion ein; real existente Tänzerinnen des Varietés inspirierten ihn nicht zur Ausgestaltung seiner Figur.

Dagegen begrüßten Hugo von Hofmannsthal und Harry Graf Kessler höchst aufmerksam und enthusiastisch schon die ersten Auftritte von Ruth St. Denis im deutschsprachigen Raum. In beider Reaktion schwang mit, daß die Kunst der Tänzerin mit gewissen Idealvorstellungen der Freunde Kessler und Hofmannsthal zusammentraf, ein Gleichklang kulturellen Geschichts- und Weltverständnisses wurde für beide spürbar. So schrieb Hofmannsthal beispielsweise: »Aber ich will von meiner Tänzerin reden. [...] Man wird an das merkwürdige Wort von Goethe erinnert, daß Titian, als er ganz reif und auf der Höhe seines Könnens war, ›den Samt nur mehr symbolisch gemalt habe‹. [...] In dieser ungeheuren stilisierenden Kraft – seltsame Verbindung eines seltsamen lebendigen Wesens mit uralten Traditionen – ist jede Spur einer Sentimentalität weggetilgt. [...] Und gerade das ist, was ... ihren Tanz zu etwas Unvergleichlichem macht.«[140]

Wenn die Intention der Beziehungen zwischen Tänzerin und Literat aber doch primär die der Verkörperung dichterischer Vorstellungen war, so wurden die Tänzerinnen gewissermaßen vereinnahmt von den Literaten, und ihr Wert wurde gemessen am Grad der Kongruenz zu bereits vorgegebener literarischer Phantasie.

Literatur für eine Varieté-Tänzerin: Das ›Salome‹-Projekt

Eine Umkehrung der Relation Varieté-Tänzerin – Literat sollte hingegen nicht funktionsfähig werden. Von den ersten Auftritten der Ruth St. Denis enthusiasmiert, schrieb Kessler an Hofmannsthal: »Ich habe ... davon den stärksten Eindruck gehabt, den mir der Tanz als Kunst überhaupt je gemacht hat. [...] Aber du mußt das Alles sehen; es wird in dir fruchtbar werden.«[141]

Hatte Kessler damit gemeint, die Tänzerin werde die schöpferische Phantasie seines Dichterfreundes produktiv beflügeln, so sollte er sich später in genau diesem Punkt enttäuscht sehen. Am Tag, bevor Hofmannsthals hymnischer Essay ›Die unvergleichliche Tänzerin‹ in Wien erschien, unterbreitete ihm Kessler den folgenden Vorschlag: »Lieber, hier das Resultat von Gesprächen gestern mit der St Denis und Reinhardt. 1) Die St Denis wird so gut wie sicher im nächsten Jahr Mitte Mai bis Juni im Kammerspielhaus bei R. gastieren.[142] 2) Sie braucht dazu ein oder mehrere Stücke, natürlich Tanz Stücke. 3) Reinhardt dachte zuerst an eine Neueinstudierung von Wildes Salome. Die St Denis hat aber Etwas gerade gegen

Claudia Balk

diese *Salome*... Und zweitens hat sie sich selbst schon eine ganz andere *Salome* (oder *Herodias*) ausgedacht [...] Nun der Grund, warum ich Dir dieses Alles schreibe; weil wir gedacht haben, daß Du die Dichtung, den dichterischen Rahmen zum Tanz schaffen würdest.«[143] Darüber hinaus enthielt der Brief detaillierte Vorstellungen der Tänzerin, die sogar schon konkrete szenische Anweisungen wie Lichtwechsel beinhalteten.

Kessler schien von dem *Salome*-Projekt wahrhaft elektrisiert zu sein, denn noch am selben Tage schrieb er an Hofmannsthal einen zweiten Brief, wiederum randvoll mit detaillierten Interpretationsvorschlägen, die er von Ruth St. Denis übermittelte, und dieses Mal legte er auch noch eine Bühnenbild-Skizze von St. Denis' Hand bei.[144] Auf diese Weise wurde jene *Salome*-Skizze initiiert, deren Existenz in der tanzhistorischen Literatur bedeutungsvoll referiert wird.[145]

Doch über die Notierung von zehn allgemein gehaltenen Zeilen ist Hugo von Hofmannsthal nie hinausgelangt.[146] Nicht eben besser erging es einem weiteren Plan des Schriftstellers, den 1907 konzipierten ›Gespräche[n] der Tänzerin‹, in denen Hofmannsthal die Faszination verarbeiten wollte, der er im direkten Kontakt mit der ungewöhnlichen Persönlichkeit von Ruth St. Denis nachweislich unterlegen ist[147]. Selbst noch 1912, drei Jahre nach der Rückkehr von Ruth St. Denis in ihre amerikanische Heimat, hielt Hofmannsthal an seinem Vorhaben fest; er ist jedoch »...über den ersten Satz nicht hinausgekommen. Der Grund dafür ist nicht erkennbar.«[148]

Für das frühe Ende des *Salome*-Projektes aber lassen sich durchaus mögliche Ursachen eruieren, wobei Suzanne Sheltons privat angesiedelte Spekulation, eine – wie auch immer geartete – ›Liaison‹ mit Hofmannsthals Schwager, Hans Schlesinger, hätte die Beziehung zwischen Schriftsteller und Tänzerin so nachhaltig gestört, daß ihr *Salome*-Projekt nicht weiter gedieh, kaum ernsthaft zu diskutieren ist.[149]

Weit plausibler und nachvollziehbarer scheint dagegen die schlichte Vermutung, daß Hofmannsthal seine künstlerische Freiheit in einem ihm sehr ungewohnten Maße eingeschränkt sah, denn Kessler schlug ihm nicht einfach eine Zusammenarbeit vor – nein, er gab genaueste szenische, inhaltliche wie auch ästhetische Anweisungen weiter. Letztlich stammte das szenische Konzept eindeutig von Ruth St. Denis, das Kessler bereits in einem konkreten Entwurfsstadium Hofmannsthal übermittelte. Hofmannsthal hatte nur noch die Worte zu finden, deren Wertigkeit auch schon deutlich definiert war. Nicht einmal gleichberechtigt sollten die noch zu schöpfenden dichterischen Worte neben dem Tanz stehen: »Die Grundidee ist jedenfalls, daß die Dichtung durchaus Rahmen zum Tanz bleibt...«, hatte Kessler geschrieben.[150] Trotz aller Affinität, die Hugo von Hofmannsthal aufgrund seiner Sprachskepsis zu nonverbaler Darstellungskunst entwickelte[151] – sie sollte sich vor allem in seiner späteren Arbeit an Balletten und Pantomimen[152] niederschlagen –, mochte er das *Salome*-Projekt nicht ernstlich vorantreiben.

Hofmannsthal blieb Kessler jede schriftliche Antwort schuldig, keine einzige Briefzeile hat sich erhalten, in der er auf die *Salome*-Vorschläge eingeht. Lediglich Helene von Nostitz schrieb er am 12.12.1906 die gern zitierte und durchaus überbewertete Formulierung[153]: »In einer ... Art von Zusammenarbeiten (für ein kleines Werk natürlich nur) bin ich mit einem ganz unwahrscheinlichen Collaborateur geraten, nämlich mit der Tänzerin St. Denis, die ich öfters besuche und sehe seit uns – wer? natürlich Harry [Graf Kessler] – zu einem Frühstück zusammengebracht hat.«[154] Frühestens zwei Tage vor diesem Brief konnte überhaupt die erste Begegnung mit Ruth St. Denis an Kesslers Frühstückstisch stattgefunden haben, wie der vorherige Briefwechsel zwischen Hofmannsthal und Helene von Nostitz belegt.

Ein zweites Mal wurde das *Salome*-Projekt von Ruth St. Denis persönlich forciert: »Vom 1. bis 13. Januar 1907 gastierte Ruth St. Denis in Wien. Hofmannsthal traf sie mehrmals, sie besuchte ihn auch in Rodaun...«[155], wie belegt ist durch eine »...Eintragung im Gästebuch vom 12. Januar 1907.«[156] Am 16.1.1907 traf Hugo von Hofmannsthal erneut Ruth St. Denis zu einem Spaziergang im Park von Schönbrunn, einen Tag später notierte er u.a. in sein Tagebuch: »Ihre Erklärung warum sie ... die erstarrten Dinge liebt: Edelstein, Prunkgewänder ist mir entfal-

Ruth St. Denis,
Fotografie von Otto Sarony
[Kat.-Nr. 335]

len.«[157] Klingt hier schon eine Assoziation zur *Salome* an, zu deren bildlicher Vorstellung seit Gustave Moreaus Darstellungen der prächtig mit Juwelen geschmückte Körper gehörte, so wird diese Thematik dezidiert angesprochen in dem Brief, den Hofmannsthal am Tage des Spaziergangs an Beer-Hofmann richtet: »...bitte tuen Sie mir den großen Gefallen und schicken mir *gleich* unter Kreuzband den Band 3 contes (Flaubert). Ich brauch es dringend wegen l'Hérodiade für die St. Denis und die Buchhändler habens nicht vorrätig.«[158] Wie ein letzter Nachklang mutet ein Brief Hofmannsthals an, der bisher nur in der Autobiographie der Empfängerin St. Denis publiziert wurde. Er datiert vom 2.3.[1907][159] und bildet eine Erläuterung jener in den Anmerkungen bereits zitierten zehnzeiligen Skizze von Hofmannsthals Hand.[160] Ob aber Hugo von Hofmannsthal an dem Projekt selbst je ernsthaft interessiert gewesen ist, scheint äußerst fraglich. Allenfalls mögen ihn die Kontrapunktik zu Richard Strauss' Oper *Salome*, deren Komposition er zur selben Zeit kennengelernt hatte[161], und die gemeinsame Ablehnung der Wildeschen *Salome*, dem von Strauss gewählten Libretto, gereizt haben. Fasziniert aber war Hofmannsthal offenkundig von den persönlichen Begegnungen mit Ruth St. Denis, die ihn auch den Plan für ›Die Gespräche der Tänzerin‹ fassen ließen. Das *Salome*-Projekt scheint eher als Vehikel oder Medium der künstlerischen und zwischenmenschlichen Beziehung gedient zu haben: Das Projekt setzte und hielt die Gespräche in Gang und motivierte zu weiteren Begegnungen, in denen sie ihre Gedanken austauschen konnten.

Doch nach den ersten Monaten des Jahres 1907 verlieren sich endgültig die Spuren des *Salome*-Projektes, eine echte Zusammenarbeit entwickelte sich trotz anhaltender persönlicher Faszination aus dieser Verbindung nie. Der Dichter als Mentor der Tänzerin war eine angenehm vorstellbare Konstellation, der Hofmannsthal gern auch weiterhin nachkam[162]; deren Umkehrung aber, nach der ein angesehener Dichter im Auftrage und nach klaren Anweisungen einer Tänzerin zu schreiben hätte, schien letztlich doch wohl inadäquat.

Diese Feststellungen laden zum weiteren Nachdenken ein im Dialog der Künste: Wie verhielt sich die Relation zwischen Varieté-Tänzerinnen und Bildenden Künstlern?

Claudia Balk

Varieté-Tänzerinnen in der Bildenden Kunst

Die Freizügigkeit der Varieté-Tänzerinnen allein kann wohl kaum die Ursache gewesen sein für die vielfache Faszination, die sie auf die Bildenden Künstler ausübten. Denn Freizügigkeit wurde von den traditionellen Maler-Modellen ebenso oder noch weitgehender angeboten, so posierten sie mit gewohnter Selbstverständlichkeit auch für Aktdarstellungen.

Sicherlich hatte auch in diesem Gattungsdialog – Tanz und Bildende Kunst – der erfreuende Wiedererkennungswert beim Betrachten der lebendig gewordenen aktuellen Bildvorstellungen von der Frau wie Salome oder Bayadere eine wichtige Funktion.

Hinzu kam der plakative Reiz der darzustellenden Tänzerinnen, der Varieté-immanent bedingt war[163]: Sie boten eine üppige Farbenpracht der Kostüme in Verbindung mit weiblichen Reizen. Gerade der schwarz oder auch rot bestrumpfte Beinschwung (siehe auch Abbildungen S. 80, 82 und 84) erwies sich als oft und gern gestaltetes Motiv.

Besonders aber – diese These sei gewagt – verband die Varieté-Tänzerinnen und die Bildenden Künstler miteinander eine Verwandtschaft der Künstlerseelen: Sie waren erfüllt vom Revoltieren gegen das traditionelle Erstarren des Balletts wie der akademischen Kunst, ihre gemeinsame Sehnsucht hatte einen Namen: Künstlerische – aber auch individuelle – Freiheit![164]

Jane Avril,
Plakat von Maurice Biais, um 1895
[Kat.-Nr. 14]

Im Portrait süddeutscher ›Malerfürsten‹

Das hauptsächliche Augenmerk süddeutscher ›Malerfürsten‹ galt jedenfalls gar nicht den Inkarnationen der ›Sünde‹, obwohl Varieté-Tänzerinnen versuchten, deutliche Annäherungen an diese Bildvorstellung in Szene zu setzen (vgl. Foto von Ruth St. Denis im Schlangenkostüm, S. 46); in diesem Bezugspunkt unterschieden sich die Maler von den Literaten. Sie portraitierten die Varieté-Tänzerinnen in klassischem Sinne. Das bedeutet aber auch: nicht der Tanz interessierte diese Malergruppe, sondern die Person. Von Saharet beispielsweise entstanden reine Portraits in Büstenformat, und von anderen Varieté-Tänzerinnen, wie Rosario Guerrero, wurden Kostümportraits gemalt, die die Kongruenz zwischen fiktionaler Ebene wie z.B. der spanischen Tänzerin, und persönlicher Realität festhielten. Der exotische Reiz en detail von Schmuck und Farbe, der so untrennbar und unmittelbar mit der Person der Tänzerin zu einem Image verschmolzen war, ließ die Maler zu ihrer Palette greifen: In diesem Sinne animiert, malten Fried-

Danseuse (Tänzerin) – Rosario Guerrero,
Gemälde von Friedrich August
von Kaulbach, vor 1905
[Kat.-Nr. 117]

Sada Yacco,
Gemälde von Max Slevogt, 1901
[Kat.-Nr. 355]

Claudia Balk

rich August von Kaulbach Rosario Guerrero und
Max Slevogt Sada Yacco. Die Varieté-Tänzerinnen wurden in beruhigten Posen wie einer ange-
haltenen Drehung (Rosario Guerrero) oder ruhi-
gem Schreiten dargestellt; sie sind nicht mitten
in tänzerischer Bewegung begriffen, sondern sie
präsentieren sich in ihren Tanzkostümen dem
Maler wie dem Betrachter mit all ihren schmük-
kenden, attribuierenden Details. Die feierliche,
auch ruhige Pose der Ruth St. Denis auf Friedrich
August von Kaulbachs Gemälde (Abb. siehe S. 97),
die wohl als authentisch aufzufassen ist, läßt der
Maler genüßlich kontrastieren zu dem aufregend
spielerisch changierenden Wechsel zwischen silb-
rig schimmerndem Schleier und nackter Haut.
Die erotische Wirkung des Kostüms präsentiert
sich auch noch einem heutigen Betrachter dieses
Gemäldes.
Eine Ausnahme der eher statisch empfundenen
Bildschöpfungen bilden die Skulpturen Loïe Fullers, denen bereits eine umfangreiche Würdigung
zuteil geworden ist.[165] Ganz anders aber nahm

auch Henri de Toulouse-Lautrec Loïe Fuller in seiner farbexperimentellen Litho-
graphie-Serie wahr. Gerade an dieser Serie läßt sich eine Parallelität der Entwicklung in der Befreiung bildender Kunst wie des Tanzes ablesen: Es ist der Weg in
die Abstraktion, der sich auch in der malerischen Auffassung dieser Serie wider-
spiegelt.

Varieté-Tänzerinnen auf Künstler-Plakaten

Die Varieté-Tänzerinnen aber waren wie geschaffen für die von der japanischen
Malerei inspirierte Plakatkunst ihrer Zeit, die primär mittels Fläche und Linie gestaltete. Auf ihren Darstellungen bekam die organische, vom Umriß des bewegten Körpers beschwingte, durch die zart bauschende Kleidung sanft gerundete
Kontur[166] Flächen von satter Farbigkeit zu umfangen; denn die Varieté-Tänzerinnen gestalteten die Tönung ihrer Kostüme geradezu schon von selbst plakativ,
indem sie den Anforderungen des Varietés zu entsprechen suchten. Für die Or-
namentik, ein gestalterisches Element, dem die Maler zur Zeit des aufkeimenden
Jugendstils besondere Beachtung schenkten, fanden sie eine reiche Auswahl
vor: Rüschen, Federn, Pailletten, Schleier, glitzernder Schmuck – die Varieté-Tänzerinnen dekorierten sich wahrlich nicht sparsam. Davon kündet allein schon die
bekannte Anekdote vom sog. Schmuckwettstreit zwischen La Belle Otéro und
Liane de Pougy in Monte Carlo: Liane de Pougy »...führte beim Entrée im Hotel
de Paris all ihren sensationellen Schmuck vor, die Otéro hingegen, durch einen
Mittelsmann auf das Zusammentreffen vorbereitet, behängte die Zofe Betty mit
ihren Klunkern und ging selbst in einem sehr attraktiven Kleid, aber ohne Klein-
odien, hinter Betty her. Sie bereitete so ihrer Widersacherin eine Niederlage von
beleidigender Vollständigkeit, die Liane de Pougy der Otéro niemals verziehen
hat.«[167]
Die selbständigen Varieté-Tänzerinnen dienten den Malern ihrer Zeit nun aber
nicht nur traditionell passiv als Modelle – nein, aktiv benutzten sie die Maler zu ih-

Ruth St. Denis as Serpent in Angkor-Vat
(Ruth St. Denis als Schlange in Angkor-Vat),
Fotografie im Vertrieb von White Studio

rer eigenen Imagekreation! Auf den Plakaten, mit denen ihre Darbietungen angekündigt wurden, ließen sich die fleischgewordenen Inkarnationen damaliger Männerträume mit allem attribuieren, was für solch sinnliche Traumgeschöpfe en vogue war wie Schlangen, Feuer und Spinnennetze (vgl. Abb. S. 90).

Schon mit ihren auffallenden Kostümen, die die weiblichen Reize dekorativ und erotisch, ganz nach dem damaligen Zeitgeschmack, in Szene setzten, assimilierten sich die Varieté-Tänzerinnen alle denkbaren Attribute der Femme fatale. Besonders bevorzugt war die Schlange, der gefährlich reizvollen Frau zugeordnet seit Evas Verführung hinein in den Sündenfall. Schon Jane Avril ließ zahlreiche Nattern oder Vipern über das Kostüm ihres schmalen, biegsamen Leibes schlängeln, wie uns das Plakat Henri de Toulouse-Lautrecs aufs dekorativste übermittelt. Auch Ruth St. Denis attribuierte sich mit der Schlange wie eine leibhaftige ›Sünde‹ von Gustav Klimt oder Franz von Stuck.

Die Skirt- und Cancan-Tänzerinnen ließen eine Vielzahl von Rüschen – die sonst verborgene, durchaus dekorative Innenansicht des berühmten französischen Wortes ›Froufrou‹ – sehen. Allein die Vokabel ›Froufrou‹, die das Rascheln der vielen Stoffteilchen durch die zahlreichen Rüschen an den Unterröcken kennzeichnete, hatte auch einen Nebensinn, den der Leichtlebigkeit weiblicher Halbwelt.

La Belle Otéro,
Fotografie von Reutlinger
[Kat.-Nr. 196]

Wieder andere Varieté-Tänzerinnen umgaben ihre Körperformen spielerisch ver- und enthüllend mit hauchzarten Schleiern – damit auf den gefährlichsten Tanz verweisend, den je eine Frau der Weltgeschichte dargeboten hat: den Tanz der Salome.[168] Die geometrisiert ornamentierten Flügelkonstruktionen Sent M'ahesas in ihrem *Tanz der Isis* (vgl. Abb. S. 100) wiederum verwiesen über die konkrete optische Anverwandlung ägyptischer Motive hinaus assoziativ auch auf den Vamp(ir), eine Symbolfigur, die gerade im frühen 20. Jahrhundert noch sehr en vogue war. Und eine Loïe Fuller spielte auf der Bühne mit dem Feuer. Selbst die Titel mancher Tänze verwiesen noch auf die Symbiose von Attraktivität und Gefährlichkeit einer Femme fatale: Der *Serpentintanz* war Loïe Fullers berühmteste Tanzdarbietung, und ihr *Feuertanz* wie der *Flammentanz* ihrer Nachahmerin, Ida Fuller, wurden ebenso als namentliche und bildliche Attraktionen aufs Plakat gehoben[169] wie der Auftritt Saharets in *Hexenfeuer*[170].

Claudia Balk

Jane Avril,
Plakat von Henri de Toulouse-Lautrec, 1899
[Kat.-Nr. 16]

Selfmade-Women

Eine Attribuierung ganz anderer Art, die zum selbstkreierten Image der Varieté-Tänzerinnen gehörte, war die stete Beteuerung, *keine* Tanzausbildung genossen zu haben, wodurch Freiheit von Tradition und Regeln betont wurde. So berichtet Gabriele Brandstetter über die Gruppe der sog. ›prime movers‹: »Es gehörte wesentlich zu Loïes [Loïe Fullers] ›Legende‹, daß sie behauptete, nie Tanzunterricht gehabt zu haben. Richtig war, daß sie keine klassisch-akademische Ballettausbildung besaß, ähnlich wie die anderen Schlüsselgestalten des Neuen Tanzes, Isadora Duncan, Ruth St. Denis, Maud Allan, Adorée Villany und später die Vertreterinnen des Ausdruckstanzes. ...die Idee von der Genese des neuen Tanzes aus dem ›Geist der unverbildeten Natur‹ gehörte untrennbar zum Credo des modernen Tanzes um 1900: Die Leugnung der akademischen Disziplin als Bedingung des Bühnentanzes.«[171]
Loïe Fuller, Isadora Duncan, La Belle Otéro – sie alle waren ›geborene Tänzerinnen‹, darin noch einmal die Kongruenz zwischen persönlicher Identität und Kunsterscheinung im Zwischenreich von Realität und Fiktionalität betonend.
La Belle Otéro war die geborene spanische Tänzerin (den Flamenco hatte sie schlicht im Blut oder in der Erbmasse), dagegen hatte Mata Hari den indischen Tempeltanz laut selbsterdachter Legende doch immerhin erlernt – allerdings im naiven Stadium der Kindheit. Mata Haris angeblicher Tanzunterricht kam eher einer spirituellen Unterweisung gleich, so als ob sie ihre Bewegungen aus einem Konglomerat von Unterbewußtsein, Spiritualität und Gedächtnis speiste und schöpfte. Egal was die Varieté-Künstlerinnen tanzten, stets bewegten sie sich außerhalb klassischer Tanzlehren.

Varietétanz und Tanzmoderne

Wieweit die vielfältigen Tanzstile, die auf den Varietébühnen dargeboten wurden, von ihrem ästhetischen Gehalt her bereits eine Überleitung zur Tanzmoderne darstellten, soll nicht Thema dieses Essays sein.[172] Sicher aber ist die ihnen gemeinsame Loslösung von der überlieferten, schematisierten Körperlichkeit und dem Bewegungskanon romantischer Balletttradition ein Pionierakt, der die Brücke hinein in die Tanzmoderne schlug.

Selbstbestimmung und geistiges Bewußtsein der Tänzerinnen

Wie ihr Image, so kreierten die Varieté-Tänzerinnen auch ihre Tänze selbst, was wahrlich keine Selbstverständlichkeit in damaliger Zeit war. Diese historische Dimension veranschaulichen die folgenden Sätze Hedwig Müllers: »Im klassischen Ballett war die Tänzerin Mittlerin einer vorgegebenen, zumeist vom männlichen Choreographen und Librettisten entworfenen, narrativen Handlung. Im Regelfall besaß sie weder Anteil an der literarischen Vorgabe noch an der choreographischen Form. Ihre Fähigkeiten waren darauf dressiert, die an sie herangetragenen Aufgaben bestmöglichst zu erfüllen. Ihr einziger Freiraum, je nachdem wie er von den Choreographen zugestanden wurde, war die Interpretation des Schrittmaterials. [Als historische Schnittstelle wird von den Tanzhistorikern immer wieder Isadora Duncan angesprochen.] Die Tänzerin hingegen, die Isadora Duncan repräsentierte, widersetzte sich einer solchen Funktionalisierung. [...] Die Tänzerin wurde zur handelnden Person, zur Choreographin ihrer selbst.«[173]
Das Primat Isadora Duncans ebenfalls betonend, schreibt auch Gunhild Oberzau-

Claudia Balk

cher-Schüler: »Von der ›Totalität‹ ihres
Seins ausgehend, war die Duncan erstmals
Schöpferin und Interpretin in Personalunion,
wohl das herausragendste Kennzeichen der
Bewegung des Freien Tanzes. Ihre Gestaltungen waren Akte der Selbstentäußerung,
denen der Charakter einer Botschaft zukam.«[174]

Aber schon über eine Cancan-Tänzerin der
60er Jahre des 19. Jahrhunderts erfahren
wir: »Diese Rigolboche tanzte die gewonnene Selbständigkeit des Individuums. Von ihr
wird gegolten haben, was von allen den be-
deutenderen Erscheinungen des Variete gilt:
sie sind keine Reproduzenten mehr, sondern ursprüngliche Schöpfer mit dem Ziel
plastischer Wirkung…«[175].

Rigolboche wurde schon von Arthur Moeller-Bruck auch dafür zur Zeugin aufgerufen,
daß den Varieté-Tänzerinnen durchaus ein
eigenes geistiges Bewußtsein als Basis ihrer
Tanzdarbietungen zuzusprechen sei: »Man

Rigolboche,
Farbdruck, 1861

sucht oft abzustreiten, dass die Kunst unserer Danseusen von einem versteckten
geistigen Willen belebt ist…«[176]. »Aber ich habe einen Einblick in die ganz und gar
unlitterarischen Memoiren der Rigolboche, einer berühmten Cancaneuse der
sechziger Jahre gethan und da stehen Sätze, die von dem Selbsterlebnis ihrer
Kunst aus so unmittelbar gross geprägt sind, dass … sie dem Vorwurf der Ungei-
stigkeit unserer Tänzerinnen glänzend begegnen…«[177].

Und als ein weiteres Beispiel einer selbstbewußten, ja intellektuell basierten
Varieté-Tänzerin sei Ruth St. Denis angeführt, von der Harry Graf Kessler –
allerdings nicht ohne arroganten Unterton – am 20.11.1906 Hugo von Hofmannsthal berichtete: »Unsere St Denis, da wir von Sternen sprechen, ist ein kleines oder großes Weltwunder und nimmt mich sehr in Anspruch. Sie ist ›ebenso
klug wie schön‹, wie es in den Feuilleton Romanen heißt; sagt die überraschend-
sten Dinge zwischen ebenso überraschenden und hübschen Ausbrüchen Tanz-
mädchenhaften Übermuts…«[178]. Hofmannsthal wiederum schrieb am 12.12.1906
Helene von Nostitz fasziniert von der Persönlichkeit dieser Tänzerin: »Sie ist
ein so kluges und nettes Wesen, als sie wundervoll tanzt… Das ist ein merkwür-
diges Wesen, mit so viel Kopf bei so viel Genialität des Körpers…«[179]. Und am
»…17. Januar 1907 in der Zeit der ersten Begegnung in Wien, notierte er in sein
Tagebuch: ›Die St. Denis ist die sensibelste Person die ich kenne und dies unter
der Controlle des klarsten Verstandes.‹«[180]

Höheren Anforderungen an ein theoretisches Bewußtsein der Varieté-Tänzerinnen[181] ist generell zu entgegnen: Die Qualität künstlerischer Betätigung an dem
sie begleitenden Theoriegrad messen zu wollen, müßte sich wohl als intellektueller Fehlschluß erweisen.

Aufführungsorte: Die versperrte Oper

Die ›ehrenwerte‹ Oper aber blieb all diesen Tänzerinnen – vom Cancan bis zur Moderne – fast ausnahmslos versperrt. Nicht nur Grenzgängerinnen wie Loïe Fuller, der mittlerweile eine umfassende Rehabilitierung ihres Künstlertums zuteil geworden ist, und Ruth St. Denis, die mit kaum hinterfragter Selbstverständlichkeit den Heiligen der Tanzmoderne zugerechnet wird – zumindest aus amerikanischer Sichtweise[182] –, sondern auch eine Isadora Duncan trat in Europa an Orten auf, die keineswegs alle von Renommée und künstlerischem Anspruch geprägt waren. Der neue Tanz hatte sich an anderen Orten durchzusetzen als den großen Ballettbühnen traditionell etablierter Opernhäuser.

Auch Wolfgang Jansen stellte diese Tatsache fest und stützte vornehmlich hierauf seine These der bedingenden Verbindung zwischen Varieté und Tanzmoderne: »Die Direktoren [der Varietés] dachten zweifellos nicht daran, den tanzkünstlerischen Ausdruck aus den zu Fesseln gewordenen Konventionen zu befreien, doch schufen sie praktisch jene Öffentlichkeit, die die Opernhäuser und Bildungstheater der neuen Generation von Tänzern und Tänzerinnen verwehrten.«[183]

Dennoch erstaunt konstatiert Wolfgang Jansen aber: »Bis auf geringe Ausnahmen nahmen die Tänzer und Tänzerinnen die Angebote, innerhalb eines Varieté- oder Kabarettprogramms aufzutreten, ohne Ziererei in Anspruch.«[184] Diese Bemerkung läßt schon wieder vergessen, daß diesen Künstlerinnen meistens keine andere Wahl blieb.[185] Dabei zitiert Wolfgang Jansen doch selbst Max von Boehn, der diesen Aspekt aufs deutlichste betont hat: »Noch 1925 beklagt sich der Tanzhistoriker Max von Boehn: ›Der Kunsttänzer braucht ein Podium und wie die Verhältnisse nun einmal liegen, findet er es gar nicht oder unter wenig würdigen Bedingungen, in einem Café chantant, in einer Tanzdiele oder dergleichen Lokalitäten. Er ist eine Varieténummer neben Parterreakrobaten, Chansonetten, Tierdressuren usw.‹«[186]

Saharet
[Kat.-Nr. 322]

Beispiel Isadora Duncan

Unter dieser Auftrittssituation litt auch Isadora Duncan, wie z.B. Gunhild Oberzaucher-Schüller schildert: »Schon in London, wohin sie noch vor der Jahrhundertwende gekommen war, war der Duncan schmerzlich bewußt geworden, daß es selbst in der theaterreichen englischen Hauptstadt für ihre Art des Tanzes, also den Solotanz, der sich als Kunst verstand, keinen Platz gab. Dem ›seriösen‹ Tanzgeschehen hatte man innerhalb der großen Opernhäuser seinen Platz zugewiesen, außerhalb dieser Häuser, in Varietés oder Music-Halls, die nun allein dem neuen Tanz als Auftrittsorte zur Verfügung standen, blühte das Amüsiertheater, das zu dieser Zeit von den großen ›Kurtisanentänzerinnen‹ Mata Hari, La belle Otéro, Cléo de Mérode, der Saharet oder den ›Five Sisters Barrison‹ beherrscht wurde.«[187]

Als Isadora Duncan 1904 im Wiener Carl-Theater auftreten konnte, um dort einen »griechischen Abend« darzubieten, bemerkte der Kritiker

Claudia Balk

Eduard Pötzl süffisant: »›Nachdem Miß Duncan in kleineren Zirkeln, wohin ihre Kunst gehörte, alte Schmöker wie junge Leker gleichermaßen entzückt hatte, trat sie öffentlich im Theater auf...‹. Ohne das ›Leitmotiv‹ der nackten Beine, hätte der Tanz der Isadora wohl die ganze Gesellschaft eingeschläfert.«[188]

Doch es gelang letztlich Isadora Duncan, sich mit ihrer Kunst über diese simple Sehweise mancher – oder gar vieler? – männlichen Besucher hinwegzusetzen. Schon »...ein ungenannt gebliebener Rezensent ... desselben Abends ... empfand Duncans Tanz über alle ›Varieté-Instinkte‹ erhaben und als ›Genugtuung über den Sieg, den reines und gesundes Empfinden über lüstern schielendes Mucker-tum davongetragen hat‹.«[189]

Beispiele anderer Tänzerinnen

Selbstverständlich hatten auch die renommiertesten der Grenzgängerinnen zwischen dem Varieté-Tanz und der Tanzmoderne mit denselben Problemen zu kämpfen. So Ruth St.Denis, die über einen längeren Zeitraum hinweg »...fast ausschließlich in Varietés auftrat...«[190].

Loïe Fuller gar blieb jahrzehntelang der ersehnte »...Sprung vom Varieté in ein ›seriöses‹ Opernhaus versagt.«[191] So blieb beispielsweise ein »...1914 an die Wiener Hofoper gestelltes Ansuchen um eine Auftrittsmöglichkeit ... unbeant-wortet. Fullers Eigenart des Tanzes hatte jedoch, freilich nur als eine Art Gag, schon früh Eingang in die Hofoper gefunden.«[192]

Die Sehnsucht, als seriöse Künstlerin anerkannt zu werden, trieb auch eine Mata Hari um, deren Impresario Gabriel Astruc es immerhin gelang, sie nicht nur in der Oper von Monte Carlo, sondern gar einmalig in einer Produktion der Mailän-der Scala zu plazieren. Doch aus ihren großen Träumen weiterer Opernengage-ments oder auch einem gemeinsamen Auftreten mit den ›Ballets Russes‹, die ihr Agent ebenfalls unter Vertrag hatte, wurde nichts.

Beispiel Skulpturengruppe ›Der Tanz‹ von Carpeaux

Welche Art von Tanz auf renommierten Opernbüh-nen generell nicht erwünscht war, machen nicht nur die Beispiele von Isadora Duncan, Ruth St. Denis oder Loïe Fuller deutlich, für deren Ausgrenzung es keine (ausführlichen) Begründungen gibt, sondern auch in besonderem Maße die öffentliche Erregung über die Skulpturengruppe ›Der Tanz‹ von Jean-Baptiste Carpeaux. Nicht nur in, sondern auch vor der Oper mochte man weder Tabuverletzungen noch eklatante künstlerische Innovationen dulden.

Der Sturm der Entrüstung, den Jean-Baptiste Car-peaux' Skulpturengruppe ›Der Tanz‹ vor der neu erbauten Pariser Oper Charles Garniers entfachte, fand sogar noch seinen Widerhall in einer Kritik Arthur Duparcs, der immerhin antrat unter dem Motto: »...sein Anliegen sei ein ›unparteiliches Urteil‹...«[193], letztlich aber empörte auch er sich: »Die Frauen, die er als Typen gewählt hat, sind weder Göttinnen noch wenigstens Bacchantinnen,

La Danse (Der Tanz),
Skulptur von Jean-Baptiste Carpeaux,
1869

wie die Dichter sie gestaltet haben, und der Tanz, wie er ihn dargestellt hat, besitzt keinen Namen in irgendeiner Sprache; die Gruppe wendet sich nur an die niedrigsten Instinkte des Menschen, und wenn es nötig wäre, diese Frauen und ihren Tanz zu kennzeichnen, wäre ich gezwungen, dem abstoßenden Vokabular verrufener Viertel und der öffentlichen Vergnügungsbälle Ausdrücke zu entlehnen, die diesen Bericht erröten ließen.«[194] Anne M. Wagner gibt Kostproben weiterer Rezensionen, die auf dieselbe Aussage – mehr oder weniger gezielt – hinausliefen: »Carpeaux ›bildete einige Tänzerinnen vom Bal Mabille in ihren gewagtesten Stellungen ab‹. Seine Gruppe ist die ›Apotheose des Can-Can‹, oder, noch schlimmer, sie stellt den ›unzüchtigen Can-Can von Carpeaux' losen Frauen‹ dar.«[195]

Der Kritiker des ›Moniteur Universel‹ schrieb: »Der ›Tanz‹ ist ein Bacchanal, das heftigste, ungezähmteste, wildeste Bacchanal ... [im] Kreis heulender Mänaden mit aufgelöstem Haar[...] Als ob sie den Gipfel der Verzückung erreicht hätten, halten sie sich ... ihre Flanken, brechen zusammen... O, wenn nur diese verlorenen Tänzerinnen griechische Frauen wären mit ihren glänzenden Körperhaltungen und Formen. Aber nein, nein, ... begreifen Sie, daß wir uns in der Mitte des 19. Jahrhunderts befinden, in der Mitte eines kranken und entkleideten Paris, in der Mitte des Realismus. Dieser Realismus ist energievoll, leidenschaftlich, stark, ich bewundere ihn bereitwillig, aber er hat absolut keinen Platz an der Fassade eines Gebäudes, das den Künsten gewidmet ist.«[196]

Nun genoß die Oper plötzlich öffentliches Ansehen als hehrer Tempel der Künste, den es gegen niedere Tanzvergnügungen zu verteidigen galt. Gut vierzig Jahre zuvor wurde die Oper selbst noch als ein unzüchtiger Ort gegeißelt, wie uns die Anmerkungen zu einem Roman Honoré de Balzacs berichten: »Charles, Duc de Berry (1775-1820), zweiter Sohn Karls X., wurde am 14.2.1820 vor einer Opernvorstellung von Louvel ermordet.«[197] »Als der Duc de Berry sterbend im Foyer der Oper, damals Place Louvois, lag ..., weigerte sich der Erzbischof von Paris, die Sterbesakramente an einem so weltlichen Ort zu erteilen, so daß man versprach, den Saal abzubrechen. Daraufhin zog die Oper in den provisorischen Saal ins Hôtel Choiseul, Rue Lepelletier, wo sie bis zur Einweihung der Großen Oper von Garnier 1873 blieb.«[198]

Zum zeitgenössischen Hintergrund der öffentlichen Erregung über das Werk von Carpeaux aber schreibt Anne M. Wagner auch: »Im Jahre 1869 glaubte man, daß jede im öffentlichen Raum aufgestellte Skulptur klare, wenn auch begrenzte, repräsentative Funktionen ausüben müsse. [...] Die Skulptur sollte durch ihre Gegenwart die grundlegenden kulturellen Normen befestigen. [...] Die Unterstellung [der Kritik], daß der ›Tanz‹ besser zum Bal Mabille als zur Oper passe, unterschied zwei Sprachebenen, zwei Arten des Verhaltens – die private und die öffentliche, die offizielle und die populäre. [...] Die private Sprache des Kaiserreiches war der Can-Can...«[199].

Eine seiner berühmtesten frühen Interpretinnen, Rigolboche, hat sich über diesen Tanz in den niedergeschriebenen Worten »ihres Biographen und Ghostwriters Ernest Blum« geäußert, die Anne M. Wagner in direktem Zusammenhang mit dem öffentlichen Skandal um den ›Tanz‹ von Carpeaux zitiert: »»Der Can-Can verneint, verschmäht, weist alles zurück, was an Regeln, Gesetzmäßigkeiten, Methode erinnert.‹ [...] Carpeaux' ›Tanz‹ sah keineswegs nach Can-Can aus; nur: ... Der Can-Can hatte keine Regeln – deshalb konnte der ›Tanz‹ zur Verkörperung des Can-Can werden.«[200]

Eine solche Tabuverletzung war auch schon in einem ganz anderen Zusammenhang erbittert angeklagt worden, »...1857, im Prozeß um die Sittenwidrigkeit von

Flauberts ›Madame Bovary‹: ›Eine Kunst ohne Regeln ist keine Kunst mehr; sie gleicht einer Frau, die sich vollständig entkleidet.‹ [...] So der Staatsanwalt Ernest Pinard; er verlor den Prozeß, doch nicht etwa wegen der Abwegigkeit dieses Arguments.«[201]

Abschließend resümiert Anne M. Wagner: »Die Regeln zu brechen, heißt frei zu sein, eigenmächtig, verführerisch und erotisch. [...] Das Überraschende am ›Tanz‹ besteht also in der Kette von Assoziationen, die er erzeugen konnte, und in der Art, wie diese um die Themen der Frau, der Sexualität und des Staates kreisten. Der ›Tanz‹ war frei, lebendig, erotisch, unmoralisch, verderbend.«[202]

Cancan

Damit aber sind wir thematisch noch einmal zurückverwiesen auf den frühen, geradezu klassischen französischen Varietétanz, den Cancan, der auch schon weit vor 1869 selbst Skandal machte. Von Siegfried Kracauer ausgiebig zitiert wird in diesem Zusammenhang »ein deutscher Reisender namens L. Rellstab« – passenderweise als Opern- und Ballettkritiker in Berlin tätig[203] –, der vom Cancan des Maskenballs im Théâtre des Variétés ausgesprochen entsetzt war: »»...so faßt uns nur Widerwille, ja mehr als das, ein Abscheu, ein Grauen vor dieser Zuchtlosigkeit in Masse, vor diesem Verhöhnen jeder Sinne und Scham... Die Musik beschleunigt ihr Zeitmaß, die Bewegungen der Tänzer werden rasender, angreifender, erhitzender [...], und das Ganze dieses wilden und immer wilderen Galopps gibt ein schauderhaftes Bild bacchantischer Zügellosigkeit. ...und endlich sieht man die weiblichen Masken, rasenden Mänaden gleich, mit dunkelglühenden Wangen, athemlos wallender Brust, lechzenden Lippen, halb entfesselt fliegendem Haar, in stürmender Schnelligkeit, mehr geschleift als auf eigenen Füßen durch das Rund des Saales jagen, bis sie mit dem letzten Accord der Musik athemlos auf den nächsten Sessel hinsinken!«««[204]

Gerade die letzten Zeilen sind Synonym für Tanz als entfesseltes, zügelloses ›Bacchanal‹ – einem Vorwurf, dem wir genauso begegnet sind im Skandal um die Skulpturengruppe ›Der Tanz‹ von Jean-Baptiste Carpeaux.[205]

Die Wurzel des Cancan: revolutionäres Potential

Der entfesselte Cancan aber hatte selbst seine Wurzeln im Versuch der menschlichen Gesellschaft, eine neue Freiheit zu erringen. Davon wußte auch Rigolboche: »»Einer meiner Freunde hat mich darauf aufmerksam gemacht, dass der Cancan ein Produkt der französischen Revolution sei... ich weiss es nicht ... doch ist er in Wahrheit ein freier Tanz‹: Aus Strömen von Blut musste die Lust geboren werden...«, kommentiert Moeller-Bruck, ebenso wie »...die Ablösung des geleckten zierlichen Menuets und der anderen französischen Gesellschaftänze, von denen Heine einmal sagt, dass sich in ihnen nur Egoismus beurkunde, keiner wolle

La Goulue,
[Kat.-Nr. 113]

mehr den andern amüsieren, jeder sich zeigen – Und sie konnte nur geschehen, wenn die Kultur, die das Menuet geschaffen, dahin sank … Diese Rigolboche tanzte die gewonnene Selbständigkeit des Individuums.«[206]

Emotion als tänzerisches ›Movens‹ im Cancan

Im Cancan drückte sich das Temperament der Tanzenden unmittelbar aus. Deshalb kontrastierte er zu älteren Gesellschaftstänzen ebenso wie zu Darbietungen des klassischen Balletts: »Wenn vordem eine Tänzerin auf der Bühne, und es war meist die höfisch höfliche Opernbühne, zu besonderem Ruhme gelangte, so verdankte sie, wie die Fanny Elsler …, die Marie Taglioni … diesen Erfolg meist ihrer Bravour, ihrer aufs Aeusserste Feinste Graziöseste ausgebildeten choreographischen Technik. Mit dem modernen Variete und dem Cancanstil, der es bezeichnet, ändert sich das und das Leben kommt wieder zu seinem unmittelbaren Recht. Die Menschheit will sich selbst tanzen sehen…: der Rhythmus des allgemeinen Kulturelans muss nunmehr die Darbietungen der Szene beherrschen.«[207] Die emotionale Basis als Motivation der tänzerischen Bewegung behielt der Cancan bei, als er sich zum Varietétanz entwickelte. Damit aber ist auch der Brückenschlag zur Tanzmoderne immanent bereits in ihm enthalten. Rigolboche schon schilderte die starke direkte Beteiligung der Emotion an ihrem Tanz: »In einem gegebenen Augenblick und ohne zu wissen warum, muß man düster, melancholisch und trübsinnig sein, um mit einem Male wahnwitzig zu werden, zu rasen und zu toben. Im Nothfall muß man alles dies zu gleicher Zeit thun. Man muß sich traurig und aufgereimt [sic!], ernst und ausgelassen, gleichgültig und leidenschaftlich zeigen. Man muß mit einem Worte rigolbochiren.«[208] Und: »Für den Cancan giebt es nur einen einzigen synonymen Ausdruck – die Wuth.«[209]

Cancan, Farbdruck
[Kat.-Nr. 388]

Die Parallele zwischen den Gedanken der Cancan-Tänzerin Rigolboche aus dem Jahr 1860, die ihr allerdings der Autor Ernest Blum in den Mund gelegt haben soll[210], und dem Ausdruckstanz, wie er sich im Deutschland des 20. Jahrhunderts entwickelt hat, ist sogar bis in die radikale Umwälzung der ästhetischen Grundregeln – auch Häßlichkeit findet als menschlicher Ausdruck Einlaß in den Tanz – hineinzutreiben: »Ich liebe den Beifall des Publikums, aber nicht, weil er meiner Eigenliebe schmeichelt, sondern weil er Lärm macht. Ich wollte, wenn ich tanze, daß der Blitz einschlüge, daß die Häuser zusammenstürzten. Ich wünsche mir ein Getöse, welches die Muthigsten erschreckte. Das Geläute von Notre Dame, ein Erdbeben, das jüngste Gericht! – O! o! ------ «[211].

Als Fazit bisheriger Überlegungen ist festzuhalten: Nicht gewollt war in und vor der Oper ein losgelöster und emotional bestimmter Tanz wie der Cancan, wie aber auch der spätere moderne Ausdruckstanz.

Auf dem Weg zwischen diesen beiden Polen einer Entwicklung bildete sich eine üppige, stilistisch in keiner Richtung begrenzte Vielzahl anderer Tänze heraus. Das Varieté war der Ort, wo ein freier, entfesselter Tanz, wie schon der ausführlich behandelte Cancan, vorgeführt wurde, und es bot ein Podium für die Entwicklung jedweder anderen freien Tanzentfaltung[212] – vorausgesetzt, sie erfüllte die Gesetzmäßigkeiten einer Varieté-Darbietung[213].

Abstrakte Tänze

Mit der Einfügung in die konzeptionelle Grundlage des Varietés aber übertrug sich auch auf den Tanz die Entlastung von der notwendigen Transportierung dramatischer wie anderer intellektueller Inhalte. Gerade auch die zeitlich durch das Gesetz der Nummernfolge bedingte, knapp bemessene kleine Form bot der freien Tanzentwicklung die einem Versuchsstadium adäquaten Bedingungen. Zur Konzeption eines gesamten Abendprogramms ohne inhaltlichen Zusammenhalt war noch ein weiter Entwicklungsweg zu bewältigen[214], auf dem die Erfahrungen und Entfaltungen im Rahmen der kleinen Form eine wichtige Basis bilden konnten.

Über den innovativen Charakter der Tanzdarbietungen etwa einer Isadora Duncan erfahren wir: »Sie trennte nicht mehr körperliche Darstellung und persönliches Be- und Empfinden, tanzte nicht mehr ›Rollen‹ und gab keinen literarisch faßbaren Bühnenfiguren Gestalt, sondern begriff Tanz als Vermittlung ihres subjektiven Welterlebens.«[215]

Und Loïe Fullers *Serpentintanz* bezeichnet Klaus-Jürgen Sembach als »...die fast rauschhafte Dauerschwingung ... ein Phänomen ohne Anfang und Ende...«[216], wobei er konstatiert: »Loïe Fuller bildete damals die wohl höchste Möglichkeit zur Abstraktion.«[217]

Die neuen Tänzerinnen, die vornehmlich im Varieté auftraten, wollten also nicht mehr dem Transport von Inhalten dienen.

Loïe Fuller,
Fotografie einer Zeichnung von
Ferdinand von Reznicek, um 1906
[Kat.-Nr. 108]

Sie stellten den Tanz selbst ins Zentrum und gaben damit ihrem eigenen Körper einen höheren künstlerischen Stellenwert. Er stand in direkter Verbindung mit ihrem künstlerischen Tun, er war nicht mehr Mittler einer Metaebene, die es darzustellen galt.

Diese akzentuierte Entwicklungsrichtung von primärer künstlerischer Bedeutung läßt andere Tendenzen dagegen als Nebenlinien von eindeutig geringerer Wertigkeit erscheinen: Pantomimische Anleihen etwa oder die Konstruktion von Handlungsrudimenten als inhaltlichem Rahmen, wie ihn beispielsweise der Paartanz in der späteren Phase nach dem Ersten Weltkrieg erforderlich zu machen schien.

Hier wurden Grundsituationen vorgezeichnet, die letztlich wieder Gefühle frei-
setzten, aus denen tänzerische Bewegungen gespeist wurden: Streit oder Über-
fall, deren resultierende Wut die grotesk akrobatischen Körperaktionen des sog.
›Apachentanzes‹ evozierte.

Doch jenseits dieser Sonderfälle, zu denen auch die legitimierenden Situations-
vorgaben für Entkleidungs- und Nacktszenen gehörten[218], stellte sich die künstlerisch spannende Frage: Was gab es denn zu tanzen anstelle der traditionell etablierten Inhalte?

Emotion als tänzerisches ›Movens‹:
Der Schritt in die Tanzmoderne

Der Weg war letztlich frei für den Tanz als Äußerung innerer Bewegtheit, als
körperlichen Ausdruck von Gemütsverfassungen. Die Verwandtschaft zum modernen Tanz liegt damit nicht so sehr in dem, was getanzt wurde, sondern in der
Art und Weise, wie getanzt wurde: Die Bewegungen wurden bestimmt vom
Temperament der Tänzerin, sogar von ihrer momentanen Gefühlsverfassung.

La Belle Otéro,
Fotografie von Reutlinger
[Kat.-Nr. 213]

Carolina Otéro etwa kämpfte sich zu ihrer
glanzvollen Karriere durch, indem sie in entscheidenden Momenten von ihrem leiden-
schaftlichen Temperament bewegt wurde.
Die Wut als tänzerisches Movens, von Rigolboche bereits bekannt, sie trieb auch die
Tänzerin La Belle Otéro an. In ihren Memoiren erzählt sie beispielsweise von einer Vorstellung, in der sie Claqueure einer Rivalin
auspfeifen sollten: »... es entstand ein wahrer
Skandal im Saal, so daß man den Vorhang
herunterlassen mußte. [...] Der Direktor
des Kristallpalastes kam in meine Garderobe
und sagte: – Na, meine Schöne, kränke dich
doch nicht! [...] Da die Saubande dich hin-
dert zu singen [zuerst war sie mit einer Gesangsnummer aufgetreten], wirst du tanzen.
[...] Man zog den Vorhang hoch und stieß
mich auf die Bühne. Ich begann zu tanzen und
legte so viel Wut und Feuer in meinen Tanz,
daß ein Beifallssturm losbrach.«[219] Eine vergleichbare Situation ereignete sich während
ihres ersten Auftritts in Amerika: »... statt
des Beifalls, den wir erwarteten, ertönen
Pfiffe... Ich begreife nicht ... Was geht vor?
Dann mit ungeheurer Nervosität, mit ver-
doppeltem Schwung und ›furia‹ tanzte ich
weiter. Evariste [Otéros damaliger Tanzpart-
ner] und ich tanzen wie Rasende. In gleichem
Maß mit unserem Schwung wuchs die Intensität der Pfiffe. Ich war irrsinnig vor
Wut, aber zugleich verwirrt durch die Tatsache, daß zu gleicher Zeit, während
die Pfiffe gellten, die Bühne sich mit Blumen bedeckte...«[220]. Erst nach der Vorstellung erfährt La Belle Otéro von ihrem Theaterdirektor: »Daß man in Amerika
pfeift, statt zu klatschen.«[221]

Claudia Balk

Der Weg des Temperaments in innovativer Verbindung mit der Verabschiedung von tradierten Bewegungsmustern führte weiter zu einem tänzerischen Interpretationsverständnis, wie es Isadora Duncan berühmt machen sollte. Noch aus ihrer Pariser Anfangsphase berichtet sie in ihren Memoiren: Ich »…stand …, trotz Armut und Entbehrung, oft stundenlang allein im kalten, unfreundlichen Atelier und wartete des Augenblicks, da mir eine Inspiration den Ausdruck der Bewegung eingeben würde – blitzartig kam dann oft die Erleuchtung, die mich befähigte, die Regungen meiner Seele zu verkörpern.«[222] Und von einigen Wenigen wurde sie bereits entsprechend rezipiert, Eugène Carrière sagte über sie im Jahr 1900: »Sie bietet uns ihr inneres Leben, ihre eigene Freude und ihren eigenen Schmerz…«[223]. Und sie selbst formulierte, sie suche »…nach dem Sitz des inneren Ausdrucks, von dem aus die seelischen Erlebnisse sich dem Körper mitteilen und ihm lebendige Erleuchtung verleihen sollen. […]die Befreiung der inneren Regung ist meiner Ansicht nach der Beginn jeder Tanzkunst.«[224]

Damit wurde auch die Improvisation ein integrierter Bestandteil dieser Tänze, die ihnen eine ganz neue Spannung verlieh, von der das Publikum gefesselt und elektrisiert wurde: Es war die Spannung des Unvorhersehbaren. Dem Publikum tat sich ein Blick in das unverhüllte Temperament und Gefühlsleben der Tänzerin auf, auch dies war seinerzeit eine skandalöse Enthüllung.[225] Tänze wie die Isadora Duncans »…waren Akte der Selbstentäußerung, denen der Charakter einer Botschaft zukam.«[226]

Zur »inneren Bewegung«

Die Entwicklung zum modernen Tanz beschreibt Hedwig Müller als eine Entwicklung »Von der äußeren zur inneren Bewegung«[227]. Und wiederum wird das Innovative der Tanzmoderne an der als Pionierin kanonisierten Isadora Duncan festgemacht, so auch von Hedwig Müller: »Der Beginn des Tanzes lag für Isadora Duncan in dem, was sie in persönlichem Empfinden zum Tanzen veranlaßte, ein Gefühl, eine Stimmung, ein Eindruck. Und dies ausgelöst durch das Betrachten eines Gemäldes oder den Klang eines Musikwerkes. So tanzte sie Botticellis ›Primavera‹ im Blumenkostüm oder die ›Marseillaise‹ in Sackleinen. Die Anregungen ihrer Tänze nimmt sie von außen, aber die Inhalte führen nach innen, zu den Empfindungen der Tanzenden.«[228]

Die Linie der Tradition im Ausdruckstanz wird weitergeführt von Mary Wigman: »Hatte Duncan zur Jahrhundertwende zum erstenmal den Blick auf die Körperlichkeit der Tänzerin gelenkt, ging Wigman in den zwanziger Jahren weit über alle tradierten Bilder von Weiblichkeit und von weiblicher Tanzkunst hinaus. Sie nahm Bewegungs- und damit Ausdrucksqualitäten in Anspruch, die bis dahin als ›männlich‹ galten und im Tanz nicht als Bewegungsformen für Frauen existiert hatten. Wigman tanzte kraftvoll, dynamisch, gewalttätig, sieghaft, herrisch.«[229] – Erinnern diese Vokabeln nicht auch an die Cancan-Tänzerin Rigolboche?

»In all ihren Tänzen konzentriert sie [Mary Wigman] sich auf den Kern psychischer Erfahrung, filtert aus ihrem individuellen psychischen Erleben allgemeingültige Erlebenswerte heraus, die als Aussage des Tanzes dann unabhängig von seinem subjektiven Hintergrund vermittelt werden. Typisch sind daher für ihre Werke Titel wie ›Leid‹, ›Klage‹, ›Monotonie‹.«[230]

Musik als Stimmungsauslösendes Moment

Gunhild Oberzaucher-Schüller sieht auch schon im Schaffen Loïe Fullers entsprechende innovative Bestrebungen: »Noch wesentlicher aber und für das choreographische Schaffen des ganzen Jahrhunderts bestimmend war ein weiteres Novum: Unbelastet von jeglicher Opernballetttradition – Fuller kam ja von der amerikanischen Vaudevillebühne her – verwendete sie erstmals und konsequent sogenannte ›absolute‹ Musik als Grundlage für ihre Gestaltungen, wiederholt sogar ganze Symphonien. Durch die Wahl dieser Musikstücke vermochte Fuller die bis dahin herrschende Beziehung zwischen Choreographie und Musik zu ändern: Der aus der Stimmung entstandene Musikraum wurde zum korrespondierenden Partner[…] Duncan, Allan und in weiterer Folge die Mitteleuropäer verwendeten die absolute Musik, dem Vorbild der Fuller folgend, ebenfalls stimmungsbildend, darüber hinaus auch, um den Äußerungen des Ichs musikalischen Nachdruck zu verleihen. […] Muten nicht die von Fuller postulierten Aussprüche ›What is dance? It is motion. What is motion? The expression of a sensation‹ wie das choreographische Credo amerikanischer Tanzkünstler, etwa eines Merce Cunningham, an, der allerdings bereits ›motion‹ von ›emotion‹ trennte?«[231]

Gefühl und Erlebnis – Tanz seelischer Zustände

Gabriele Brandstetter schreibt zu dem Thema ›Psychologie des Ausdrucks und Ausdruckstanz‹: Die »…passive Seite der rhythmischen Bewegung, die von Klages, Bode, Laban, Schrenck-Notzing und anderen auf den ursprünglichen Zusammenhang von Tanz und Ekstase zurückgeführt wird, muß eine aktive Seite als gestaltender Widerpart des rhythmischen Ausdrucks ergänzen. ›Geschehenserlebnis‹ und ›Antriebserlebnis‹[232] nennt Klages diese polaren Seiten des Bewegungsrhythmus, und Wigman, pointierter auf die künstlerische Dimension des Tanzes bezogen: ›Ohne Ekstase kein Tanz! – Ohne Form kein Tanz!‹[233]
Die Wahrheit des Ausdrucks, das heißt die Echtheit des Gefühls und die Stimmigkeit der dadurch erzeugten Bewegung, mißt sich am Kriterium der raumrhythmischen Spannung. Getanzt werden der Wandel und Wechsel seelischer Zustände… Bewußt wird damit das traditionelle Ideal der Schönheit … dem Ideal der höchstmöglichen Ausdruckskraft geopfert… Doch der Schein trügt, die Frage der Schönheit ist nicht etwa erledigt. Vielmehr lebt die seit Georg Wilhelm Friedrich Hegels Ästhetik im 19. Jahrhundert virulente Unterscheidung von Natur- und Kunstschönheit wieder auf; und es wird – scheinbar – die Naturschönheit höher bewertet: der Tanz als ›durchleuchtete Körperlichkeit, beseelte Form‹[234].«[235]

Das zügellose Weib im ekstatischen Tanz
oder Der Reiz der Mänade

»Ohne Ekstase kein Tanz!«[236] – Das Häßliche einer hingerissenen Bacchantin war aber in der Gesellschaft des ausgehenden 19. Jahrhunderts nicht geduldet. Tanz seelischer Zustände bedeutet seinem Wesen nach auch unkontrollierte Entäußerung – und die stand einer Frau damaliger Zeit nicht zu! Das ungebremste Temperament der Frau, das sich unmittelbar in körperlichen Ausdruck umsetzte, war noch immer ein Skandalon. Es wurde tabuisiert und verdrängt in die Randzone öffentlicher Moral als anstößig prickelnde Varieté-Sensation, da es letztlich massive Ängste schürte. Unkontrollierte oder orgiastische Zustände wie Trance, Ekstase und Rausch – allesamt Schlüsselwörter in der Entwicklung des modernen freien Tanzes[237] – versetzten die Männer in Furcht und Schrekken. Sie fühlten sich in ihrer Dominanz bedroht und suchten, die Frauen weiterhin unter Kontrolle zu halten.[238]

Als in den 20er Jahren unseres Jahrhunderts bereits zahlreiche Tabus bis zur Nichtigkeit an Wirkung verloren hatten, war in Anita Berbers und Sebastian Drostes Programm *Tänze des Lasters, des Grauens und der Ekstase* ihre Solo-Tanzdarstellung eines Rauschzustandes durch das titelgebende *Cocain* noch immer die skandalträchtigste Darbietung.

Und doch war die rauschhaft ekstatisch tanzende Mänade eine Figur der als hehren Kulturepoche verehrten Antike, deren Rezeption gerade in ihrer Idealisierung wie eine lange Reihung von Mißverständnissen gelesen werden kann. Schönheit von Geist und Körper in engem harmonischen Zusammenspiel – dieses Modell rezipierter Antike ließ sich auch auf den neuen Tanz übertragen.

Auf eben diese Weise machte sich Isadora Duncan die Antike zur Verbündeten ihrer

Anita Berber in *Tänze des Lasters, des Grauens und der Ekstase,* 1922
[Kat.-Nr. 54]

Kunst. Mit dem Rückbezug auf diese idealisierte Kulturepoche aber korrespondierte sie kongenial mit einer jüngeren Generation feinsinniger Ästheten, denen beispielsweise Hugo von Hofmannsthal zuzurechnen ist.

Isadora Duncan

Die Basis dieser Rezeptionsverbindung bildete nun einmal nicht das Varieté: »Die Möglichkeit, in privaten Häusern oder Künstlerkreisen aufzutreten, bot ... die Gelegenheit der Bekanntschaft mit Einflußreichen [...], die Wege zu neuen Auftrittsorten ermöglichten. Das Interesse der anderen Künste an der neuen Tanzbewegung öffnete die Tore der ›Künstlerhäuser‹ und der Konzertsäle.«[239]

Ruth St. Denis gelang es schon während ihres ersten Berliner Gastspiels ab Oktober 1906[240], spontan einen Kreis von Intellektuellen und Künstlern um sich zu scharen, die – fasziniert von ihrem Tanz – ihr förderlich sein wollten. »Hofmannsthal war nicht der einzige, der den von der St. Denis kreierten neuen Tanzstil begeistert aufnahm. Die Tänzerin erinnert sich: ›My first engagement at Berlin was the opening of a whole new cycle in both my creative and my human life. Not only did I remain for nearly two years in Germany and Austria, dancing without a week's vacation, but I sensed from my first press performance that a new quality of thought, a deeper appreciation than I had ever known before was to be mine.‹«[241]

Ruth St. Denis, die mit einem priesterlichen Anspruch auftrat – eine heilige Bayadere, in durchaus aufreizendem Gewand (eine Mischung, die auch Mata Hari zum Erfolg gereichte) –, sie erhielt nun die Absolution des Sinnenrausches.

Entsprechend formulierte Hugo von Hofmannsthal in seiner berühmten Betrachtung ›Die unvergleichliche Tänzerin‹ über Ruth St. Denis und Isadora Duncan: »Es war das Geheimnis der Duncan, daß sie wußte, was Tanzkunst ist. Diese da ist eine geborene große Tänzerin. Das Tanzen der Duncan, an diesen inkalkulablen Gebärden gemessen, war ein Zeigen, fast ein Demonstrieren. Diese tanzt. Die Duncan hatte etwas von einem sehr gewinnenden und leidenschaftlich dem Schönen hingegebenen Professor der Archäologie. Diese ist die lydische Tänzerin, aus dem Relief herabgestiegen.«[242]

Diese bildhafte Vorstellug als ehrende Wertung teilte auch Harry Graf Kessler: Ruth St. Denis »...ist wie von einer griechischen Vase heruntergestiegen...«[243], schrieb er seinerseits in einem Brief an Hugo von Hofmannsthal.

Beide Zitate geben ein Beispiel der veränderten Rezeptionssituation, die in besonderem Maße auch Ruth St. Denis zuteil wurde: Aus der zügellosen, sozial verdammten und wenn möglich verbannten Bacchantin – wie beispielsweise in der Skulpturengruppe von Carpeaux – war die geheiligte Mänade antiker Reliefs geworden, versehen mit den Weihen erhabener und unbestritten anerkannter Kunst wie die der Antike. Vor ihr neigten die Dichter das Haupt und boten ihr die Hand, sie auf ihrem schwierigen Weg zu geleiten: »Wie immer aber Hofmannsthals Schriften über Tanz im allgemeinen und über die St. Denis im besonderen motiviert waren, die Kraft seiner Persönlichkeit half dem neuen Tanz, sich im kulturellen Leben Mitteleuropas als Kunstgattung zu etablieren.«[244]

Diese Haltung der Dichter den von ihnen erkorenen Tänzerinnen gegenüber hatte sich nicht spezifisch innovativ in der Generation Hugo von Hofmannsthals herausgebildet. Schon Théophile Gautier träumte in ähnlichen Zusammenhängen von seinen favorisierten Tänzerinnen: »›Fanny Elssler ... erinnert an die Muse Terpsichore ..., so glaubt man, man habe eine dieser wunderbaren Figuren aus Herkulanum oder Pompeji vor sich, die sich weiß vom schwarzen Hintergund abheben und ihre Bewegungen mit Crotalenklang begleiten; unwillkürlich denkt man an die Verse Virgils: Crispum sub crotalo docto movere latus. Die syrische Tänzerin, deren Tänze er unter goldig schimmerndem Rebendach vor der kleinen Schenke zu beobachten liebte, muß viel Gemeinsames mit Fanny Elssler gehabt haben.‹«[245] Und an anderer Stelle schwärmt Gautier: »›Die Jungfrauen von Milet, die schönen Jonierinnen, von denen das Altertum so viel zu sagen weiß, müssen so getanzt haben wie sie [Fanny Elssler].‹«[246]

Liane de Pougy,
Fotografie von Waléry
[Kat.-Nr. 232]

Dem wohlgestalteten Bild der tanzenden Mänade, bereits fest verankert im Schatz vergangener Kulturen, ja schon archiviert im kulturellen Gedächtnis, ihm bewegtes Leben einzuhauchen – dies war eine Idealvorstellung, die im Europa des ausgehenden 19. Jahrhunderts ihre wohl stärkste Virulenz entwickelte.[247] Einige der Varieté-Tänzerinnen und Wegbereiterinnen der Tanzmoderne wurden so nun endlich doch noch zu: »Göttinnen ... wenigstens Bacchantinnen, wie die Dichter sie gestaltet haben...«[248]. Sie boten einen durch Kunst transformierten, veredelten Sinnenrausch dar. Die anderen zahlreichen, oft wilderen Weggenossinnen aber – sie hat man(n) vergessen – wie eine flüchtige, sinnliche aber nicht standesgemäße Liaison.

1 Hofmannsthal, Hugo von: Eine Monographie. ›Friedrich Mitterwurzer‹ von Eugen Guglia. In: Schoeller, Bernd (Hrsg.): Hugo von Hofmannsthal. Gesammelte Werke. Bd. 8. Reden und Aufsätze I. 1891-1913. Frankfurt am Main (Fischer Taschenbuch) 1979. S. 479-483. S. 479

2 Moeller-Bruck, Arthur: Das Variete. Berlin (Julius Bard) 1902. S. 161

3 Jansen, Wolfgang: Das Varieté. Die glanzvolle Geschichte einer unterhaltenden Kunst. Berlin (Edition Hentrich) o.J. [1990/91]. S. 120

4 Arthur Kahane: Tagebuch des Dramaturgen. Berlin 1928. S. 207. Zitiert nach: Jansen, a.a.O., S. 119

5 Jansen, a.a.O., S. 119

6 Moeller-Bruck, a.a.O., S. 37

7 Oberzaucher-Schüller, Gunhild: Vorbilder und Wegbereiter. Über den Einfluß der »prime movers« des amerikanischen Modern Dance auf das Werden des Freien Tanzes in Mitteleuropa. In: Oberzaucher-Schüller, Gunhild (Hrsg.): Ausdruckstanz. Eine mitteleuropäische Bewegung der ersten Hälfte des 20. Jahrhunderts. [=Heinrichshofen-Bücher] Wilhelmshaven (Florian Noetzel) 1992. S. 347-366. S. 347

8 Oberzaucher-Schüller, a.a.O., S. 362

9 Oberzaucher-Schüller, a.a.O., S. 356

10 Mehr emotionalisierte als informative Zeitungsberichte sowie Autobiographien und Biographien, die primär als Erfolgsgeschichten geschrieben sind. Über den Tanz selbst ist nur wenig Ergiebiges zu erfahren.

11 Moeller-Bruck, a.a.O., S. 2

12 Moeller-Bruck, a.a.O., S. 4

13 Günther, Ernst: Geschichte des Varietés. [=Taschenbuch der Künste] Berlin (Henschel) 1978. S. 10

14 Günther, a.a.O., S. 11

15 Siehe S. 12 u. 55

16 Günther, a.a.O., S. 11-12

17 Jansen, a.a.O., S. 127

18 Vgl. Günther, a.a.O., S. 13

19 Vgl. Günther, a.a.O., S. 15, wo ohne Quellenangabe eine solche Definition zitiert wird

20 Günther, a.a.O., S. 11

21 Mann, Heinrich: Varieté. Einakter. Bühnenmanuskript. Berlin (Henschel Bühnenvertrieb) o.J.. Frühere Schreibweise wie für den Teilabdruck in Pan: Variété. [= Pan. Hrsg. v. Wilhelm Herzog und Paul Cassirer. 1. Jg., Nr. 2, 15.11.1910. Berlin (Paul Cassirer) 1910. S. 51-59]

22 Perfektioniert und regelrecht kanonisiert haben die Japaner diesen strukturellen Grundgedanken. Ein sog. Kaiseki muß dem Charakter nach folgende Speisen beinhalten: süß, scharf, salzig, roh, gekocht, gebraten etc.

23 Günther, a.a.O., S. 13

24 Uraufführung: 23.1.1877, Marien-Theater, St. Petersburg

25 Günther, a.a.O., S. 22

26 Günther, a.a.O., S. 23

27 Moeller-Bruck, a.a.O., S. 158-159

28 Kracauer, Siegfried: Jacques Offenbach und das Paris seiner Zeit. Frankfurt am Main (Insel) 1980 (Ersterscheinung 1937). S. 34

29 Kracauer, Offenbach, a.a.O., S. 37-38
Kracauer zur Vorgeschichte des Cancan: »Er leitete sich aus einem Tanz ab, dem das Publikum gewisser Spelunken frönte, die nicht nur an der Grenze der Stadt, sondern auch am Rande der Gesellschaft lagen und wie Hafenkneipen als Schlupfwinkel für verrufenes Gesindel dienten. Dorthin war der Tanz angeblich von Soldaten aus Algerien verschleppt worden. Zweifellos wäre er nie über die Kneipen, die seine engere Heimat bildeten, hinausgelangt, hätte nicht nach der Juli-Revolution die Jeunesse dorée ihre soziale Unruhe dadurch zu beschwichtigen gesucht, daß sie Entdeckungsreisen ins ›Milieu‹ unternahm. Müde der ewigen Rundtänze, deren Eleganz schal geworden war, hatte sie sich mit Freuden die teils brutalen, teils schlüpfrigen Figuren jenes Tanzes angeeignet und sie in ihrem Sinn umgestaltet. So war der Cancan entstanden. Und im Cholerajahr 1832 war dann eine vermutlich von ›Mylord l'Arsouille‹ alias La Battue [eine Kopie des maskierten Lord Seymour, Gründungsmitglied des Jockey Clubs] geführte Verschwörerrotte in die Variétés gebraust, um ihn hier der jubelnden Menge vorzutanzen. Es hatte einen großen Skandal mit

polizeilichen Weiterungen gegeben. ›Wie bei der Ausbreitung neuer Religionen‹, meinte Graf Alton-Shée, einer der Hauptbeteiligten, in seinen Memoiren, ›ist es auch bei der des Cancans nicht ohne Verfolgungen abgegangen‹. Das Ergebnis war, daß der Cancan, der Polizei zum Trotz, siegreich vordrang. Die Regierung mochte der aufrührerischen Jugend dieses Ventil nicht ungern öffnen.« (Kracauer, Offenbach, a.a.O., S.38-39)

30 Wagner, Anne M.: Jean-Baptiste Carpeaux. Der Tanz. Kunst, Sexualität und Politik. [= kunststück. Hrsg. v. Klaus Herding] Frankfurt am Main (Fischer Taschenbuch) 1989. S.89

31 Wagner, Carpeaux, a.a.O., S.89
Auf Rigolboche wird an zentraler Stelle noch zurückzukommen sein. Siehe S.49 u. 52-54

32 Moulin, Jean-Pierre, Yvan Dalain u.a. (Hrsg.): Eintritt frei. Varieté. Lausanne (Editions Rencontre) 1963. S.12

33 Fischer, Eva-Elisabeth: Jacke wie Rock. Wie Rollenbilder immer so weitertanzen. In: Ballett international / Tanz aktuell, Heft 8/9, August 1998, S. 38-41. S. 41.
Die männlichen Tanzpartner blieben auf den Varietébühnen eine Ausnahmeerscheinung. Vgl. dazu auch S.22 u. Anm. 65

34 Unter diesem Titel jedenfalls boten gerade auch renommierte Fotografen Serien mit Portraits bekannter Persönlichkeiten an, die in mehreren Lieferungen vertrieben wurden. ›Galerie der Zeitgenossen‹ etwa hieß eine dieser Editionen, die von dem Münchener Fotografen Franz Hanfstaengl und später von seinem Sohn Edgar herausgegeben wurde. Auch Nadar in Paris erprobte dieses ökonomische Muster erfolgreich. Generell auf den stark erwachten Sammeltrieb im 19. Jahrhundert einzugehen, ist hier nicht der Ort.

35 Zumindest im Falle von Lola Montez ging Ludwig I. bekanntermaßen eine Liaison ein.

36 Eintritt frei, a.a.O., S.11-12

37 Schon in der ersten Gründungsphase der Pariser Varietés schrieb Henrik Ibsen seine *Nora* (Uraufführung: 21.12.1879), die bereits eine Widerspiegelung emanzipatorischer Umwälzungen der Gesellschaft darstellte. Die Folies-Bergère wurden zwar schon 1869 eröffnet, doch fanden sie erst ab 1885 zu ihrem eigentlichen Stil, nun erst betraten bekannte Solotänzerinnen die Varietébühne. Das Moulin Rouge wurde 1889 eröffnet. (Vgl. Günther, a.a.O., S.69-71)

38 Vgl. dazu auch Strohmeyer, Klaus: Warenhäuser. Geschichte, Blüte und Untergang im Warenmeer. Berlin (Wagenbach) 1980. Bes. S.80-81

39 Julius Rodenberg: Paris bei Sonnenschein und Lampenlicht. Zitiert nach: Programmheft zur Inszenierung von Eugène Labiches *Das Sparschwein*. Berlin, Schaubühne am Halleschen Ufer, Premiere: 1.9.1973. Regie: Peter Stein. S.20

40 Zola, Emile: Paradies der Damen. Übers. v. Hilda Westphal. München (Winkler) 1976. Franz. Erstausgabe: Paris, 1883. S.396

41 Kracauer, Offenbach, a.a.O., S.272

42 Kracauer, Offenbach, a.a.O., S.149

43 Maupassant, Guy de: Bel-Ami. Übers. v. Ernst Sander. Stuttgart (Reclam) 1995. S.14

44 Maupassant, a.a.O., S.15

45 Beispielhaft: der Brasilianer in Offenbachs *Pariser Leben*: »Bin Brasilianer, hab es ja, / Komm direkt aus Amerika / Als Krösus wieder nach Paris, / Wo schon ich ein Vermögen ließ. / Den Goldsack untern Arm geklemmt, / Diamanten noch und noch am Hemd, / Zog damals ich in diese Stadt, / Fragt nicht, wie lang gereicht es hat! / Nicht länger als in Saus und Braus / Man hundert Freunden Feste gibt, / Ein paarmal war ich toll verliebt – / Dann war ich blank und fuhr nach Haus, / Doch weil die Sehnsucht mich geplagt, / Kam ich von meiner Dollarjagd / Mit allem, was ich dort gewann, / Hierher, daß ich's verjuxen kann. / [...] Hurra, hurra, hurra – Jetzt bin ich wieder da!« (Offenbach, Jacques: *Pariser Leben*. Text von Henri Meilhac und Ludovic Halévy. Übers. v. Walter Felsenstein unter Benutzung der Übers. v. Carl Treumann. [= Regiebuch] Berlin, Wiesbaden (Bote & Bock) 1958. S.12-13)

46 Hauser, Arnold: Sozialgeschichte der Kunst und Literatur. München (C. H. Beck) 1983. S.759

47 Hauser, a.a.O., S.814-815

48 Hauser, a.a.O., S.815

49 Labiche, Eugène: *Das Sparschwein*. Übers. v. Götz von Langheim und Rudolf Weys. Wien (Hans Pero) 1982. S.34-35

50 Rischbieter, Henning: Kleinbürgerdämmerung. In: Theater heute, 1973, Heft 10, S.46-47. Premiere: Berlin, Schaubühne am Halleschen Ufer, 1.9.1973

51 Ruppel, K[arl] H[einz]: Pariser Leben hinterm Viktualienmarkt. Offenbach-Neuinszenierung im Theater am Gärtnerplatz. In: Süddeutsche Zeitung, 17.2.1975

52 Ausgesprochen mit der Reizwirkung des Balletts im Varieté arbeitete später in ihrem ›Marketing‹ Cléo de Mérode. Vgl. abgebildetes Plakat von PAL, Kat-Nr. 152. Siehe auch Ochaim in vorliegender Publikation, S.92-93 u.101

53 Offenbach: *Pariser Leben*, a.a.O., S.10-11

54 »Das originellste und in vieler Hinsicht ausdrucksvollste künstlerische Produkt des Zweiten Kaiserreichs ist die Operette.« (Hauser, a.a.O., S.853)

55 Hauser, a.a.O., S.853-854

56 Den Bezug zwischen der neuen Gattung der Operette und ihrer Gesellschaft hat schon Siegfried Kracauer in seinem Buch über ›Jacques Offenbach und das Paris seiner Zeit‹ hergestellt. Vgl. Kracauer, Offenbach, a.a.O., S.10

57 Hauser, a.a.O., S.857

Claudia Balk

58 Vgl. in vorliegender Publikation die Biographien der Tänzerinnen

59 Vgl. z.B. Hauser, a.a.O., S.858

60 Mey, Dorothea: Courtisane oder ménagère? Zwei Pole des bürgerlichen Frauenbildes. Männliche Liebesideologie in der Mitte des 19. Jahrhunderts in Frankreich. In: Wiener Historikerinnen (Hrsg.): Die ungeschriebene Geschichte. Historische Frauenforschung. Dokumentation des 5. Historikerinnentreffens in Wien, 16.-19.4.1984. Himberg bei Wien (Wiener Frauenverlag) 1984. S. 187-198. S.194-195

61 Beauvoir, Simone de: Das andere Geschlecht. Sitte und Sexus der Frau. Übers. v. Eva Rechel-Mertens und Fritz Montfort. Reinbek bei Hamburg (Rowohlt) 1990. S.543-544

62 Beauvoir, a.a.O., S.545

63 Oberzaucher-Schüller, a.a.O., S.352

64 Oberzaucher-Schüller, a.a.O., S.353

65 Die Tatsache, daß die Tanzmoderne eine weibliche Domäne gewesen ist, weil sie eng verknüpft einherging mit der Befreiung der Frau – intellektuell, sozial wie auch widergespiegelt in der Mode –, ist schon mehrfach in der tanzhistorischen Literatur dargestellt worden. Siehe z.B. Brandstetter, Gabriele: Tanz-Lektüren. Körperbilder und Raumfiguren der Avantgarde. Frankfurt am Main (Fischer Taschenbuch) 1995; Müller, Hedwig: Von der äußeren zur inneren Bewegung. Klassische Ballerina – moderne Tänzerin. In: Die Schauspielerin. Zur Kulturgeschichte der weiblichen Bühnenkunst. Hrsg. v. Renate Möhrmann. Frankfurt am Main (Insel) 1989. S.283-299; u.a.m.. Vgl. dazu auch entsprechendes Zitat in Anm. 68

66 Oberzaucher-Schüller, a.a.O., S.360. Dort auch Näheres zu diesem Thema

67 Vgl. weiter unten, S. 30

68 Gabriele Brandstetter schildert diese Verknüpfung: »Die Tanzreform zu Beginn des 20. Jahrhunderts ist ohne Kleiderreform nicht zu denken, ja beide sind im allgemeinen Bewußtsein so eng verknüpft, daß das ›Kostüm‹ Isadora Duncans – die lose fallende ›griechische‹ Tunika über nackten Beinen ... – nahezu zum Signal des neuen freien Tanzes wurde... Der moderne Tanz erschuf sich ein neues ›Kostüm‹, das in jeder Hinsicht von der traditionellen Bekleidung der Ballett-Tänzerin (Beintrikot, Korsage, ... Tütü und Spitzenschuhe) abwich; damit war es möglich, die avantgardistische Intention augenfällig zu akzentuieren, die Distanz zum klassischen Ballett zu unterstreichen und das ästhetische Konzept einer neuen Auffassung von tänzerischer Bewegung durch eine veränderte textile Gestaltung hervorzuheben. Darüber hinaus besteht eine enge Verbindung zur Idee und sozialen Bewegung der Reform der Frauenkleidung. Beide Reformbewegungen sind von einem vergleichbaren Grundgedanken geleitet: von der Forderung nach der Befreiung der Frau aus alten, veralteten Zwängen und von der Suche nach einem anderen Körperbild der Frau, das durch ›natürliche‹ Formen, durch freie Entfaltung des Körpers in der Bewegung bestimmt sein soll.« (Brandstetter, Tanz-Lektüren, a.a.O., S.120. Dort auch noch Ausführlicheres zu diesem Thema)

69 Müller, a.a.O., S.295-296

70 Duncan, Isadora: Memoiren. Übers. v. C. Zell. Zürich, Leipzig, Wien (Amalthea) 1928. S.87-88

71 Mann, Heinrich: Professor Unrat oder Das Ende eines Tyrannen. Roman. [= Studienausgabe in Einzelbänden. Hrsg. v. Peter-Paul Schneider] Frankfurt am Main (Fischer Taschenbuch) 1989. S.42

72 Vgl. Ochaim in vorliegender Publikation, S.76-78 u.104

73 So vermittelt sie sich jedenfalls in der Lektüre von Fischer, Lothar: Anita Berber. Tanz zwischen Rausch und Tod. 1918 – 1928 in Berlin. [= Edition Jule Hammer] Berlin (Haude & Spener) 1984

74 Grete Müller, in einem unbezeichneten Zeitungsausschnitt der Österreichischen Nationalbibliothek. Zitiert nach: Fischer, a.a.O., S.28

75 Hofstätter, Hans H[elmut]: Symbolismus und die Kunst der Jahrhundertwende. Köln (DuMont) 1965. S.137

76 Hilmes, Carola: Die Femme Fatale. Ein Weiblichkeitstypus in der nach-romantischen Literatur. Stuttgart (Metzler) 1990. S.246
Näheres zu diesem Thema sowie weiterführende Literaturangaben: Balk, Claudia: Theatergöttinnen. Inszenierte Weiblichkeit. Clara Ziegler, Sarah Bernhardt, Eleonora Duse. Frankfurt am Main (Stroemfeld) 1994. Bes. S.67

77 Oberzaucher-Schüller, a.a.O., S.358. Zitat aus: Schur, Ernst: Der moderne Tanz. München (Lammers) 1910. S.88

78 Oberzaucher-Schüller, a.a.O., S.356

79 Im 19. Jahrhundert hatten weibliche Bühnenkünstlerinnen ihre Kostüme selbst zu stellen. Näheres dazu: Möhrmann, Malte: Die Herren zahlen die Kostüme. Mädchen vom Theater am Rande der Prostitution. In: Möhrmann, Schauspielerin, a.a.O., S.261-280

80 Siehe S.45-46

81 »veranlaßt durch den von der spanischen Tänzerin Fabiani empfangenen Eindruck...« (Levinson, Andrei: Meister des Balletts. Übers. v. Reinhold von Walter. Potsdam, Berlin, Petersburg (Müller & Co.) 1923. S.133)

82 Zitiert nach: Levinson, a.a.O., S.133

83 Vgl. Günther, a.a.O., S.69. Die Tendenz zur Ausstattungsrevue setzt sich aber erst nach dem Ersten Weltkrieg erfolgreich durch. Dazu Günther, a.a.O., S.78-79

84 Vgl. Ochaim in vorliegender Publikation, S.89, 91 u.106

85 Hauser, a.a.O., S.815

86 Hauser, a.a.O., S.816-817. Nähere Ausführungen siehe auch: Hauser, a.a.O., S.844

87 Wohlbemerkt: Nicht die der Arbeiter.

88 »Varieté ist die Grundform bühnengebundener Unterhaltungskunst in Verbindung mit gastronomischer Konsumtion, selbst wenn diese Bühne anfangs nur ein Podium war oder später auch das Parkett sein konnte.« (Günther, a.a.O., S.14) Isadora Duncan lehnte nach eigenen Angaben ein Angebot des angeblich größten Berliner Varietés u.a. mit den folgenden entrüsteten Worten ab: Ich »…erwiderte, ich sei nach Europa gekommen …, den Triumph der geheiligten Schönheit des menschlichen Körpers zu verbreiten, nicht aber, um gemästeten Bourgeois nach Tisch zu ihrer Verdauung etwas vorzutanzen!« (Duncan, a.a.O., S.88)

89 Hauser, a.a.O., S.858

90 Kracauer, Offenbach, a.a.O., S.9

91 Sucher, C. Bernd: Der Zirkus tanzt. Europäische Festivals müssen sparen und werden sprachlos. In: Süddeutsche Zeitung, 16./17.5. 1998

92 Friedrich, Otto: Edouard Manet und das Paris seiner Zeit. Übers. v. Bernd Rüther und Barbara Scriba-Sethe. Köln (Kiepenheuer & Witsch) 1994. S.453

93 Friedrich, a.a.O., S.454

94 Maupassant, a.a.O., S.17

95 Maupassant, a.a.O., S.17-18

96 Hauser, a.a.O., S.845

97 Vgl. Ochaim in vorliegender Publikation, S.76 u.104

98 Siehe Günther, a.a.O., S.73-74

99 Zu bedenken ist in diesem Zusammenhang aber auch die Idealisierung der romantischen Ballerina, ausgedrückt in schwebender Körperlosigkeit. Hier kann jedoch nicht der Ort sein, die Komplexität dieses Themas darzustellen.

100 Mit dieser geschickten Formulierung umgeht Hedwig Müller das Problem des genauen Quellennachweises, den vor ihr schon andere Tanzhistoriker nicht erbracht haben. Den Verbindungen zwischen der snobistischen Männer-Gesellschaft des Jockey-Clubs und den Ballerinen der Oper sowie deren Spuren in Primär- und Sekundärliteratur genauer nachzugehen, wird Aufgabe eines anderen Essays sein.

101 Müller, a.a.O., S.290

102 Müller, a.a.O., S.288-289. So z.B. auch Sorell, Walter: Der Tanz als Spiegel der Zeit. Eine Kulturgeschichte des Tanzes. Wilhelmshaven (Heinrichshofen's) 1985. S.201-204

103 Vgl. hierzu Möhrmann, a.a.O. und Theatergöttinnen, a.a.O.

104 Balzac, Honoré de: Verlorene Illusionen. Roman. [= Die Menschliche Komödie. Band 6] Übers. v. Hedwig Lachmann. Frankfurt am Main, Leipzig (Insel Taschenbuch) 1996. S.392

105 Balzac, Verlorene Illusionen, a.a.O., S.336-337

Näheres zu diesem Themenbereich: Möhrmann, Schauspielerin, a.a.O.; Theatergöttinnen, a.a.O.

106 Günther, a.a.O., S.12

107 Günther, a.a.O., S.70-71

108 »Si l'on peut s'exprimer ainsi, Mlle Taglioni est une danseuse chrétienne; Mlle Fanny Elssler est une danseuse païenne.« (Gautier, Théophile: Ecrits sur la Danse. Ausgewählt und kommentiert v. Ivor Guest. [= »L'Art de la Danse«, hrsg. v. Sonia Schoonejans] Paris (Actes Sud) 1995. Engl. Erstausgabe: London (Dance Books) 1986. S.78)

109 Interessanterweise aber versuchte Gautier, in seiner Idealvorstellung beide Pole in einer Frau miteinander zu verschmelzen. In der Tänzerin Carlotta Grisi sah er beide polarisierenden Charakteristika der Taglioni und der Elßler vereint. Für Carlotta Grisi schrieb er sein Ballett *Giselle*, und ihr galt auch im realen Leben seine Leidenschaft.

110 Zitiert nach: Levinson, a.a.O., S.139. Da Levinsons Buch aus dem Russischen ins Deutsche übersetzt worden ist, hier auch das Originalzitat: »Dolorès et Camprubi n'ont aucun rapport avec nos danseurs; c'est une passion, une verve, un entrain dont on n'a pas d'idée; … il n'y a rien de mécanique, rien d'emprunté et qui sente l'école, dans leur manière; leur danse est plutôt une danse de tempérament qu'une danse de principes et l'on y sent à chaque geste toute la fougue du sang méridional.« (Gautier, a.a.O., S.33)

111 Originalzitat: »Il est singulier qu'on n'ait pas engagé ce joli couple à l'Opéra… Ces danses nationales, d'un caractère si original, eussent merveilleusement varié le répertoire chorégraphique si monotone de sa nature.« (Gautier, a.a.O., S.34)

112 Originalzitat: »Croit-on, par example, qu'un rôle de bayadère n'offrirait pas un attrait fort vif, exécuté par une véritable bayadère de Calcutta ou de Masulipatnam?« (Gautier, a.a.O., S.34)

113 Originalzitat: »Tout Paris les a vues, aux Variétés, exécutant le *Malapou*, la *Toilette de Vishnou* et autres danses sacrées, accompagnées de chants liturgiques. L'admirable beauté …, la perfection de formes …, ne furent guère comprises que par des peintres, des sculpteurs et des artistes. Le public français, qui avait admiré et accepté Taglioni comme le type de la bayadère, ne comprit rien à la bayadère véritable…«. (Gautier, a.a.O., S.157)

114 »Ihr innerstes Anliegen war, die Zivilisationen des Ostens einem amerikanischen [und europäischen] Publikum nahezubringen…«, referiert beispielsweise Wendy Buonaventura die tradierte Sehweise. (Buonaventura, Wendy: Die Schlange vom Nil. Frauen und Tanz im Orient. Übers. v. Eva u. Thomas Pampuch. Hamburg (Rogner & Bernhard bei Zweitau-

Claudia Balk

sendeins) 1997[6]). Engl. Erstausgabe: London (Saqi Books) 1989. S.125)

115 Hofmannsthal, Hugo von: Die unvergleichliche Tänzerin. In: Ders.: Ges. Werke, Bd. 8, a.a.O., S.496

116 Titel des am 25.11.1906 in ›Die Zeit‹ erschienenen Aufsatzes über Ruth St. Denis. In: Hofmannsthal, Ges. Werke, Bd. 8, a.a.O., S. 496-501

117 Erstes Gastspiel im deutschsprachigen Raum ab Oktober 1906 an der Komischen Oper Berlin als Einlage in der Oper *Lakmé*, anschließend mit Solotänzen für einen Monat im Wintergarten

118 Burger, Hilde (Hrsg.): Hugo von Hofmannsthal. Harry Graf Kessler. Briefwechsel 1898-1929. Frankfurt am Main (Insel) 1968. S.130-131

119 Jansen, a.a.O., S.120

120 Patalas, Enno: Stars – Geschichte der Filmidole. Frankfurt am Main, Hamburg (Fischer) 1967. S.156

121 Über die divergierenden Angaben siehe weiter unten, S.37

122 Wencker-Wildberg, Friedrich: Mata Hari. Roman ihres Lebens. Leipzig (Kiepenheuer) 1994. S.62-63

123 So der Untertitel zu Sam Waagenaars Buch über Mata Hari (Waagenaar, Sam: Sie nannte sich Mata Hari. Der erste wahre Bericht über die legendäre Spionin. Übers. v. Heddy Weissfeld. Vollst. überarb. u. erw. Fassung, Bergisch Gladbach (Bastei Lübbe) 1983)

124 Wencker-Wildberg, a.a.O., S.63-64

125 »Mata Hari ist ziemlich erbost darüber, daß sie in so vielen Pariser Varietés imitiert wird. Dieser Verbitterung gab sie in einer kleinen Rede Ausdruck, die sie während einer Wohltätigkeitsveranstaltung für alternde Schauspieler am 20. September 1908 in Pont aux Dames hielt.« (Waagenaar, a.a.O., S.149)

126 Waagenaar, a.a.O., S.149 u. 151. Laut Waagenaar wurde die Rede »in der britischen Zeitschrift The Era veröffentlicht« (Waagenaar, a.a.O., S.149)

127 Rauh, Reinhold: Lola Montez. Die königliche Mätresse. München (Diederichs) 1996. S.13

128 Rauh, a.a.O., S.12

129 Rauh, a.a.O., S.11

130 Rauh, a.a.O., S.44

131 Rauh, a.a.O., S.74

132 Nähere Details siehe Ochaim in vorliegender Publikation, S.83

133 Oberzaucher-Schüller, a.a.O., S.356-357

134 Siehe dazu die detaillierte Darstellung Gabriele Brandstetters, Tanz-Lektüren, a.a.O.

135 »1922 schrieb Heinrich Mann in einem Brief an Paul Hatvani: ›Durchweg sind meine Romane soziologisch. [...]‹ (3. April 1922) [...] ›Mit fünfundzwanzig Jahren sagte ich mir: Es ist notwendig, soziale Zeitromane zu schreiben. Diese deutsche Gesellschaft kennt sich selbst nicht. Sie zerfällt in Schichten, die einander un-

bekannt sind, und die führende Klasse verschwimmt hinter den Wolken.‹ (Theater der Zeit [1926] in Sieben Jahre)«. (Wolff, Rudolf: Nachwort. In: Mann, Professor Unrat, a.a.O., S.241-259. S.244)

136 Die Problematik der weiblichen Bühnenkünstlerin damaliger Zeit hat Heinrich Mann weitaus differenzierter behandelt in seiner Novelle ›Schauspielerin‹.

137 Heinrich Mann erwähnt die »Fürstin Krika«, leicht zu dechiffrieren als Liane de Pougy, die der Fürst Ghika geheiratet hatte. Er läßt es aber bei der Namensnennung und der kurzen Anekdote eines Streits über »Dekorationsstücke« bewenden. (Mann, Varieté, a.a.O., S.13-14)

138 Ihrem potentiell zukünftigen Impresario bietet sie von Pantomime über Gesang bis hin zu Schleier- oder Apachentanz alles an, was gewünscht wird. Bereitwillig würde sie ihren Tanz in der Pantomime austauschen gegen ein Chanson, das gattungsfremd wäre. (Mann, Varieté, a.a.O., S.17 u. 19)

139 Materialien-Anhang zu: Mann, Professor Unrat, a.a.O., S.284 u. 293

140 Hofmannsthal, Tänzerin, a.a.O., S.497 u. 500

141 Hofmannsthal – Kessler, Briefwechsel, a.a.O., Brief vom 29.10.1906, S.130-131

142 Dieses Gastspiel fand nie statt.

143 Hofmannsthal – Kessler, Briefwechsel, a.a.O., Brief vom 24.11.1906, S.135-136

144 Hofmannsthal – Kessler, Briefwechsel, a.a.O., Brief vom 24.11.1906, S.137-139

145 So berichtet beispielsweise Walter Sorell: »Eines Tages wollte er [Hofmannsthal] für sie [Ruth St. Denis] das Szenar eines Tanzes ausarbeiten. Das Thema der Salome stand im Vordergrund des Interesses im fin de siècle. [...] und Hofmannsthal begann, eine Skizze zu entwerfen, die aber nie zum endgültigen Entwurf reifte.« (Sorell, Spiegel, a.a.O., S.305)

146 »Salome

I ein Prüfen jedes Gliedes eitles Auskosten der eigenen Harmonien der Glieder. alles dienstbar, jedes Reich u Gebilde der Natur erschöpft sich in dieser Dienstbarkeit. Die Geberde als Gipfel des Daseins empfunden.

III. vor einem Götzen, unter dessen todtlichem Aug der Selbstgenuss zur Qual wird. Das gewaltsame Emporschrauben des Götzen, um demütig zu werden. Spuk der Furcht. Die ganze Welt in dem Götzen zusammengekrochen. Anhauch der Nachtluft. Ausgehen einer Fackel im Schatten auf dem Boden.« (In: Muerdel-Dormer, Lore: Berührung der Sphären. Die Bedeutung der Freundschaft mit Hugo von Hofmannsthal im Werdegang der Tänzerin Ruth St. Denis. In: NZZ, Nr. 87, 15./16.4.1978, S.68) Publizierung und Kommentierung in Band XXVII der Kritischen Ausgabe von Hofmannsthals Werken stehen noch aus. [= Hirsch, Rudolf, Christoph Perels, Edward Reichel und Heinz Rölleke (Hrsg.):

Hugo von Hofmannsthal. Sämtliche Werke. Kritische Ausgabe. 38 Bde. Veranstaltet vom Freien Deutschen Hochstift. Frankfurt am Main (S. Fischer) seit 1975]

147 Siehe dazu: Hofmannsthal – Kessler, Briefwechsel, a.a.O., bes. S.175; Nostitz, Oswalt von (Hrsg.): Hugo von Hofmannsthal. Helene von Nostitz. Briefwechsel. Frankfurt am Main (S. Fischer) 1965. S.29. Zitate daraus siehe S.41 unten und 49; Hofmannsthal, Sämtl. Werke, Krit. Ausg., a.a.O., Bd. XXXI. Erfundene Gespräche und Briefe. Hrsg. v. Ellen Ritter. Frankfurt am Main (S. Fischer) 1991. S.460-465

148 Hofmannsthal, Sämtl. Werke, Krit. Ausg., Bd. XXXI, a.a.O., S.464

149 Shelton, Suzanne: Ruth St. Denis. A Biography of the Divine Dancer. [= American Studies Series. Hrsg. v. William H. Goetzmann] Austin (University of Texas) 1990. S.78
Zwar schildert Ruth St. Denis diese private Verbindung ebenso wie entsprechende verbale Einwände Hofmannsthals, jedoch ist der Bericht der europäischen Phase in ihrer Autobiographie chronologisch oft sehr ungenau und verwirrend. Dafür zwei Beispiele: Am 24.10.1906 hatte Harry Graf Kessler Ruth St. Denis in Berlin bereits tanzen gesehen (siehe Hofmannsthal – Kessler, Briefwechsel, a.a.O., S.130), am 25.11.1906 erschien Hofmannsthals essayistisches Feuilleton ›Die unvergleichliche Tänzerin‹ in ›Die Zeit‹. Dazu Ruth St. Denis in ihrer Autobiographie: »...we gave a press performance. [...] The applause was tremendous, and the papers the next morning established my success more firmly than I had ever known before. ... Braffie came back to my dressing room the next day ... and said, ›Ruti, you must let the police look at your tummy.‹ [...] So I turned and twisted for two representatives of the law and they were apparently satisfied that I was not a menace, for I continued with my tummy painted brown. The next morning I was brought a critique written by the Viennese poet, Hugo von Hofmannsthal [...] ›The Incomparable Dancer‹, he wrote...«. (St. Denis, Ruth: An Unfinished Life. An Autobiography. Brooklyn, New York (Dance Horizons) o.J. [Reproduktion der Erstausgabe von 1939]. S.90)
Ihr erstes Gastspiel in Prag siedelte Ruth St. Denis in ihrer Autobiographie vor ihrem zweiten Wien-Aufenthalt im Jahr 1908 an. (»We knew practically no one in Prague, and our lives consisted of playing at the variété in the evenings...«. [St. Denis, a.a.O., S.105]) Hofmannsthal notierte jedoch schon am 17.1.1907 in sein Tagebuch: »Der Anblick von Prag war ihr unerträglich durch den finsteren katholischen Geist, der daraus spricht, und sie fuhr in 14 Tagen nur einmal für eine Stunde aus.« (Hofmannsthal, Sämtl. Werke, Krit. Ausg., Bd. XXXI, S.462)

150 Hofmannsthal – Kessler, Briefwechsel, a.a.O., Brief vom 24.11.1906, S.136

151 Siehe auch die diesem Essay vorangestellten Worte Hofmannsthals

152 Vgl. Hofmannsthal, Ges. Werke, hrsg. v. Bernd Schoeller, a.a.O., Bd. 6. Dramen VI. Ballette, Pantomimen, Bearbeitungen, Übersetzungen. Frankfurt am Main (Fischer Taschenbuch) 1979

153 Vgl. Shelton, a.a.O., S.78

154 Hofmannsthal – Nostitz, Briefwechsel, a.a.O., S.29

155 Hofmannsthal, Sämtl. Werke, Krit. Ausg., Bd. XXXI, a.a.O., S.462

156 Weber, Eugene (Hrsg.): Hugo von Hofmannsthal. Richard Beer-Hofmann. Briefwechsel. Frankfurt am Main (S. Fischer) 1972. Anm. zu S.128, S.238

157 Hofmannsthal, Sämtl. Werke, Krit. Ausg., Bd. XXXI, a.a.O., S.463

158 Hofmannsthal – Beer-Hofmann, Briefwechsel, a.a.O., S.128

159 Jahreszahl eigene Vermutung aufgrund der im vorliegenden Essay dargestellten Fakten

160 »Rodaun, the 2nd of March. [...] I was very much startled with pleasure and excitement seeing you had found out that in Scene III, Salome must be seen worshipping an idol. ... I found myself at the same spot that you stood on, just as the ghost of Hamlet's father, that old mole, is always exactly below Hamlet's feet – may he ever so often change his place. ... You said once Salome must be full of colossal vanity, full of the most intense artistic egotism ... she must express an immoral, a dangerous subduing of all nature, turning it to one point, making it subservient, not loving it as nymphs and dryads do. This is the tragic destiny of the great cocotte – to use and be used. ... Her state of most exquisite self-sufficient egotism means that all things are turned to be her tool, all the sense of existence converges in her; one of her gestures is the sense and summit of existence. ... Now this is an unbearable state and it must provoke a most distorted form of reaction. ... This will be apparent in Scene III, the ghostly scene, the scene of Salome's weird and everlasting humiliation, the scene of the idol, of the fetish. This must not appear catastrophic; it is merely the symbol of a lasting state just as Scene I is the symbol of a lasting state, and both scenes interwoven form the totality of Salome's life. Scene I is the sun side of it and Scene III the moon side – the Astarte side. [...]« (St. Denis, a.a.O., S.110-111)

161 Vgl. Hofmannsthal – Nostitz, Briefwechsel, a.a.O., S.20

162 Siehe Hofmannsthal – Kessler, Briefwechsel, a.a.O., u.a. S.175

163 Siehe oben, S.11 u. 25

164 Über eine mögliche geistige Verbindung, ohne persönlichen Kontakt, zwischen Loïe Fuller

und Wassily Kandinsky siehe: Birnie Danzker, Jo-Anne: Der geistige Körper. La Danse mystique. In: Loïe Fuller. Getanzter Jugendstil. Hrsg. v. Jo-Anne Birnie Danzker. Katalog zur Ausstellung im Museum Villa Stuck, München. München (Prestel) 1995. S.59-60

165 Siehe Fuller-Katalog, a.a.O.

166 Schon Théophile Gautier hatte formuliert, der Tanz sei »»…nichts anderes als die Kunst, elegante und regelmäßige Formen in verschiedenen Stellungen zu zeigen, die für die Entwicklung der Linien vorteilhaft sind.‹« (Zitiert nach Levinson, a.a.O., S.135)

167 Schreiber, Hermann: Die Belle Epoque. Paris 1871-1900. München (List) 1990. S.139

168 Zur ikonographischen und inhaltlichen Entwicklungsgeschichte der Salome siehe Theatergöttinnen, Sarah Bernhardt, a.a.O.; dort auch weiterführende Literaturangaben

169 Abbildungen im Fuller-Katalog, a.a.O., S.70, 75 und 161

170 Siehe Kat-Nr.266

171 Brandstetter, Gabriele: Die Tänzerin der Metamorphosen. In: Fuller-Katalog, a.a.O., S.25-32. S.25

172 Vgl. dazu Ochaim in der vorliegenden Publikation

173 Müller, a.a.O., S.294-295

174 Oberzaucher-Schüller, a.a.O., S.349-350

175 Moeller-Bruck, a.a.O., S.163

176 Moeller-Bruck, a.a.O., S.161

177 Moeller-Bruck, a.a.O., S.162

178 Briefwechsel Hofmannsthal – Kessler, a.a.O., Brief v. 20.11.1906, S.134

179 Briefwechsel Hofmannsthal – Nostitz, a.a.O., S.29

180 Hofmannsthal, Sämtl. Werke, Krit. Ausg., Bd. XXXI, a.a.O., S.462

181 Siehe oben, S.7-8

182 Vgl. S.9

183 Jansen, a.a.O., S.123

184 Jansen, a.a.O., S.127

185 Isadora Duncan will dagegen den entbehrungsreichen Weg über Künstlerhäuser und vergleichbare Aufführungsorte dezidiert gewählt haben. So gibt sie in ihren Memoiren ihre Ablehnung eines sehr lukrativen Angebots wie folgt wieder: »»Nein,‹ sagte ich, ›meine Kunst ist nicht für ein Varieté geschaffen. Gewiß werde ich eines Tages nach Berlin kommen, aber dann hoffe ich in einem Musiktempel zur Begleitung Ihres Philharmonischen Orchesters aufzutreten – nicht gleichzeitig mit Akrobaten und dressierten Affen. Quelle horreur!‹ […] Der deutsche Impresario wollte in Anbetracht unserer ärmlichen Wohnung und dürftigen Kleider kaum seinen Ohren trauen.« (Duncan, a.a.O., S.88)

186 Jansen, a.a.O., S.127. Zitat aus: Boehn, Max von: Der Tanz. Berlin (Volksverband der Bücherfreunde) 1925. S.129

187 Oberzaucher-Schüller, a.a.O., S.352
Dazu einige konkrete Ausführungen: »An einem Beispiel soll Duncans Bemühen um eine Auftrittsmöglichkeit an einem ›seriösen‹ Haus und die Reaktion dieses Hauses dargelegt werden. Im Januar 1903 erhielt die Generalintendanz der Hofoper in Wien von der Konzertdirektion Jules Sachs aus Berlin eine Anfrage, ob ein mehrtägiges Gastspiel von Duncan in der Hofoper möglich wäre. Gustav Mahler, zu dieser Zeit Direktor des Hauses, lehnte sofort ab. Im Februar wurde vom ungarischen Impresario der Duncan, Alexander Grosz, ein zweiter Versuch unternommen. Duncan, so heißt es in dem Ansuchen, sei schon in der Budapester und Berliner Oper und in Künstlerhäusern in Florenz, München und Wien aufgetreten, sie sei eine ernstzunehmende Künstlerin, ihre Auftritte wirkten veredelnd und bereiteten Entzücken, sie habe überdies schon vor dem Kaiser in Ischl getanzt. Sie wolle das ganze Haus mieten und 40 Prozent ihrer Einnahme an das Haus geben. Auf das Anerbieten, so heißt es in den Akten, könne man nicht reflektieren, Gründe dafür werden keine angegeben.« (Oberzaucher-Schüller, a.a.O., S.352)

188 Oberzaucher-Schüller, a.a.O., S.354

189 Oberzaucher-Schüller, a.a.O., S.354

190 Oberzaucher-Schüller, a.a.O., S.358

191 Oberzaucher-Schüller, a.a.O., S.362

192 Oberzaucher-Schüller, a.a.O., S.366
»Schon 1894 traten in dem Ballett *Hochzeit im Frisiersalon* vier Serpentinentänzerinnen [sic!] auf, in dem 1910 uraufgeführten Ballett *Mondweibchen* (der Choreograph beider Ballette war Josef Haßreiter) war ein Wellenwalzer im Stil Fullers gehalten. Vgl. Matzinger, Die Geschichte der Wiener Hofoper 1869-1918, S.337.« (Oberzaucher-Schüller, a.a.O., S.366)

193 Wagner, a.a.O., S.50. Die Kritik erschien nach Angaben der Autorin in: ›Le Correspondant‹, Nr.43, 10.9.1869, S.949-955

194 Wagner, a.a.O., S.51

195 Wagner, a.a.O., S.52. Genaue Zitatangaben siehe: Wagner, a.a.O., S.99

196 Georges Lafenestre in: ›Moniteur Universel‹, 8.8.1869. Zitiert nach: Wagner, a.a.O., S.54

197 Balzac, Honoré de: Ein Junggesellenheim. Roman. [= Die Menschliche Komödie. Band 3] Übers. v. Felix Paul Greve. Frankfurt am Main, Leipzig (Insel Taschenbuch) 1996. Anm. zu S. 65, S.352

198 Balzac, Junggesellenheim, a.a.O., Anm. zu S.67, S.353

199 Wagner, a.a.O., S.88-89

200 Wagner, a.a.O., S.89 u. 91

201 Wagner, a.a.O., S.93

202 Wagner, a.a.O., S.91

203 Der seinerzeit bekannte Theaterkritiker Ludwig Rellstab (1799-1860) schrieb auch das Libretto zu Giacomo Meyerbeers Oper *Ein Feldlager in Schlesien*. Den Hinweis zur Identifizierung verdanke ich Birgit Pargner, deren Dissertation über Charlotte Birch-

Pfeiffer im Herbst 1998 bei Aisthesis erscheinen wird.

204 Kracauer, Offenbach, S.39-40

205 Siehe oben, S.52

206 Moeller-Bruck, a.a.O., S.163
Die neuen Errungenschaften der Französischen Revolution glaubten für einige Zeit auch die Frauen auf sich anwenden zu können. Bald aber mußten sie ihre Hoffnungen als Mißverständnis verstehen lernen, die Freiheit weiblicher Emanzipation war noch lange nicht erreicht.

207 Moeller-Bruck, a.a.O., S.166-167

208 Rigolboche: Memoiren der Rigolboche, erste Tänzerin vom Theater Délassements-Comiques in Paris. Berlin (Julius Abelsdorff's) 1861[2]). S.62

209 Rigolboche, a.a.O., S.60

210 So Anne M. Wagner, a.a.O., S.89. In der zitierten deutschen Ausgabe der ›Memoiren der Rigolboche‹ von 1861 ist Ernest Blum nirgends erwähnt.

211 Rigolboche, a.a.O., S.66

212 Schilderung dieser verschiedenen Tanzrichtungen: Ochaim in vorliegender Publikation

213 Vgl. S.11

214 Als ein Versuch in diese Richtung, der allerdings nicht ohne Handlungsrudiment als Klammer für die einzelnen Tänze auskommen konnte, wäre vielleicht schon Radha von Ruth St. Denis aufzufassen.

215 Müller, a.a.O., S.294-295

216 Sembach, Klaus-Jürgen: Loïe Fuller und der Jugendstil. In: Fuller-Katalog, a.a.O., S.113-114. S.113

217 Sembach, Fuller-Katalog, a.a.O., S.114

218 S.o., S.30

219 [Otéro, Carolina:] Die Erinnerungen der schönen Otero. Übers. v. Paul Fabian. Hamburg (Gebr. Enoch) 1927. S.139

220 Otéro, a.a.O., S.180

221 Otéro, a.a.O., S.181

222 Duncan, a.a.O., S.85

223 Duncan, a.a.O., S.83. Rede anläßlich Isadora Duncans Auftritt im Salon der Prinzessin von Polignac in Paris

224 Duncan, a.a.O., S.76-77

225 Vgl. weiter unten, S.58-59

226 Oberzaucher-Schüller, a.a.O., S.350

227 So der Titel ihres Aufsatzes in: Möhrmann, Schauspielerin, a.a.O., S.283-299

228 Müller, a.a.O., S.296

229 Müller, a.a.O., S.298

230 Müller, a.a.O., S.299

231 Oberzaucher-Schüller, a.a.O., S.361-362

232 Zitat aus: Klages, Ludwig: Vom Bewegungserlebnis. In: Ders.: Der Geist als Widersacher der Seele. Sämtliche Werke, hrsg. v. E. Frauchiger u.a., Bd. 2, Philosophie II. Bonn, 1981, S.1055

233 Zitat aus: Bach, Rudolf: Das Mary Wigman-Werk. Dresden (Carl Reissner) 1933. S.19

234 Zitat aus: Bach, Wigman, a.a.O., S.19

235 Brandstetter, Gabriele: Psychologie des Ausdrucks und Ausdruckstanz. Aspekte der Wechselwirkung am Beispiel der ›Traumtänzerin‹ Madeleine. In: Oberzaucher-Schüller, Ausdruckstanz, a.a.O., S.199-211. S.204-205

236 Bach, Wigman, a.a.O., S.19

237 Siehe hierzu u.a. Brandstetter, Tanz-Lektüren, a.a.O., bes. S.182-202

238 Als beispielhaft für Literatur zu diesem Themenbereich sei herausgegriffen: Beauvoir, a.a.O.; Bovenschen, Silvia: Die imaginierte Weiblichkeit. Exemplarische Untersuchungen zu kulturgeschichtlichen und literarischen Präsentationsformen des Weiblichen. Frankfurt am Main (edition suhrkamp) 1979; Pusch, Luise F. (Hrsg.): Feminismus. Inspektion der Herrenkultur. Ein Handbuch. Frankfurt am Main (edition suhrkamp) 1983

239 Oberzaucher-Schüller, a.a.O., S.352

240 an der Komischen Oper in Berlin, anschließend im Wintergarten

241 Hofmannsthal, Sämtl. Werke, Krit. Ausg., Bd. XXXI, a.a.O., S.462. Zitat aus: St. Denis, a.a.O., S.89

242 Hofmannsthal, Ges. Werke, Bd. 8, a.a.O., S.501

243 Brief Harry Graf Kesslers vom 26. Oktober 1906 an Hugo von Hofmannsthal. In: Hofmannsthal – Kessler, Briefwechsel, a.a.O., S.130

244 Oberzaucher-Schüller, a.a.O., S.359

245 Zitiert nach: Levinson, a.a.O., S.142-143

246 Zitiert nach: Levinson, S.154. Da Levinsons Buch aus dem Russischen ins Deutsche übersetzt worden ist, hier auch das Originalzitat: »Si l'on peut s'exprimer ainsi, Mlle Taglioni est une danseuse chrétienne; Mlle Fanny Elssler est une danseuse païenne. Les filles de Milet, les belles Ioniennes dont il est tant parlé dans l'Antiquité, ne devaient pas danser autrement.« (Gautier, a.a.O., S.78)

247 Zur Komplexität dieses Themenkreises siehe: Brandstetter, Tanz-Lektüren, a.a.O., bes. S.98-113

248 Arthur Duparc über die Skulpturengruppe ›Der Tanz‹ von Jean-Baptiste Carpeaux in ›Le Correspondant‹. Zitiert nach: Wagner, a.a.O., S.51

Claudia Balk

Brygida Ochaim
Varieté-Tänzerinnen um 1900

»Stars don't stand still in the sky«
(Lawrence Weiner)

Im Vorfeld der Moderne

Gegen Ende des 19. Jahrhunderts machten Varieté-Tänzerinnen von sich reden, deren Bewegungsstile dem Formenkodex des Jugendstils entsprachen. Das Schlangenhafte wurde zum Symbol dieser Frauen, die auf diese Weise, in die Nähe des »Animalischen« gerückt, wahre Begeisterungsstürme auslösten. Das Biegen und Winden des Oberkörpers, das Einhüllen in halbtransparente Schleier, die fließenden Bewegungen der Arme und Stoffe verlieh ihnen eine außergewöhnliche erotische Ausstrahlung.

Durch die Kolonialisierung waren viele fremde Einflüsse nach Europa gekommen, man sehnte sich nach der Ferne und verband damit Abenteuer und Luxus. Archäologische Ausgrabungen, Weltausstellungen und Reiseliteratur verstärkten das Interesse am Fremden, am Exotischen. Pflanzenumrankte, geheimnisvoll blickende Frauengestalten auf Keksdosen, Zigarettenpackungen und Postkarten weckten Sehnsüchte und Wünsche. So wundert es kaum, daß sich Ruth St. Denis 1904 in Buffalo während einer Tournee mit David Belasco[1] von einer Zigaretten-

reklame der Marke »Egyptian Deities« angezogen fühlte. In der thronenden Göttin Isis erkannte sie ihr Alter Ego. Ein schicksalhafter Augenblick, der sie zu ihrer ersten Tanzschöpfung *Radha, Dance of the Five Senses* (1906) inspirierte und mit der sie das Grundmodell für ihre weiteren Tänze schuf. Einige der wichtigsten Wegbereiterinnen des modernen Tanzes begannen ihre Karriere im Varieté wie Ruth St. Denis, Loïe Fuller oder Isadora Duncan. In Europa fanden sie mit ihren neuartigen Tänzen die Wertschätzung und Anerkennung, die ihnen aufgrund der damaligen Situation des Bühnentanzes in Amerika nicht entgegengebracht wurde. Ruth St. Denis kehrte nach erfolgreicher dreijähriger Europa-Tournee (1906-1909) wieder in die Vereinigten Staaten zurück und leistete mit ausgiebigen Gastspielreisen sowie der Gründung der Denishawn Tanzschule Pionierarbeit. Loïe und Isadora blieben in Europa und etablierten dort ihre Schulen. Hier trafen sie auf ein kunstsinniges Publikum, das die Neuheit ihrer Darbietungen nicht nur als Sensation begrüßte. Der im Ballett jener Zeit vorherrschende Formalis-

Ruth St. Denis in *Radha*,
Fotografie von Gerlach, um 1906
[Kat.-Nr. 327]

mus begünstigte das Aufkommen neuer Tanzformen außerhalb der Oper. Die Varietébühnen und Music-Halls bildeten die Plattform für eine Schar von Künstlern, die ihre neuartigen Darbietungen in wechselnden Programmen zeigten. Diese Spielstätten wurden zu einem Schmelztiegel verschiedener Ausdrucksformen, bei denen der Tanz einen breiten Raum einnahm. Das Varieté stellte eine bedeutende freie Produktionsstätte dar, die dem Tanz außerhalb der festen Häuser einen Ort gab. Skirt Dance, Serpentintanz, Cakewalk, Cancan, Fandango, Polkas und Walzer, Tableaux Vivants, Gymnastik, historische und exotische Tänze wie auch Spitzentanz standen neben Tierdressuren, Jongleur- und Akrobatik-Nummern, Sketchen und Gesangseinlagen. Dieses Nebeneinander unterschiedlichster Darbietungen aus Tanz, Zirkus, Operette, Pantomime und Theater, die im schnellen Wechsel aufeinander folgten, stellte etwas Neues dar. Die Idee des »l'art pour l'art« fand in der Reihung der Attraktionen hier ihren Niederschlag. Die dramaturgische Klammer, die die losen Nummern zusammen und die Schaulust des Zuschauers in Gang hielt, lag im ständigen Wechsel von Spannung und Entspannung. Auf diese Weise wurde das Publikum in einen permanenten Wachzustand versetzt, der das zuvor Gesehene sofort wieder vergessen ließ. Es ist die Geburtsstunde der kommerziellen Massenunterhaltung.

Spezialitätentheater, Music-Halls und Vergnügungsgärten waren auf die zur Verfügung stehenden Werbeträger angewiesen, und das waren in erster Linie das Plakat und die Postkarte. Im Gegensatz zu den großen Häusern wurde das Plakat vom Varieté weit stärker als Blickfang eingesetzt. Ein Medium, dem Künstler wie Jules Chéret und Henri de Toulouse-Lautrec zu seiner Blüte verhalfen. In diesem angewandten Bereich schufen sie Werke von wegweisender Wirkung. Durch ihr Schaffen sind viele namhafte VarietékünstlerInnen verewigt. Während das Plakat vorrangig das Straßenbild beherrschte und die Aufmerksamkeit der Passanten auf sich zog, erfreute sich die Photopostkarte als billiger Massenartikel seit Ende des 19. Jahrhunderts großer Beliebtheit. Das Format machte sie zu einem der meistgekauften Bildträger. Als einer der renommiertesten Vertreter der Portraitphotographie der Jahrhundertwende in Paris galt Leopold Reutlinger. Die meisten der damals bekannten Schauspielerinnen und Varieté-Tänzerinnen posierten vor seiner Kamera im Studio am Boulevard Montmartre. Die englische Skirt-Tänzerin Mabel Love[2] setzte schließlich durch, schreibt Nicolaus Neumann in *Die Schönen von Paris*[3], daß den Modellen ein Honorar gezahlt wurde.

In den 1890er Jahren fanden Varieté und Music-Halls bereits eine weit größere Akzeptanz durch die bürgerlichen Schichten, eine Entwicklung, die sich auf die Programmgestaltung auswirkte. Tänzerinnen wie Cléo de Mérode, La Argentina oder Stasia Napierkowska kamen von der Oper zum Varieté, was in jener Zeit keineswegs einen beruflichen Abstieg bedeutete. Ausschlaggebend für den Erfolg einer Tänzerin war die Anerkennung und Förderung durch gesellschaftliche und intellektuelle Kreise. Dies galt für Loïe Fuller ebenso wie für Ruth St. Denis oder Mata Hari, deren aufsehenerregendem Auftritt im Pariser Musée Guimet Einladungen in die exklusivsten Salons wie die Baron de Rothschilds oder Cécile Sorels folgten. Es bedeutete eine Valorisierung ihrer Tanzkunst, die ihnen sporadisch auch Zutritt in die renommierten Theater ermöglichte. Der Impresario gewann an Bedeutung, der im Hintergrund die Geschicke lenkte und gezielt Reklamekampagnen lancierte.

Im Varietégeschäft wurde in erster Linie die Novität propagiert und damit um die Gunst des Publikums geworben. Dieses Prinzip führte zu einem häufigen Wechsel der Programme und der Theaterleitung. Die Vielfalt unterschiedlichster Darbietungen begünstigte das Aufkommen neuer Trends und Moden, die einander ab-

Brygida Ochaim

lösten. Wie die Aufführungspraxis um die Jahrhundertwende zeigt, war die Karriere eines Künstlers nicht nur an ein Genre gebunden. Die Grenzen waren fließend. »Mit dem Varieté, einer ›niederen Kunst‹ also, war der kulturelle Eintritt in die Moderne schon weitaus früher vollzogen als in bildender Kunst, Musik, Theater und Literatur«[4], schreibt Lisa Kosok. Eine Vorwegnahme, die sich in der Anwendung des Montageprinzips zeigte. Inhalte spielten bei der Programmgestaltung nur vordergründig eine Rolle. Es war nicht beabsichtigt, Bedeutung zu erzeugen. Das Ziel, das mit dieser Form populärer Unterhaltung erreicht werden sollte, war die Zerstreuung. Die Erzeugung permanenter Aufmerksamkeit. Eine Nummer folgte der nächsten. Die Veranstalter orientierten sich an der Oberfläche der Erscheinungen. Die Konzentration der Effekte und Reize sollte die Wahrnehmung des Publikums nachhaltig verändern. Herkömmliche, tradierte Präsentationsweisen wurden demontiert. Unter diesen Gesichtspunkten ist der Stellenwert des Varietétanzes neu einzuordnen. Im Vorfeld der Moderne erweist sich dieses bislang wenig beachtete Kapitel der Tanzgeschichte als ein interessantes Thema. Viele damals berühmte Tanzstars wie Rosario Guerrero, Gaby Deslys, Emilienne d'Alençon oder Liane de Pougy wird man heute vergeblich in den Tanzlexika suchen. Ein Grund ist, daß sie häufig im Rahmen von Schauspiel, Operette, Pantomime und später auch im Film auftraten und daher nicht eindeutig eingeordnet werden konnten.

Die dem Varieté anhaftende Unseriösität trug ebenfalls mit dazu bei, daß die einstmals gefeierten Tänzerinnen in Vergessenheit gerieten. Bevor das Varieté seinen festen Platz im Kulturleben der Metropolen einnahm und das Publikum in Scharen anzog, existierte es in seinen Anfängen abseits der bürgerlichen Normen in der Peripherie der Städte. Seine Ausgrenzung lag vor allem in der Angst vor der Unterwanderung der moralischen Sitten. Was ursprünglich als Subkultur galt, sollte sich zur populären Unterhaltung einer breiten bürgerlichen Mittelschicht wandeln. War der kommerzielle Wert einmal erkannt, entstanden exotische, pompös ausgestattete Vergnügungspaläste. Das Varieté hatte sich zum lukrativen Geschäft bürgerlicher Kultur entwickelt.

Die hier getroffene Auswahl steht repräsentativ für eine große Anzahl von Tänzerinnen, die nicht alle im einzelnen aufgeführt werden können. Um einen Überblick über die Vielfalt der Stile zu ermöglichen, stellte sich eine Einteilung in Gruppen als sinnvoll heraus.

Die Herausbildung eines neuen Bewegungskodexes ist mit der Geschichte der populären Unterhaltungskunst verwoben. Inwieweit die Voraussetzungen für die Entstehung des modernen Tanzes mit dem Varieté geschaffen wurden, soll mit dieser Publikation aufgezeigt werden. Um dies zu veranschaulichen, war es notwendig, den vorgegebenen zeitlichen Rahmen hin und wieder zu verlassen.

Vom Skirt Dance zum Serpentintanz

Eine Vielzahl von Tanzstilen, deren Popularität an die Namen bestimmter Tänzerinnen geknüpft ist, sorgte für Abwechslung auf den Varietébühnen der Belle Epoque. Der Einfluß des Skirt Dance, eine beliebte Einlage in Comedy- und Music-Hall-Programmen der 1870er und 1880er Jahre, reichte bis zur Jahrhundertwende. Er machte sich im Serpentintanz Loïe Fullers ebenso geltend wie in der englischen Variante des Cancan.

In England war es Kate Vaughan, die Anfang der 70er Jahre für ihre Interpretation des Skirt Dance berühmt wurde. Sie galt als herausragendste Vertreterin dieses Tanzes. Obwohl Kate Vaughan, ebenso wie ihre bekannten Nachfolgerinnen Letty Lind, Alice Lethbridge und Sylvia Grey, eine klassische Ballettausbildung besaß, begann sie ihre künstlerische Laufbahn in den Londoner Music-Halls. In Jacques Offenbachs Operette *Orphée aux Enfers* trat sie 1873 im Holborn Royal Amphitheatre nicht im gewohnten Tutu, sondern in einem langen, schwarzen, mit Goldflitter besetzten Rock auf. Eine Neuheit, die das Londoner Publikum begeisterte. Kate Vaughan lernte die Technik des Skirt Dancing vom Ballettmeister John D'Auban, der Tänze für Burlesken und Extravaganzas am Gaiety Theatre von 1868 bis 1880 und später am Drury Lane Theatre arrangierte. »It was John D'Auban who conceived the idea of returning to the long skirt, and he made the experiment with his sister in a sketch entitled ›Ain't she very Shy‹, and afterwards initiated into his methods Kate Vaughan, who was destined to make skirt dancing famous.«[5] Sie präsentierte den Tanz später in verschiedenen Burlesk-Stücken und Rollen, wie z. B. *The Forty Thieves* oder *Aladdin or The Sacred Lamp*.

Kate Vaughan als Morgiana in *The Forty Thieves* (*Die vierzig Diebe*),
Fotografie von W.& D. Downey, 1880
[Kat.-Nr. 354]

J.E. Crawford Flitch wertet den Skirt Dance in seinem 1913 veröffentlichten Buch *Modern Dancing and Dancers* als Darstellungsform von geringer künstlerischer Qualität, andererseits schätzte er an ihm seine Vitalität und Natürlichkeit. Er sah darin bereits Ansätze für einen zukünftigen, modernen Bewegungsstil. Unter Bezugnahme auf klassische Referenzen schrieb er: »The Skirt Dance broadened the scope of dancing. It broke down the dominion of a tradition which had become too narrow. It opened up new vistas […] In particular it recalled the forgotten dances of antiquity. Though essentially modern, and notably so in its lapses into vulgarity, it nevertheless suggested new possibilities in the grace of flowing drapery, the value of line, the simplicity and naturalness that were characteristic of Greek dance.«[6] Es resultierten daraus Möglichkeiten in Linie und Form, die mit dem steifen Tutu nicht erzielt werden konnten. Skirt Dancing gestaltete sich in England und darüber hinaus zu einer weitverbreiteten Mode. Tanzgeschichtlich steht er im Bereich einer Entwicklung, die zu einer ganzheitlichen Auffassung im Tanz führte. In Kate Vaughans natürlich-harmonischem Körperausdruck zeigte sich bereits diese Tendenz. Artur Michel verweist auf zwei wichtige Aspekte in ihrem Tanz: »What she brought to this technique that was hers alone was an art of moving the torso and the arms, unknown to the ballerinas of her day.«[7]
Im Zuge der Erneuerungsbewegung im Tanz wurde der Torso als wichtige Energiequelle wiederentdeckt. Anfang der 80er Jahre war das Korsett durch die

Brygida Ochaim

Mode des Cul de Paris[8] vorerst noch enger geworden, wodurch der Torso regelrecht deformiert wurde. Die Befreiung des weiblichen Körpers vom einschnürenden, gesundheitsschädigenden Korsett sollte erst Ende der 90er Jahre mit der Propagierung der von England ausgehenden Reformmode einsetzen. Der französische Bewegungspädagoge François Delsarte (1811-1871) hob bereits früh die Bedeutung des Torsos im harmonischen Zusammenspiel mit allen anderen Bereichen des Körpers hervor. Ruth St. Denis' Ehemann und langjähriger Tanzpartner, Ted Shawn, faßte in seiner Publikation *Every Little Movement* die Erkenntnisse Delsartes zusammen und erläuterte die Grundbausteine dessen Lehren: *The Law of Trinity and the Law of Correspondence*. In seinen theoretischen Aufzeichnungen widmet Shawn dem Torso einen Abschnitt, worin er den mittleren Torso als »…emotional zone, seat of the affections, related to the heart and solar plexus…«[9] bezeichnet und damit auf seine Signifikanz verweist. François Delsarte formulierte in seinem Lehrsystem *Applied Aesthetics* umfassend die Prinzipien und Gesetzmäßigkeiten von Körper und Ausdruck. Es wurde für die Schauspiel- und Redekunst und später für die Renaissance des Tanzes zu einer wichtigen theoretischen Grundlage. Durch seinen Schüler, den Schauspieler James Steele MacKaye (1842-1894) fand das Lehrsystem in Amerika weite Verbreitung. Dieser plante die Gründung einer Schule in Boston oder New York mit Delsarte an deren Spitze. Der Tod des Pädagogen setzte dem Projekt jedoch ein Ende. Steele MacKaye entwickelte auf den Prinzipien Delsartes seine Methode der *Harmonic Gymnastics*, die als Körpertraining für Schauspieler Anwendung fand.

Loïe Fuller begegnete MacKaye während ihrer Laufbahn als Burleskdarstellerin. Es liegt nahe, daß sie spätestens durch ihn mit den Lehren Delsartes in Berührung gekommen ist. Womöglich war dessen Schema der symbolischen Farben für ihre späteren Lichtexperimente von Bedeutung. Ihr sicheres Gespür für Bühnen- und Lichteffekte erlangte sie aber vor allem durch ihre Mitwirkung in zahlreichen Produktionen, wie Buffalo Bills[10] *Wild West Show* oder in der aufwendigen Inszenierung von Alfred Thompsons *The Arabian Nights or Aladdins Wonderful Lamp* im New Yorker Standard Theatre (1887). Während eines Engagements im Londoner Gaiety Theatre lernte Loïe Fuller die Methode des Skirt Dancing kennen. Im Juni 1891 übernahm sie als Ersatz für Letty Lind[11] die Rolle der Mercedes in der Burleske *Carmen up to Data*. Nach New York zurückgekehrt, begann sie die darin liegenden Möglichkeiten weiterzuentwickeln und kreierte ihren berühmten Serpentintanz. Ihre Auftritte in New York und Berlin waren zwar erfolgreich, aber erst mit ihrem Debüt am 5. November 1892 in den Pariser Folies-Bergère gelang ihr der entscheidende Durchbruch.

In ihren Tänzen wurden die für den Jugendstil typischen Farben und fließenden Formen lebendig. Das Charakteristische lag in den wellen-, spiral-, kreis- und schraubenförmigen Effekten, die durch Drehungen und Gegendrehungen zustandekamen, während sie das Kleid am Saum festhielt und um ihren Körper schwang. Eine wesentliche Neuerung des Kostüms bestand in seiner Vergrößerung. Dies führte zu einer entscheidenden Veränderung ihrer Tanzkunst. Im Serpentintanz erscheint und verschwindet der Körper im ständigen Wechselspiel der Farben und Formen. Fast zeitgleich mit den ersten Filmvorführungen in den Varietétheatern, verkörperte Loïe Fuller diese neue Wahrnehmung der Bewegung. Der cinematographische Effekt ihrer Tänze beruhte auf der Verdunkelung des Bühnenraums, der Verwendung des Kostüms als Projektionsfläche und den ununterbrochenen Verwandlungen. Sieht man von den blüten- und schmetterlingshaften Erscheinungen ab, so wird deutlich, daß sie bereits abstrakte Tänze schuf. Sie inszenierte Bühnenereignisse, worin Tanz, Musik und Projektion symbiotisch verschmolzen. Auf dem Gebiet der modernen Lichtregie und Bühnentechnik eröffnete sie dem Theater wegweisende Perspektiven. Ihr Bewegungsstil stand am Anfang einer Erneuerungsbewegung, die Mitte des 19. Jahrhunderts einsetzte.

Loïe Fuller, Fotografie von Samuel Joshua Beckett, um 1896

Statue posing und Tableau Vivant

Zu Beginn des 19. Jahrhunderts wurde das Genre der »Lebenden Bilder« als Attraktion von Vergnügungsproduzenten entdeckt. Die Darstellung plastischer Posen fand schon bald Eingang in die sich etablierenden Varietétheater und erfreute sich großer Beliebtheit. In den 1880er Jahren wurde das Tableau Vivant in den USA von den Protagonisten des Delsarte-Systems adaptiert, um ihren Vorstellungen einer neuen Körperkultur Ausdruck zu verleihen.

Geneviève Stebbins (1857-1915), eine ehemalige Schülerin von MacKaye, trat mit solchen Darbietungen auf. Sie entwickelte auf der Grundlage von Delsartes Theorien ein gymnastisches System, das sie durch Hinzufügung von Schritten und Rhythmus dem Tanz annäherte. In ihren *Matinées Delsarte*, die sie seit den 80er Jahren in New York veranstaltete, präsentierte sie Pantomimen und Tableaux Vivants-Vorführungen, wobei ihr biblische und mythologische Sujets als Vorlage dienten. Sie tanzte in griechischen Gewändern, lange bevor Isadora Duncan mit dieser Idee den Kontinent eroberte. Das Einnehmen der Posen verband sie jedoch durch ineinander verschmelzende Bewegungsabläufe. Diese von Geneviève Stebbins als »statue posing« bezeichnete Präsentationsform war keineswegs statisch. Sie stellte eine Variante der Verwandlungsbilder[12] dar, die durch Hinzufügung von Bewegung, und zwar auf der Grundlage des Delsarte-Systems, bereits tänzerische Elemente hatte. In der Spiralform erkannte sie die wesentliche Dynamik, die für den modernen Tanz zur fundamentalen Energiequelle werden sollte. Waren die Lehren Delsartes durch seinen Schüler Steel MacKaye von Frankreich nach Amerika gelangt, kehrten sie um 1900 wieder nach Europa zurück. Die Weichen für eine Erneuerung des Tanzes waren gestellt. Durch die Stebbins-Schülerinnen Bess Mensendieck und Hedwig Kallmeyer kam die Methode in abgewandelter Form nach Deutschland. Vor allem waren es aber die Auf-

Brygida Ochaim

Rita Sacchetto nach *Madame Recamier,*
Fotografie im Vertrieb von Hermann Leiser
[Kat.-Nr. 245]

tritte von Loïe Fuller, Isadora Duncan und Ruth St. Denis, die dem Bühnentanz neue Impulse gaben und eine »Sezession« in der Tanzkunst einleiteten.

Duncans Gastspiel vom November 1902 im Münchner Künstlerhaus bewegte die damals 22jährige Rita Sacchetto dazu, ihr Malereistudium aufzugeben und Tänzerin zu werden. Nach einer kurzen Ballettausbildung entschloß sie sich, mit eigenen Tanzschöpfungen an die Öffentlichkeit zu treten. Im November 1905 gab sie im Münchner Künstlerhaus mit dem Soloprogramm *Tanzbilder* ihr Debüt. Schon früh hatte Franz von Lenbach ihr Talent bemerkt und eine Tanzausbildung angeregt. In ihren Darbietungen knüpfte sie an die Tradition der Tableaux Vivants an.

Sie suchte ihre Vorbilder in den Gemälden alter Meister verschiedener Epochen. Rita Sacchetto entwickelte auf der Grundlage traditioneller Tanzformen und der Pantomime ihren individuellen lyrisch-dramatischen Stil. Sie zeigte sich als Charaktertänzerin in Gestalt verschiedener historischer Frauenfiguren. Ihre Tänze wurden einerseits im Bereich der Reformbewegung gesehen, andererseits gab es Stimmen, die sie als reine Kostümtänzerin abtaten. Otto Julius Bierbaum rechnete sie nicht zur Nachfolge der Duncan, bezeichnete sie aber gleichfalls als »reine Gefühlstänzerin«, deren Stärke im »rein Graziösen, im grazil Damenhaften« lag. Attitüden und Tableaux Vivants waren schon zu Goethes Zeiten eine häufig in Salons und Familienkreisen dargebrachte Unterhaltungsform, die Rita Sacchetto dem Tanz zueigen machte. Nicht jedes ihrer Stücke sollte an ein bestimmtes Gemälde erinnern, stets aber eine malerische Impression wiedergeben. Waren ihre Tanzkreationen auch von individueller Eigenart geprägt, »...die auf völlig selbständiger Auffassung beruhen und als keinerlei Varianten und Nachbildungen betrach-

Rita Sacchetto,
Fotografie von Gerlach
[Kat.-Nr. 254]

tet werden dürfen«[13], so verband sie damit noch die alte Vorstellung von Bewegung. Erstaunlich ist, daß sie bereits eigene, abendfüllende Programme zeigte, in einer Zeit, die Tanz noch nicht als autonome Formensprache kannte. Aus dem Rahmen ihrer sonstigen Themen fiel die Kreation ihrer Pantomime *Das intellektuelle Erwachen der Frau*[14], die sie am 30. März 1910 in der New Yorker Metropolitan Opera auf die beiden *Peer Gynt Suiten* von Grieg zur Aufführung brachte. Sie studierte dieses einstündige Stück mit 30 Tänzerinnen vor Ort ein. Diese Inszenierung widmete sie dem Thema der Frauenemanzipation als »…Kampf gegen die Fesseln und Feindseligkeiten der Konvention, in deren Umschnürung die besten Empfindungen der Frau erstickt werden und zum Opfer fallen.«[15] Erst durch das »…Licht der Erkenntnis, das mit jedem Geopferten zunimmt…«[16], gelingt der Akt der Befreiung. Ungewöhnlich erscheint auch ihr Grotesk-Tanzsketch *Cocain* von 1924, der zwei Jahre nach Anita Berbers *Cocain* (Musik: Camille Saint-Saëns) entstand.

Einen zeitweiligen Partner fand sie 1912 in Alexander Sacharoff, der sich in seinen Tänzen ebenso von Kunstwerken inspirieren ließ. Beachtlich ist ihre Mitwirkung in zahlreichen Produktionen der Nordisk Filmgesellschaft in Kopenhagen, deren Begründer Ole Olsen[17] einst als Schausteller und Gaukler wirkte. In den Jahren von 1913 bis 1917 arbeitete sie hauptsächlich mit dem Regisseur Holger Madsen zusammen, der ihr die Hauptrollen in Filmen wie *Ballettens datter* (1913) oder *Tempeldanserindens Elskov* (*Die Liebe der Tempeltänzerin*, 1914) gab. Meistens handelte es sich um Geschichten, die für sie eine Rolle als Ballerina vorsahen. Rita Sacchetto war eine der wenigen Tänzerinnen, die auch im Film Karriere machte, ebenso wie Stasia Napierkowska, Olga Desmond und Anita Berber.

Das Nachstellen berühmter Gemälde und Skulpturengruppen war Ende des 19. Jahrhunderts im Varieté- und Revuetheater weit verbreitet und wurde dort gerne als Vorwand für Nacktdarstellungen benutzt. Ein Gesetz ließ solche Darbietungen zwar zu, aber nur, solange sich die DarstellerInnen dabei nicht bewegten. In Berlin erregte die Nackttänzerin Olga Desmond die Gemüter. An sogenannten *Schönheit-Abenden* stellte sie allein und zusammen mit ihrem Partner Adolf Salge Skulpturen nach, die an antiken Vorbildern orientiert waren. Körper und Haare waren von einer Spezialschminke bedeckt, die ihnen ein makelloses Aussehen verlieh. Olga Desmond war Mitbegründerin der »Vereinigung für ideale Kultur«, die in gemieteten Räumen Tanz- und Vortragsabende in Berlin organisierte. Die Skulpturen, die ihr als Vorlage dienten, stammten unter anderem von den damals in Berlin wirkenden Bildhauern Reinhold Begas (1831-1911), ein Hauptvertreter des Wilhelminischen Barock, und Fritz Klimsch (1870-1960), Mitbegründer der Sezession. Ein Foto in der »Berliner Ilustrirten«[18] aus dem Jahr 1907 zeigt Olga Desmond in der plastischen Pose als Phryne[19], wie sie nackt vor ihren Richtern erscheint. Dem Begleittext zufolge trat sie zuerst als »Barfußtänzerin« in durchsichtigen Seidenschleiern auf. Diese Bezeichnung galt der neuen Generation von Tänzern und Tänzerinnen, die sich mit bloßen Füßen auf die Bühne wagte, bevor sich der Begriff »moderner Tanz« im deutschen Sprachgebrauch durchsetzte. »Alle übrige Nacktheit konnte diesen Umsturz nicht hervorbringen. Nur der nackte Fuß schuf jenen Unterschied der Tanzkunst, jene farbenreiche Skala der Variationen, die im Abstande zwischen Ballett und einem Duncantanze liegen«[20], schrieb Marie Luise Becker. Der nackte Fuß sei wie auch der nackte Arm ein mimisches Ausdrucksmittel. Olga Desmond verzichtete in ihren Nachstellungen auf das hautfarbene Trikot und zeigte sich völlig nackt. Für viel Aufsehen hatte sie bereits 1907 während eines Gastspiels als »Seldoms

Olga Desmond und Adolf Salge im *Schönheit-Abend*,
Fotografie von Skowraneck, 1908
[Kat.-Nr. 82]

Venus« im London Pavilion gesorgt. Die Auftritte führten zu Polemiken in der
Presse. Nicht nur in England hatte sich gegen das »Nackte in der Kunst« eine
Opposition gebildet. Das rege Interesse des Publikums wurde von manchen
Kritikern vor allem auf den Sinneskitzel zurückgeführt, den die Darstellung von
antiken Gruppen erregte.

In ihrer eigenen Kreation *Feconta,* die sie nach ihrem Londoner Gastspiel in einem Berliner Varietétheater zeigte, verkörperte sie die vier Jahreszeiten in fünf Tableaux. Eine Beschreibung dieser Aufführung veranschaulicht diesen Auftritt, der keineswegs in der Pose erstarrte und vermutlich deswegen verboten wurde. Das erste Bild zeigte eine »...stimmungsvolle Winterlandschaft, die sich unter Blitz und Sturm nach und nach aus anfänglichem Dunkel zu vollem Licht entwickelt. Den bewegten Meereswellen entsteigt, von einem Delphin getragen, die holde Tochter Aphroditens, Feconta, von Miss Olga dargestellt, die sich zunächst als klassische Statue präsentiert, dann aber Leben und Bewegung gewinnt und unter den sanften Weisen der Musik die Erde betritt.« Auf diese Szene folgte der Frühling: »Wieder sehen wir Feconta [...] in lyrischen Tanzrhythmen, den Lenz grüssend, mit leichter Hand überall die junge Saat ausstreuend und die Erde, der sie entkeimen soll, segnend.« Das Bild wechselt zum Sommer. »Feconta, an einem Rosenstrauch als Statue gelehnt, tritt, von der Musik erweckt, in den Mittelpunkt des schönen Bildes und bringt in anmutig-charakteristischen Tanzweisen dem Sommer ihre Huldigung dar, bis die Szene wieder im Dunkel verschwindet und das neue Licht ein neues farbenglühendes Bild darstellt.« Der bacchantischen Herbstszene folgt das Schlußbild: Feconta bringt vor dem Zeustempel ihr Opfer dar. »Altklassische Flöten- und Schalmeibläser begleiten ihren Cymbeltanz vor der Statue ihres Erzeugers, des mächtigen Zeus, und während Weihrauchwolken das schöne Bild umwogen, schliesst sich die Gardine über der Nummer...«[21]. Der Nackttanz erforderte ruhige, gemäßigte Rhythmen. Für bewegtere Tänze nahm sie »eine Art Gewand zu Hilfe«.[22]

Die Inhaltsangabe zu *Feconta* zeigt, daß sie ihren Tanz aus der Pose entwickelte und mit pantomimischen Gesten verband. Die Nähe zur tänzerischen Pantomime als narrativem Element ist als zeittypisches Merkmal in Tänzen von Rita Sacchetto, Liane de Pougy, Rosario Guerrero, Ruth St. Denis und vielen anderen zu beobachten.

Zeitgenössische Kritiker bewerteten Olga Desmonds Tanzkunst sehr unterschiedlich. Der Meinungsstreit um ihre Darbietungen spaltete die Rezensenten in zwei Lager. In den »Münchner Neuesten Nachrichten« vom 3. Mai 1910 hieß es anläßlich ihres Auftritts im Deutschen Theater: »...sie tanzt mit leidenschaftlichem, musikalischem Gefühl und vermeidet fast durchaus die hergebrachte Schablone und den Anschein des Einstudierten. Wenn auch ihre Mimik hinter der bacchantischen Beweglichkeit ihres Tanzes zurückbleibt und das erste hemdartige Gewand vom künstlerischen Standpunkt aus nicht betrachtet werden darf, so bietet sie, wie gesagt, doch eine glänzende Varieténummer...«. Im Hamburger »Fremdenblatt« sah man das anders: »Mit Kunst hat diese Art des Tanzens nicht das allermindeste zu tun, es stützt sich nicht auf technische Fertigkeiten, wird nicht getragen von einem starken Temperament, besitzt keinerlei Ausdruckskraft ... eine stete Wiederkehr der gleichen unmusikalischen Bewegungen. Leidenschaftliche Rhythmen der Musik werden durch das Aufreißen der Augen, durch das Vorstoßen des Unterkiefers, durch ein ruckhaftes Herumwerfen der Arme unterstrichen.«[23] Der Musik- und Tanzkritiker Fritz Böhme hingegen war ein Befürworter ihrer Tanzkunst. Seiner Meinung nach tanzte sie »...nicht nur in Rhythmen und neuen Schritten, eine individuelle Auffassung musikalischer Stücke, sondern sie tanzt neue Weltanschauung.«[24]

Brygida Ochaim

Im Paris der 1870er Jahre erfreute sich der Cancan in den Bals publics erneut großer Beliebtheit, nachdem er zeitweise verschwunden war. Am Ende des Second Empire tauchte er wieder auf und wurde nun mit noch größerer Heftigkeit und Ausgelassenheit getanzt. Er galt als wild, anstößig und obszön. Im Ausdruck lag eine permanente Provokation. Die Bewegungen erinnerten an das unkontrollierte Torkeln von Betrunkenen oder an Verrenkungen von Hysterikerinnen. In *Physiologie du Carnaval* wird der Chahut folgendermaßen beschrieben: »Bis zum Extrem getriebener Cancan, Hysterie des Tanzes.«[25] Es äußerte sich darin ein Lebensgefühl, das sich über alle Reglementierungen und Tabugrenzen hinwegsetzte.

Jane Avril
[Kat.-Nr. 19]

Jeanne Richepin, die später als Jane Avril im Moulin Rouge bekannt wurde, verbrachte zwei Jahre in der bekannten Anstalt Salpêtrière. Obwohl sie erst dreizehn Jahre alt war, wurde sie schon der Gruppe der »grandes hystériques« unter der Leitung des berühmten Dr. Charcot zugeteilt. Die von der Mutter zugefügten Mißhandlungen hatten ihre Spuren hinterlassen. Mit dem Tanz gelang es ihr, diese Symptome zu bewältigen. Im Moulin Rouge genoß sie einige Privilegien und beteiligte sich nur selten an der Quadrille naturaliste. Meist improvisierte sie ihre Tänze zu Walzermusik.

Beim Cancan kam es nicht auf Grazie, Schönheit und Eleganz der Bewegungen an. Exzentrik und Individualität waren Programm, was später auch für den Ausdruckstanz gelten sollte. Bei den Cancan-Tänzerinnen handelte es sich meist um Frauen der Arbeiterklasse, die ihren Lebensunterhalt als Modistinnen, Näherinnen oder Wäscherinnen verdienten. Zur ersten Garde der »école montmartroise« zählten Tänzerinnen wie Céleste Mogador, Rose Pompon und La Reine Pomaré, die im Bal Mabille Furore machten.

In den 80er Jahren begannen La Goulue und Grille d'Egout ihre Karriere im Élysée-Montmartre auf dem Boulevard Rochechouart, das 1881 unter der Leitung des neuen Direktors Armand Desprès stand. Zusammen mit dem Kapellmeister Louis Dufour gaben sie dem Cancan einen neuen Aufschwung. Zum Star avancierte La Goulue 1889 in Joseph Ollers neu eröffnetem Moulin Rouge am Place Blanche, das bis 1892 unter der Direktion von Charles Zidler stand. Der Künstler Adolphe Willette (1857-1926) war mit der Ausstattung des weitläufigen Vergnügungslokals beauftragt worden. Im Garten war ein riesiger Elefant plaziert, den Oller von der Weltausstellung 1889 gekauft hatte. Bauchtänzerinnen und Kartenleger zeigten dort ihre Kunststücke.

Henri de Toulouse-Lautrecs Plakat *Moulin Rouge, La Goulue* von 1891 erinnert an die legendären Auftritte der Tänzerin, die sich fünf Jahre lang als Publikumsliebling des Moulin Rouge behaupten konnte. Sie begeisterte die Zuschauer mit ihren Einfällen. Die große Diseuse Yvette Guilbert hielt einige dieser Momente in ihren Memoiren fest: »Die ›Goulue‹ in schwarzen Seidenstrümpfen nahm ihren schwarzen Atlasfuß in die Hand und ließ die sechzig Meter Spitzen ihrer Jupons hin- und herkreisen; sie zeigte ihr Höschen, dem drollig ein Herz aufgestickt war,

Jardin de Paris - Jane Avril,
Plakat von Henri de Toulouse-Lautrec, 1893
[Kat.-Nr. 13]

das sich kurios über ihr kleines Hinterteil spannte, wenn sie ihre unehrerbietigen Reverenzen machte; rosa schimmerte die Rosette des Strumpfbands, und bis auf die feinen Knöchel sank ein köstlicher Spitzenschaum und ließ ihre herrlichen, gelenkigen, geistvollen und aufreizenden Beine erscheinen und verschwinden. Mit einem Schwung des Fußes nahm die Tänzerin ihrem Kavalier den Hut ab und setzte sich in die Grätsche, mit starraufrechtem Oberkörper, die schmale Taille in himmelblauer Seidenbluse.«[26]

Toulouse-Lautrec hielt ihr auch dann die Treue, als ihr Stern bereits zu sinken begann. Auf ihre Bitte malte er für ihre Schaubude, die sie sich 1895 auf dem Foire du Trône errichten ließ, zwei große Dekorationen. Der links vom Eingang plazierte Vorhang zeigt eine Szene aus vergangenen Tagen in einem Ballhaus am Montmartre. In der Mitte steht La Goulue, den Oberkörper leicht nach vorne gebeugt, gerade im Begriff, ihre Röcke in die Höhe zu raffen. Ihre leicht gedrungene Erscheinung steht im Kontrast zur hageren Gestalt ihres langbeinigen Tanzpartners Valentin le Désossé (der Ausgebeinte). Lautrec greift hier auf eine Skizze von 1887 zurück, die das Paar im Moulin de la Galette zeigt. Auf der rechten Paneele ist sie in einem »orientalischen Tanz« abgebildet, mit dem sie in ihrem Jahrmarktstheater auftrat. Zwei maureske Tambourinspieler täuschen nicht darüber hinweg, daß La Goulue jedoch einen Cancan tanzt.

La Goulue,
Fotografie von Jules Hautecoeur
[Kat.-Nr. 114]

Ende des 19. Jahrhunderts wurde der Chahut oft als Quadrille naturaliste bezeichnet, schreibt Jean-Claude Lebensztejn. In seinem Buch *Chahut* spürt er der Geschichte dieses Tanzes anhand von Georges Seurats gleichnamigem Gemälde von 1890 nach. Es zeigt bereits einen in seine Schranken gewiesenen Chahut, der auf einer Estrade gleichförmig dargeboten wird. Das Publikum tanzt nicht mehr selber mit, sondern schaut nur noch zu. Seine charakteristischen Figuren sind: Gitarre, Präsentieren des Gewehrs, militärischer Gruß, Bein hinter den Kopf, Überkreuzen, Spagat.[27] Jose Shercliff beschreibt den Tanz in ihrem Roman *Jane Avril vom Moulin Rouge* folgendermaßen: »Die Quadrille war ein Tanz mit festgelegten Figuren, bei denen mehrere Paare zusammen tanzten. Bei der letzten Figur jedoch hatte jede *danseuse* Gelegenheit, allein zu improvisieren, während der Partner ihr in einiger Entfernung als Folie diente.«[28] Die Quadrille naturaliste war aufgrund ihrer immer komplizierteren Gesten schließlich zur Sache von BerufstänzerInnen geworden. Mit La Goulue, Grille d'Egout, Nini Patte en l'Air und ihren bekanntesten Partnern wie Valentin le Désossé, Fil de Fer oder Pomme d'Amour erreichte sie ihren Höhepunkt. Die Herkunft des Tanzes ist ungewiß. Viktor Jung schreibt in seinem *Handbuch des Tanzes*: »Er ist seit 1830 (mit der Thronbesteigung Louis-Philippes) in Frankreich bekannt und beliebt und stellt eine französische Nachahmung des Fandango dar.«[29] Der Fandango ist wiederum aus der afrikanischen Chica hervorgegangen. In *La Grande Encyclopédie* wird er in Verbindung mit dem »Watschelgang« der Enten gebracht. Vermutlich geht der Chahut oder die Quadrille naturaliste auf den Kontertanz zurück, der Ende des 18. Jahrhunderts bekannt wurde. Mit der Zeit verdrängte er die traditionellen höfischen Tänze wie das Menuett oder die Gavotte. Der Chahut wurde manchmal auch nur von Frauen präsentiert.

La Goulue und Grille d'Egout
[Kat.-Nr. 115]

Die meisten Cancan-Tänzerinnen waren unter ihren Künstlernamen bekannt wie z.B. La Goulue (die Gefräßige), Grille d'Egout (Abflußkanalgitter), Eglantine (Heckenrose), La Sauterelle (Heuschrecke). Abbildungen zeigen, daß der Chahut ursprünglich nicht auf einer Bühne aufgeführt wurde, sondern inmitten des Publikums, während das Orchester erhöht spielte. Eine Präsentationsform, die sich nicht so ohne weiteres in anderen Ländern adaptieren ließ. Jane Avrils erfolgreiches Londoner Debüt 1897 mit Eglantines Truppe (Eglantine, Cléopâtre und Gazelle) fand auf der Bühne des Palace Theatre statt. Bis auf wenige Gastspiele blieb der Cancan in dieser Form daher vor allem mit Paris und seinen Ballsälen, den Bals publics, verbunden.

Troupe de Mlle Eglantine,
Plakat von Henri de Toulouse-Lautrec, 1896
[Kat.-Nr. 15]

In England wandelte sich indessen der Skirt Dance, nachdem er langsam aus der Mode gekommen war, zu einer Art »semi-cancan«. In dieser Version wurde er Anfang der 90er Jahre in England und Amerika populär, wobei er nicht als Quadrille zur Aufführung kam. Das Hochwerfen der Beine, der »high kick«, war bereits zu Kate Vaughans Zeiten eingeführt. Hinzu kamen der Spagat, das Wagenrad und wilde Verdrehungen. Die englische Gesangstänzerin Lottie Collins[30] präsentierte diesen Tanzstil erstmals in London in Verbindung mit dem populären Lied *Ta-Ra-Ra-Boom-De-Ay*[31], das sie während einer Amerika Tournee kennenlernte und erstmals 1890 im Londoner Tivoli Theatre aufführte. Mit dieser erfolgreichen Solodarbietung kehrte sie im Jahr darauf nach Amerika zurück und unternahm eine Tournee, die sie international bekannt machte. Einen großen Eindruck hinterließ Lottie Collins bei der jungen Australierin Clarissa Campbell während eines ihrer Gastspiele in San Francisco Mitte der 90er Jahre. In der gleichen Stadt erhielt Clarissa Campbell, die sich in Europa als Miss Saharet einen Namen machen sollte, ihr erstes Engagement als »exzentrische Tänzerin« im Orpheum Theatre. Über New York gelang ihr der Sprung nach Paris. Edouard Marchand, der Direktor der Folies-Bergère, wie immer auf der Suche nach besonderen Attraktionen, holte sie an sein Theater. Begeistert wurde ihr Pariser Debüt aufgenommen: »…Paris hat kein Monopol auf Tanzbeine, die in der Luft herumwirbeln. Eine Australierin mit Namen Miss Saharet ist der Gegenbeweis. La Goulue, Ihr könnt Euch aufhängen! Diese Kleine läuft Euch den Rang ab! Miss

Brygida Ochaim

Saharet? Ihr Chahut ist der letzte Schrei! Und zwar kein ordinärer Chahut, der es darauf anlegt, Culotte und Dessous zur Schau zu stellen. Miss Saharet tanzt einen witzig-frechen, geistreichen Chahut.«[32]

Der als Solodarbietung präsentierte Cancan verweist auf die englische, von »Anstößigkeiten« befreite Variante mit Lottie Collins als Vorbild. Dennoch ging von diesem Tanz eine starke erotische Wirkung aus. Saharet verkörperte den Typ der Kindfrau. Ihr überschäumendes Temperament setzte vor allem die Phantasie der männlichen Varietébesucher in Gang. Ihr Repertoire bestand nicht nur aus solistischen Cancan-Interpretationen. Italienische Tänze, wie z.B. die Tarantella gehörten ebenso zu ihrem Programm. Sie entwickelte ihren Tanz aus dem Gehen. Der Dichter und Journalist Alfred Walter Heymel sah ihre Kunst nicht hinreichend gewürdigt. Seiner Meinung nach bewirkte sie beim Publikum mehr Überraschung als Gefallen. Er widmete ihr einen Artikel, worin er schrieb: »Alles tanzt in ihr mit, die Augen jede Linie ihres fortwährend wechselnden Gesichtes … sie bekommt es fertig, selbst einen Purzelbaum nicht nur drollig, sondern hinreissend zu machen. Nach ein paar spanischen Pas geht sie in den Wirbel über, es scheint keine Anstrengung dieses wahnsinnige Kreiseltreiben, es ist, als wirbele irgend ein mysteriöser zum Taifun gewordener Zephir sie herum und bums! steht sie da und alles ist zu Ende.«[33]

Saharet,
Fotografie von Fritz Möller, 1904
[Kat.-Nr. 281]

Im Januar 1899 reiste sie auf Einladung des Malerfürsten Franz von Lenbach von Berlin nach München und saß ihm zwei Wochen Modell. Er scheute dafür keine Kosten und ersetzte ihr den Verlust ihres beträchtlichen Berliner Honorars. In dieser Zeit entstand eine Reihe von Bildern. Eines dieser Werke ist im Buch *Franz von Lenbach – Schönheitsideale* veröffentlicht, das 1910 von Franz Hanfstaengl herausgegeben wurde. Fritz von Ostini schreibt im einleitenden Text: »Er hat dieses in seiner Weise einzigartige Gesicht in allen erdenklichen Stimmungen festgehalten und seine Besitzerin mit dankbarer Freundlichkeit mehr ausgezeichnet als ihm nachher lieb war.« Saharets Ehemann und Impresario Ike Rose versuchte, das Interesse des Malers an seiner Frau für Werbezwecke zu nutzen, indem er Bildmotive für Plakate verwendete. Franz von Lenbach sah seinen Namen dadurch mißbraucht. Eine Karikatur von Paul Rieth[34] zeigt Franz von Lenbach auf der Flucht vor seinen Saharet-Portraits.

Ihre Schönheit inspirierte auch andere Künstler. Ferdinand von Reznicek zeichnete sie in einer ihrer treffendsten Posen – das rechte Bein senkrecht in die Höhe gestreckt, das sie mit dem linken Arm am

Der Zauberlehrling,
Karikatur von Paul Rieth, 1902
[Kat.-Nr. 277]

Saharet,
Plakat von Maurice Biais, 1900
[Kat.-Nr. 267]

Kitty Starling,
Plakat von Ludwig Hohlwein, 1914
[Kat.-Nr. 374]

Knöchel festhält, wobei der rechte Arm den Rock zu linken Seite hochhebt[35]. Der französische Designer Maurice Biais, Jane Avrils späterer Ehemann, entwarf für Saharets Auftritte im Berliner Wintergarten ein Plakat, das 1900 im »Simplicissimus«[36] veröffentlicht wurde. Es zeigt die Tänzerin in einer schwungvollen Bewegung mit hochgeworfenem Rock, der den Oberköper größtenteils verdeckt, wobei die schlanken, bestrumpften Beine um so prägnanter hervortreten. In ähnlicher Pose stellte der Zeichner und Illustrator Ludwig Hohlwein 1914 die deutsch-amerikanische Exzentriktänzerin Kitty Starling auf seinem Plakat dar.

Spanische Tänzerinnen

Mit dem Entstehen der Cafés Chantants in Sevilla, Jerez, Cadiz und anderen Städten Spaniens begann sich in der zweiten Hälfte des 19. Jahrhunderts der Flamenco als Bühnentanz zu etablieren. Die Gesänge und Tänze der andalusischen Gitanos bildeten die Grundlage für diesen Tanzstil, der durch professionelle Interpreten schnelle Verbreitung fand und große Popularität erzielte. Silverio Franconetti trug als »Payo« (Nicht-Gitano) wesentlich zu dieser Entwicklung bei. In seinem Café de Silverio, das er 1885 in Sevilla gründete, traten alle Größen jener Zeit auf. Der Flamenco büßte durch diese Popularisierung viel von seiner Ursprünglichkeit und Intimität ein.

Spanische Tänzerinnen eroberten in den 1880er und 1890er Jahren die Varieté-bühnen wie z.B. La Belle Otéro, Tochter von Carmen Otéro und dem griechischen Offizier Carasson. Sie hatte bereits einige Erfolge mit spanischen Volkstänzen in Cafés Chantants und Operetten in Lissabon, Barcelona und Marseille zu verbuchen. Im Frühjahr 1890 debütierte sie in Franconis Cirque d'Eté und eroberte das Pariser Publikum mit einem Tango espangnol und einer Jota. Ihren Einzug in die Arena inszenierte sie wie einen Parademarsch der »Toreadore« vor den Stierkämpfen. Sie begrüßte mit ihren Gitarristen, Mandolinisten und Tänzerinnen die Zuschauer, bevor sie in ihrem Kostüm der »tenita manola« die Bühne

Brygida Ochaim

Folies-Bergère - La Belle Otéro,
Plakat von PAL, 1898
[Kat.-Nr. 190]

betrat. Anläßlich ihres ersten Auftretens im Sommer-Zirkus erschien ein Bericht im »Figaro«, den sie in ihren Memoiren zitierte: »Geschmeidig wie ein Panther, mit der Linken den Rock aufhebend, als ob sie ihn zu verlieren fürchte, die Rechte in ihren andalusischen Rücken gestemmt, führt sie eine langsame, laszive, von automatischen Bewegungen unterbrochene Drehung aus; mit gelöster Bewegung wirft sie den Oberkörper zurück, ihr Leib bietet sich dar und zieht sich wieder zurück. Mit hochgezogenen Brauen beißt sie sich die Lippen, ganz ihrem wollüsti-gen Tanz hingegeben, ihr Auge verspricht und ihre Hand lockt.«[37] Das Zurück-werfen des Oberkörpers beherrschte Otéro vollkommen, ohne dabei von ihrem Partner gehalten werden zu müssen. Diese Körpergeste wurde im Varieté als Ausdruck von Laszivität verstanden, der Rückschlüsse auf die Darstellerin zuließ. Eine Geste, die im Kontext des modernen Tanzes zu einem Zeichen der Befrei-ung werden sollte. La Belle Otéro behauptete, nie tanzen gelernt zu haben. Sie vermittelte den Eindruck des Spontanen und Intuitiven. Im scheinbar Nicht-Ein-studierten wurde eine Qualität gesehen, die in Gegenüberstellung zum akademi-schen Tanz begrüßt und geschätzt wurde. Für das Authentische und Wahrhafte bürgte nur der »unverbildete« Künstler.

La Belle Otéro hatte eine große Vorliebe für kostbaren Schmuck, mit dem sie sich geschickt in Szene zu setzen verstand. In der Presse wurde sie als »Rose von Sevilla«, »Königin der Diamanten« oder »Königin der Brillanten« bezeich-net. Die ausführliche Beschreibung eines Edelstein-Bolero-Jäckchens, das sie im Olympia Theater im Ballett *Sevillianisches Fest* trug, zeigt, welchen Stellenwert der Schmuck in der Werteskala einnahm. Sie ließ es beim Juwelier Paul Amelus in Paris anfertigen, »...dessen Herstellung allein 30 000 Franc gekostet hat und des-sen Wert auf 1 200 000 Franc geschätzt wird... Im Styl Louis XVI hat sie hier ihre Schätze verarbeiten lassen. Zwei grosse Saphire, 14 Cabochon-Smaragden und zahlreiche Diamanten besetzen das goldene Filigrangewebe, das den Untergrund bildet.«[38]

Otéro galt als eine der höchstbezahlten Varietéstars und machte international als Gesangstänzerin Furore. Im Berliner Wintergarten betrug ihre monatliche Gage 18.000 Mark. Ihre Knöchel ließ sie mit je 80.000 Dollar versichern. Otéros Tanz-kunst aus heutiger Sicht zu bewerten, erweist sich als schwierig. Es wurde ihr

La Belle Otéro,
Fotografie von W. & D. Downey
[Kat.-Nr. 201]

Talent wie Talentlosigkeit nachgesagt, und der Erfolg soll allein auf ihrer Schönheit und ihrem Schmuck beruht haben. »Ich brauche dich nichts zu lehren, ich kann dir bloß zusehen«, soll die berühmte Ballettmeisterin Mariquita (1840-1922) ge-sagt haben, als sie mit der Otéro einen griechischen Tanz für *Opiumtraum* im Pariser Theater Mathurins einstudierte. P. Richards erinnert sich in seinem Artikel an Otéros Auftreten in der damals führen-den New Yorker Music-Hall Koster and Bial's: »Sie tanzte anders, als man es von großen Tänzerinnen gewöhnt war. Sie hat-te keine Kunst des Tanzens, sie stellte klassische Attituden ihres Körpers. Nicht in der Art der heute viel geübten Indivi-dualitätsschwärmerei, die da ein Lied oder eine Sonate in den Bewegungen illustriert. Nichts von alledem! Sie machte nur ihre Pas. Pas in faszinierendem Takte, kokett sich wiegend, auf den Zehenspitzen her-umwirbelnd, Pirouetten schlagend und zärtliche Blicke austeilend.«[39] Ein Ge-sangsauftritt der Otéro im Teatro Rossini

Brygida Ochaim

in Livorno wurde weniger begeistert besprochen: »Die Signora Otero ist wirklich eine wunderschöne, äußerst elegante und wohlgestaltete Frau. Wenn sie ihren Mund aufmacht, gibt es eine kalte Dusche der Enttäuschung: die Signora Otero singt auf unerträgliche Weise.«[40] Henri Meilhac soll sie sich wiederum als Traumbesetzung für *Carmen* gewünscht haben. Ein Traum, der für sie im Théâtre des Variétés Wirklichkeit werden sollte. Um sich für diesen Auftritt zu wappnen, nahm sie bei dem berühmten Gesangslehrer Lucien Fugère Unterricht. In ihrer Biographie zitiert sie den Kritiker Jules, der im »Journal de Paris« begeistert kommentierte: »Uns ist eine neue Carmen entstanden ... sie entwickelte eine Grazie, eine Wärme, eine sinnliche faszinierende Schönheit, ein ungestümes Temperament, lauter Gaben, die Mérimée und Bizet, Meilhac und Halévy für ihre berühmte Heldin verlangt hatten.«[41] Albert Carré engagierte sie, nachdem er eine dieser Aufführungen gesehen hatte, 1912 für die Rolle der Carmen an die Opéra Comique.

Von Bizets *Carmen* hatte sich bereits 1903 die spanische Tänzerin Rosario Guerrero zu einer Pantomime inspirieren lassen. Im Londoner Alhambra Theatre erschien sie in diesem Part erfolgreiche drei Monate lang. Ein Jahr darauf brachte sie diese Produktion in den New York Roof Garden. In Begleitung von Alexandre Volbert als Don José präsentierte sie das Stück in der Inszenierung von Philippe Dufaure. In einer zeitgenössischen Besprechung hieß es: »Mlle Rosario Guerrero has demonstrated at the New York Roof that America is not constitutionally averse to pantomime.«[42] Sie verband Tanz und Pantomime, wobei sie auf übertriebene Gestik und Mimik verzichtete. »She does not gesticulate; she acts.«[43] Kenntnisse im Schauspiel hatte sie bereits früh zu Beginn ihrer Laufbahn in Paris erworben. Ob sie mit dem Delsarte-System in Berührung kam, läßt sich nicht belegen. Eine Art Anleitung zur Schauspielkunst lieferte sie mit einer Photoserie, die in »The Evening World's Home Magazine« am 26. Mai 1905 erschien. Die mit *The Whole Art of Acting in One Lesson*

Rosario Guerrero als Carmen,
um 1903/1904
[Kat.-Nr. 119]

betitelte Folge zeigt sie in elf verschiedenen emotionalen Darstellungen: »Love, Horror, Passion, Race, Surprise, Hate, Sorrow, Defiance, Distaste, Interrogation, Coquetry«. Mit den hier zum Ausdruck gebrachten Gemütszuständen unternahm sie den Versuch einer Klassifizierung im Sinne einer Gebrauchsanleitung für den Laien. In der getanzten Pantomime fand sie ein adäquates Ausdrucksmittel. Durch die Vermeidung extravaganter Gesten entwickelte sie eine Spielweise, die weniger am Pathos orientiert zu sein schien. Zu ihren erfolgreichsten Repertoire-Stücken zählte *Dolch und Rose*, ein dem damaligen Zeitgeschmack entsprechendes Melodrama. Es handelte von einer Tänzerin, die durch ein Unwetter überrascht in eine Waldhütte flüchtet und dabei in die Hände eines Banditen gerät, den sie töten wird. Im Laufe ihrer zahlreichen Tournee-Auftritte präsentierte sie dieses Stück auch im Münchner Deutschen Theater.

Rosario Guerrero,
Plakat der Kunstanstalt Arnold Weylandt, vor 1906
[Kat.-Nr. 118]

La Argentina,
Fotografie von Willinger-Lachner, 1934
[Kat.-Nr. 8]

Für Aufsehen sorgte sie, als sie im Mai 1906 in Wien in eine Nervenheilanstalt eingeliefert wurde. »Crazed by excessive dancing, the beautiful Spaniard Rosario Guerrero has been shut up in a madhouse in Vienna«[44], lautete eine der Pressemeldungen. Es hieß, drei junge Männer aus dem Adel seien ihr von Paris nach Wien gefolgt. Einer beging Selbstmord, die beiden anderen starben im Duell. Das Klischee von einer Tänzerin, die das Opfer der Liebe wird, paßte nur zu gut in das Bild jener Zeit. Ein Stoff, der in Adolphe Adams Ballett *Giselle* (1841) bereits Eingang fand. Wien, wo Sigmund Freud die Psychoanalyse begründete, schien zudem ein geeigneter Ort für diesen Vorfall zu sein. Der Aufenthalt war von kurzer Dauer. Im August 1906 trat sie im Londoner Palace Theatre wieder auf.

Standen Carolina Otéro und Rosario Guerrero am Beginn einer Entwicklung, die zu einer massenhaften Verbreitung spanischer Volkstänze im Bereich des Varietétheaters führte, so schuf La Argentina die Grundlagen für das moderne spanische Ballett. Sie gilt als die erste Künstlerin, die den in der Folklore begründeten Tänzen Spaniens zu einer universellen Kunst verhalf, wobei sie Elemente des Balletts einführte. Obwohl sie eine akademische Ausbildung besaß und bereits mit neun Jahren als Primaballerina im Madrider Teatro Real auftrat, gab sie den klassischen Tanz auf und begann 1905, in Varietés und Music-Halls aufzutreten. Ein Schlüsselwerk ist ihre Kreation *El Embrujo de Sevilla*, die 1914 im Alhambra Theatre in London aufgeführt wurde und mit der sie die Ästhetik des spanischen Balletts entscheidend prägen sollte. »Restlose Gefühlsauflösung und körperliche Disziplin zur Einheit verbunden – das ist der Tanz, wie ich ihn begreife«[45], sagte sie in einem Interview. Kompromißlos kämpfte sie für dieses Ideal. Internationales Ansehen erlangte sie erst Mitte der 20er Jahre. Der russisch-französische Tanzkritiker André Levinson erkannte ihre Bedeutung und trug mit seinem Buch *La Argentina. Essai sur la Danse espagnole* (Paris 1926) zu ihrer Wertschätzung und Anerkennung bei.

Brygida Ochaim

Eine Frau, die ihren Körper auf der Bühne eines Varietétheaters exponierte, suggerierte sexuelle Freizügigkeit. Sie wurde der Demimonde zugeordnet, wobei die Trennungslinie zwischen Tänzerinnen, die in wirtschaftlicher Abhängigkeit zu Männern standen, und Frauen, die ihre Sexualität selbstbestimmt auslebten, schwer zu ziehen ist. *Demoiselles de plaisir, horizontales, cocottes, demi-castors* oder *créatures* waren die Bezeichnungen für Kurtisanen, elitäre Prostituierte, die ihre Liebhaber in Adelskreisen und im Großbürgertum fanden. In der Zeit der Belle Epoque mußten sich die jungen Frauen bis zu ihrer Hochzeit die Jungfernschaft bewahren. Die Kurtisane war da, um die jungen Männer in die Geheimnisse der Liebe einzuweihen. »In der Tat existierte die Demimonde außerhalb der Kleinmütigkeit der Gesellschaft, ausgestattet mit der Fähigkeit ›alles in aller Öffentlichkeit zu tun‹, doch war sie an einen noch trügerischeren Kodex gebunden, der den Ausdruck weiblichen Verlangens mit der Verpflichtung verwechselte, den sexuellen Bedürfnissen des Mannes zu entsprechen«, schreibt Shari Benstock in ihrem Nachwort zu Natalie Clifford Barneys Buch *Indiskrete Erinnerungen*.[46]

Affären der Kurtisanen mit Aristokraten und Persönlichkeiten aus Wirtschaft und Industrie sorgten für Gesprächsstoff. Viele Gerüchte rankten sich um diese Frauen. Skandale, harmlose Selbstmordversuche mit Laudanum, Nervenzusammenbrüche, kostbare Toiletten sowie teuerster Schmuck und dessen plötzliches Verschwinden gaben immer wieder Anlaß für Berichte in den Zeitungen. Sie ließen bei den ersten Couturiers in Paris wie Landolf oder Worth ihre Bühnenkostüme und Ausgehroben schneidern und bestimmten die Modetrends ihrer Zeit maßgeblich mit.

Die große Kurtisane Liane de Pougy pflegte beste Kontakte zur Presse und füllte nicht nur die Kolumnen des »Gil Blas«. Von einem Verriß ihres Bühnendebüts mit einer Zaubernummer in den Folies-Bergère am 13. April 1894 durch den einflußreichen Dichter und Journalisten Jean Lorrain[47] im »L'Echo de Paris« alarmiert, lud sie den Kritiker in ihr Hôtel Particulier und verstand es, ihn für sich zu gewinnen. Jean Lorrain zählte von nun an zu den großen Bewunderern von Liane de Pougy. Sie dienten sich gegenseitig als Modell für ihre Romane. So wurde er in Lianes *Idylle saphique* zu Jack Dalsace, schreibt Jean Chalon, und sie wurde z. B. Vorbild für die Figur der Ludine de Neurflize in Lorrains *La Maison Philibert* oder Viviane de Nalie in *Le Poison de la Riviera*. Die Freundschaft mit Lorrain führte schließlich zu ihrer ersten Zusammenarbeit. Im Frühjahr 1896 erschien sie in seinem Ballett *L'Araignée d'or* in den Folies-Bergère, in der Inszenierung und Choreographie der Ballettmeisterin Madame Mariquita.[48] Von der Darstellerin in einer Zaubernummer war sie nun zur Tänzerin arriviert. In ihren Memoiren behauptet sie von sich selbst, niemals Talent zur Tänzerin besessen zu haben. Fortan arrangierte Mariquita ihre Auftritte und unterrichtete die inzwischen 27jährige Liane im Ballett. »Ihr verdanke ich meinen Beruf, Sicherheit und Anmut.«[49] Ihre schöne, schlanke Erscheinung prädestinierte sie für den Tanz. Sie mimte und stellte klassische Attitüden in der Art getanzter Bilder. Der große Erfolg ermutigte den Dichter Lorrain und die Kurtisane zu weiterer Zusammenarbeit, die am 6. Dezember 1896 zur Aufführung der »mittelalterlichen« Pantomime *Rêve de Noël* im Olympia Theater führte. Sie tanzte in der Verkleidung eines Edelknappen an der Seite von Régina Badet, Primaballerina der Oper von Bordeaux, Besetzungen, die heute undenkbar wären. Im Mai/Juni 1901 erschien sie im Londoner Palace Theatre in einer mystischen Pantomime als Hindu-Priesterin. Sie tanzte »auf sehr sinnliche Art und Weise« vor einer Göttin. Mit dieser exoti-

Folies-Bergère - Liane de Pougy,
Plakat von Paul Berthon, 1898
[Kat.-Nr. 225]

schen Tanzeinlage antizipierte sie Ruth St. Denis, die fünf Jahre später im Londoner Aldwych Theatre ihr Europa-Debüt gab. Obwohl Liane de Pougy mit diesem Auftritt einen triumphalen Erfolg verbuchen konnte, blieb er folgenlos. Während ihre Interpretation des indischen Tempeltanzes reine Sinnlichkeit symbolisierte, die dazu führte, daß sie als »danseuse legère« eingestuft wurde, lag die Tragweite von St. Denis' Darstellung in der Ambivalenz irdischer Sinneslust und göttlicher Unantastbarkeit.

Liane de Pougy zog nicht nur Männer in ihren Bann. Die junge Amerikanerin Natalie Clifford Barney[50] begegnete ihr erstmals 1899 im Bois de Boulogne, wo sich die Schönen von Paris in ihren prachtvollen Kutschen zeigten, und verliebte sich in sie. In einem Pagenkostüm stellte sie sich als Miss Florence Temple Bradford bei Liane vor, und es gelang ihr, sie zu erobern. Diese Liaison, eine Beziehung, die lange währen sollte, jedoch mit vielen Brüchen und Neuanfängen, verewigte Liane in ihrem dritten Roman *Idylle saphique*. Natalies Versuche, sie aus ihrer professionellen Abhängigkeit zu befreien, schlugen fehl. Erst ihre Heirat mit dem rumänischen Prinzen Georges Ghika im Juni 1910 ermöglichte ihr die »Bühne der Eitelkeiten« zu verlassen. Eine Hochzeit, die laut Jean Chalon das Ende der Demimonde einläutete.

Vier Jahre zuvor hatte sich bereits die gleichaltrige Emilienne d'Alençon von der Bühne zurückgezogen und sich dem Rennsport zugewandt. Zu ihren Extravaganzen gehörte das Tragen eines Monokels, was Lona Barrison in ihrer Solonummer zu Pferd übernahm. Emilienne zählte zu jenen berühmten *horizontales*, die ihr Leben wie Liane zwischen ihren Verpflichtungen und den Auftritten in Varietétheatern teilten. Emilienne d'Alençon, die eigentlich Emilienne André hieß und die Tochter einer Concièrge war, hatte sich diesen pseudoadeligen Namen angeeignet. Ein bei den Kurtisanen herrschender Usus, einerseits, um sich eine neue Identität zu geben, andererseits, um sich in den mondänen Kreisen besser bewegen zu können. Die Entstehung dieses Künstlernamens geht nach Richard Balducci[51] auf die an der Sarthe gelegene Stadt Alençon zurück. Der Schauspieler Abel Tarride hatte eine Tournee mit Emilienne als Star der Truppe zusammengestellt, die in Alençon begann, und nach dieser Stadt wurde sie »getauft«. Mit diesem Namen erschien sie 1889 in Franconis Sommer-Zirkus in einem Dressurakt mit weißen

Brygida Ochaim

Kaninchen und anschließend im Casino de Paris in einer Nummer mit gelehrigen Eseln »ânes savantes«, die sie in einem enganliegenden Kostüm vorführte. In der Revue *Tararaboum* zeigte sie sich 1892 als Serpentintänzerin, im gleichen Jahr von Loïe Fullers sensationellem Erfolg in den Folies-Bergère. Die Türen zu diesem berühmten Varietétheater sollten auch ihr bald aufgrund ihrer Liaison mit Leopold II. offenstehen. Verschiedene Revuen und Ballette bildeten in der Folge den Rahmen für ihre glanzvollen Auftritte wie z. B. die Ballett-Pantomime *Bal des Quat'z'Arts* von Courteline und Marsolleau, die 1893 in den Folies-Bergère in der Einstudierung von Mariquita zur Aufführung gelangte. Ein Kritiker des »La Vie Parisienne« kommentierte Emiliennes Erfolg als »le triomphe de la galanterie chère«.[52] Für den Herzog d'Uzès und seinen Sohn Jacques ging die Bekanntschaft mit der Kurtisane weniger gut aus. Beide ruinierte sie finanziell. Jacques wurde daraufhin von seiner Mutter in den Kongo geschickt, wo er bald darauf an Malaria starb.

Liane de Pougy
[Kat.-Nr. 230]

Emiliennes Werdegang zeigt Parallelen zu dem von Liane de Pougy. Zeitweise verband sie auch eine Liebesbeziehung. Die Frage nach Herkunft und Ausbildung wurde bei einer Unterhaltungsform, deren Prinzip vor allem in der Erzeugung von Aufmerksamkeit lag, nicht gestellt. Ihre Schönheit und einflußreiche Liebhaber verhalfen ihnen zu glänzenden Engagements, die sie zu den meistgefeierten Stars ihrer Zeit machten. Ihr Doppelleben als Demimondaine und Bühnenkünstlerin ließ sie zu »Institutionen« werden. Sie verkörperten das Schönheitsideal jener Zeit, wobei ihre geschlechtliche Ambiguität sie umso anziehender machte. In seinen Tagebüchern vermerkte Edmond de Goncourt[53], daß Henri Meilhac 80.000 Francs ausgab, um Liane nackt betrachten zu können. »Die passive, in ein Kunstobjekt verwandelte Person wird vom agressiven westlichen Blick in Besitz genommen. Dem Blick ist alles erlaubt, dem Objekt nichts«[54], schreibt Camille Paglia treffend. Dies veranschaulicht auch eine Episode mit Carolina Otéro, die sich in St. Petersburg begab. Bei einem Souper ließ ein Oberst X die Tänzerin auf einer silbernen Platte servieren. »Man kann sich denken, daß die Senora, gewachsen wie eine Jungfrau von Velasquez und Murillo, einen ungeheuren Erfolg hatte«, hieß es in einem Zeitungsartikel. »Einige der anwesenden Russen warfen sich vor der Schönheit auf die Knie, und

Emilienne d'Alençon,
Fotografie von Stebbing, um 1890
[Kat.-Nr. 64]

diese hübsche Geste verwandelte die banale Szene in eine fast symbolische, die an das alte Griechenland erinnerte, wo Phryne nackt vor ihren Richtern erschien.«[55]

Cléo de Mérode stammte im Gegensatz zu diesen Frauen tatsächlich aus einer Adelsfamilie. Sie war der Abkömmling einer belgisch-österreichischen Linie, den Familien de Berchtold und de Mérode. Obwohl sie ihren wirklichen Namen beibehielt, war man trotzdem der Ansicht, auch sie hätte sich unberechtigterweise eines klangvollen Titels bemächtigt. Gerüchte über eine Romanze mit dem belgischen König Leopold II., den seine Schwäche für das weibliche Geschlecht zu immer neuen Abenteuern anspornte, brachten dem bereits betagten Monarchen den Spitznamen Cléopold ein. Auf seinen Wunsch wurde am 27. September 1896 das Ballett *Maladetta* in der Pariser Oper aufgeführt, worin Cléo als Travestitin auftrat. Während der Pause stattete er ihr einen Besuch im Foyer de la Danse ab, was schließlich zu dem Gerücht führte, sie sei die Mätresse des Königs, was sie zeitlebens abstritt.

Aufsehen hatte sie bereits mit ihrer Wahl zur Schönheitskönigin erregt. Das »schlanke Oval ihres Gesichts« faszinierte auch den Bildhauer Alexandre Falguière, der sie in sein Atelier bat. Er modellierte ihren Kopf und ergänzte den Körper nach einem anderen Modell. Die Ähnlichkeit der Tänzerin mit der im Salon de Champs-Elysées ausgestellten Skulptur *Danseuse* wurde sofort erkannt und zog das Publikum in Scharen an. In der Presse wurde dies heftig diskutiert. »Eine nackte Tänzerin! Das ist doch abnorm und widersinnig!« schrieb Georges Rodenbach in »Le Figaro«.[56] »Wie konnte man angesichts dessen wie Falguière auf den Einfall kommen, uns die Tänzerin in Gestalt einer nackten Frau darzubieten? Jegliche Illusion ist zerstört.«[57] Cléo de Mérode verzichtete wohlweislich auf einen Besuch des Salons.

Die Debatte um diese Skulptur und die Neugierde, die sie hervorrief, brachten ihr große Publizität und zahlreiche Angebote. Im Einvernehmen mit Pedro Gailhard, dem damaligen Direktor der Pariser Oper, schied sie 1899 aus dem Ensemble und trat fortan als Solistin in namhaften Varietétheatern auf. Zu einem ihrer größten Erfolge zählte ihre Kreation *La Cambodgienne,* die sie anläßlich der Weltausstellung 1900 auf Einladung von Charles Lemire im Théâtre Indochinois aufführte. Sie studierte die Posen nach Skulpturen, Stichen und Filmaufnahmen von kambodschanischen Tänzerinnen und notierte sich die Gesten. Ihre Choreographie basierte auf diesen Aufzeichnungen, eine auch von Isadora Duncan angewandte Vorgehensweise. Nur die Musiker stammten tatsächlich aus Kambodscha. Eine Bildunterschrift gibt folgende Beschreibung ihres Auftritts: »… die bezaubernde Ballerina bewegt sich langsam und im Takt, das Bein schnellt mit einer jähen Bewegung nach vorne, der Oberkörper formt ein Hohlkreuz, die gerundeten Arme sanft auf und ab bewegend, die Finger entsprechend der javanischen Tradition akzentuiert durch goldlackierte, verlängerte Nägel.«[58] Das Kostüm gab sie bei Landolf, einem der ersten Couturiers von

Cléo de Mérode in *La Cambodgienne*,
Fotografie von Reutlinger, 1900
[Kat.-Nr. 158]

Paris, in Auftrag. Trotz ihrer exotischen Erscheinung trat sie mit Spitzenschuhen auf, was sie als klassische Tänzerin auswies. Ihre Interpretation beruhte auf einer freien Nachempfindung dessen, was sich ihr durch Kunstwerke und das Medium Film vermittelte. Sie erfand einen Tanz im kambodschanischen Stil, eine Collage von Einzelbildern in Bewegung, und schuf damit etwas Neues. »Es ist keineswegs kambodschanisch, aber es ist köstlich.«[59] Während der Weltausstellung präsentierte die Société du Phono-Cinéma-Théâtre Aufnahmen u.a. von Cléo de Mérode. In den sogenannten »poses cinématographiques« wurde der Tanz wieder in Einzelbilder zerlegt.

Les Vrais et les Faux / Exotische Tänzerinnen

Die Präsenz des Tanzes während der Weltausstellung von 1900 zeigte sich in einer Fülle von Darbietungen in zahlreichen Theatern. Im Palais de la Danse organisierte der Direktor Bourdon eine Reihe von Tanzaufführungen verschiedenster Nationen und Epochen. Am Ende des Programms sollte ursprünglich Loïe Fuller auftreten, deren Serpentintanz in Form einer Figur den Tanzpalast krönte. An ihrer Stelle tanzte dann Valentine Petit und präsentierte ihr Programm *Visions Nocturnes – Le Papillon*.

Loïe Fuller ließ sich einen eigenen Theaterpavillon von Henri Sauvage[60] entwerfen und setzte sich damit ein Denkmal. Mit dem Bau initiierte sie das Zusammenwirken des Architekten mit den Künstlern François Jourdain und Pierre Roche, die in diesem Werk eine Hommage an die Tänzerin schufen. Auf der Suche nach einer besonderen Attraktion hatte sie im Londoner Coronet Theatre die japanische Schauspieltruppe Kawakami Otojirôs entdeckt, die sie anschließend in ihrem Pavillon präsentierte. Die Zuschauer strömten, um Sada Yacco zu bewundern, die einzige weibliche Darstellerin und den eigentlichen Star der Truppe. Bald schon wurde sie mit der Duse und der Bernhardt verglichen. Kawakami bevorzugte Stücke mit bewegter Handlung, »...die kein Verständnis des Wortes voraussetzen«.[61] Das Erfolgsstück hieß *Die*

Valentine Petit
in *Visions Nocturnes – Le Papillon*, 1900
[Kat.-Nr. 367]

Geisha und der Ritter, worin Sada Yacco die Geisha Katsuraghi verkörperte. Mit ihrer Ausdrucksfähigkeit faszinierte sie das Publikum, das insbesondere ihre Sensibilität bewunderte. Camille Mauclair schrieb nach einem Besuch der Vorstellung: Sie ist eine »... Frau mit einer großen tragischen Begabung, deren Kunst der Komposition von einer endgültigen, für das ganze Theater inspirierenden Perfektion ist. Mit ihren Variationen und Improvisationen verläßt sie die Grenzen des Realismus.«[62] Er begeisterte sich für ihr minutiöses Gestenspiel. Mit nur geringen mimischen Mitteln wie dem Verzerren eines Mundwinkels oder dem Anheben einer Augenbraue im sonst unbewegten, maskenhaften Gesicht erreichte sie große Wirkungen. Loïe Fuller, Isadora Duncan und Ruth St. Denis sahen sie vor allem als Tänzerin, deren Körpersprache sie bewunderten.

Sada Yacco,
Plakat von Müller, 1899
[Kat.-Nr. 356]

Brygida Ochaim

Von Loïe Fuller organisierte Tournee-Auftritte führten die Truppe auch nach München, wo sie vom 28. bis 30. Januar 1902 im Königlichen Residenztheater auftrat. Eine Werbemaßnahme Kawakamis war, die Truppe als »Ensemble des kaiserlichen Hoftheaters in Tokio« anzukündigen, was aber nicht zutraf. Kawakami, der seit seiner Begegnung von 1889 mit Henry Irving[63] während eines Gastspiels in Boston Shakespeare-Stücke zu adaptieren begann, erklärte in einem Interview in den »Münchner Neuesten Nachrichten«: »Alle diese Stücke mußte ich natürlich erst mit japanischem Geist durchsetzen [...] Und das bedingt oft eine sehr große Veränderung des Originals.«[64] Er war einer der ersten, der in Japan aktuelle politische Themen bearbeitete, was es bis dahin im Kabuki nicht gegeben hatte. Im Westen präsentierte er popularisierte japanische Stücke, deren Besonderheit in einer grotesken Übertreibung lag, was von japanischer Seite keineswegs geschätzt wurde. Das amerikanische und europäische Publikum hatte nur selten die Gelegenheit, die Tanz- und Schauspielkunst Japans und anderer Länder Ostasiens kennenzulernen. Es betrachtete diese Aufführungen daher als authentisch. Andererseits fand das Exotische und Fremde wiederum Eingang in den westlichen Bewegungsausdruck.

Tänzerinnen wie Maud Allan, Mata Hari, Sent M'ahesa, Ruth St. Denis und Stasia Napierkowska ließen sich zu »orientalischen« Tänzen anregen. Meistens handelte es sich um Nachempfindungen, Impressionen. Der populäre Schriftsteller Karl May, der Namensgeber vieler Romanhelden, die ihre Abenteuer im Wilden Westen und in anderen fernen Gegenden bestehen, hat die Länder größtenteils vor der Niederschrift seiner Bücher nicht bereist. Reisebeschreibungen, Zeitungsberichte und Literatur bildeten die Ingredienzen für seine Imagination.

Die 1914 wegen Spionage zum Tode verurteilte Tänzerin Mata Hari hatte tatsächlich Gelegenheit, Eindrücke in einem fernen Land zu sammeln. Sie verbrachte fünf Jahre mit ihrem Mann Rudolph (John) MacLeod, einem holländischen Kolonialoffizier, und ihren zwei Kindern auf Java und Sumatra. Sie hatte ihn per Zeitungsannonce kennengelernt. Nach der Trennung von ihm versuchte sie ihr Glück in Paris und gab dort als orientalische Tänzerin im Salon der Sängerin Madame Kiréevsky ihre erste Vorstellung, der auch der Industrielle Emile Guimet beiwohnte. Die Bibliothek seines nach ihm benannten Museums mit der berühmten Asiatika-Sammlung bildete den exklusiven Rahmen für ihren ersten öffentlichen Auftritt am 13. März 1905 vor geladenen Gästen. Ihr dunkler Teint machte die Geschichte ihrer exotischen Herkunft glaubhaft.[65] Vier in schwarze Tücher gehüllte Frauen (Nautches) begleiteten sie mit ihren Stimmen. Ihre drei pseudo-brahmanischen Solotänze *Bittgebet an Schiwa*, *Kriegstanz von Subramaya* und *Lied von der Prinzessin und der Zauberblume* gestaltete sie nach den stilisierten javanischen Wajang-Tanzdramen, die ihr bruchstückhaft in Erinnerung geblieben sein dürften.[66] Die Authentizität dieser Tänze wurde als absolut hingenommen. Es hieß, sie hätte mit einer der fähigsten Priesterinnen Javas studiert. Der Pariser Theaterkritiker Edouard Lepage verglich die Biegsamkeit ihres Körpers mit einem »...aufge-

Mata Hari
[Kat.-Nr. 146]

rollten Reptil, das von der Flöte des Schlangenbeschwörers hypnotisiert wird.«[67] Sie trug einen mit Metall verzierten Büstenhalter und einen Sarong, der weit unter dem Bauchnabel ansetzte. Ihre kunstvoll gestaltete Entkleidungsszene vor Gott Schiwa bildete den Höhepunkt dieses sinnlich erotischen Tanzes. Er war »gewagt und züchtig zugleich«, darin lag das Geheimnis ihres Erfolgs. Eine Mischung, die ihre Wirkung nicht verfehlte.

Es dauerte nicht lange, bis sich auch andere, durchaus ernstzunehmende Konkurrentinnen mit pseudo-orientalischen Tänzen profilierten. Die Amerikanerin Ruth St. Denis gastierte 1906 im Pariser Théâtre Marigny mit ihren indischen Tempeltänzen *Radha, Dance of the Five Senses, The Incense* und *The Cobras*. Ihr Erstlingswerk *Radha* konzipierte sie ursprünglich als Vaudeville Tanz, und er wäre es vermutlich auch geblieben, wenn sich nicht eine Gruppe von Frauen der New Yorker Gesellschaft für ihren orientalischen Tempeltanz interessiert und ihre Arbeit unterstützt hätte. Mehrjährige Erfahrungen konnte sie ebenso wie Loïe Fuller im amerikanischen Showgeschäft sammeln, bevor sie ihren eigenen künstlerischen Weg einschlug. Mit 15 Jahren erschien sie erstmals als Skirt Dancer in einem New Yorker Dime Museum.[68] Sie besaß Kenntnisse im Ballett, außerdem war sie mit dem Delsarte-System vertraut und sah 1892 im Madison Square Theatre eine Vorführung in Statue Posing und die Pantomime *The Dance of the Day* von Geneviève Stebbins, der bekanntesten Vertreterin seines Systems. »Ruth St. Denis ist eine Arm-Tänzerin«, befand der Berliner Kritiker Hans Warbeck, der die Biegsamkeit und Ausdruckskraft ihrer Hände und Arme bewunderte. »Die braunen, muskulösen Arme machen den Eindruck, als wären die Knochen aus ihnen herausgeschält. Gekrönt von den schlanken, biegsamen Händen, die merkwürdige Schnell-Bewegungen ausführen, wälzen sie sich in hurtigen Ringelwülsten bald um den Kopf, über dem sie sich mit zweispältigen Zungen zu küssen scheinen, bald auf den Rücken, über den sie herabrutschen, wie über eine Felswand.«[69]

Im Gegensatz zu Mata Hari war Ruth St. Denis zuvor nie im Orient gewesen. Erst Mitte der 1920er Jahre unternahm sie mit Ted Shawn (1891-1972) und ihrer Truppe eine große Tournee in den Fernen Osten. Ihre Vorstellung von Indien beruhte auf einer Mischung unterschiedlicher Versatzstücke aus Religion, Literatur, Photographie und Reklame. Phantasie und Realität verschmolzen in ihren Kreationen, die dem Zeitgeschmack des Art Nouveau entsprachen. Der Orient war »en vogue«, besonders im amerikanischen Vaudeville. Das naturalistische Theater Belascoscher Prägung verarbeitete sie ebenso wie ihre Eindrücke, die sie während eines Besuchs in Coney Island von einer indischen Schauspieltruppe gewonnen hatte. Ihre Vorliebe für Mystisch-Spirituelles verband sie mit einem sicheren Gespür für Bühneneffekte. Während Loïe Fuller das Bühnenbild verbannte und ihre abstrakten Tänze in einem schwarzen Guckkasten inszenierte, hielt Ruth St. Denis am dekorativ-ornamentalen Hintergrund und an einem losen Handlungsrahmen fest.

Mit der Gründung von »Denishawn School of Dancing and Related Arts« in Los Angeles schufen Ruth St. Denis und Ted Shawn die Basis für die Etablierung des modernen Tanzes in den Vereinigten Staaten. Der interdisziplinäre Ansatz ihrer Lehrmethode war zukunftsweisend. Der Unterricht bestand aus Delsarte-Übungen, Ballett, Gesellschaftstanz, Yoga, orientalischem Tanz, Kostümkunde, Make-up sowie tanzgeschichtlichen und philosophischen Vorträgen. Die Beschäftigung mit religiösen Themen sollte Ruth St. Denis zeitlebens in ihrer Tanzkunst prägen. Ihre Landsmännin Maud Allan fand wiederum in der biblischen Gestalt der Salome ihr Medium und Identifikationsmodell. Vorerst entdeckte sie 1900 während eines

Brygida Ochaim

Ruth St. Denis,
Gemälde von
Friedrich August von Kaulbach,
um 1907/1908
[Kat.-Nr. 324]

Maud Allan in *Frühlingslied*,
Fotografie von Foulsham & Banfield, um 1903/1904 [Kat.-Nr. 1]

Besuchs der florentinischen Uffizien in Botticellis *Primavera* die Quelle ihrer Inspiration. Sie tauschte ihr Musikstudium in Berlin gegen eine Tänzerinnenlaufbahn. Ihre Freundschaft mit dem belgischen Musikkritiker, Bildhauer und Komponisten Marcel Remy führte zu enger Zusammenarbeit. Gemeinsam studierten sie in den Bibliotheken und Museen die antiken Vorbilder. Aus ihrer Autobiographie geht hervor, daß sie mit den Lehren Delsartes vertraut war: »François Delsarte´s theories teach us that every fibre, every vigorous impulse, every muscle, and every feeling should have its existence so well defined that at any moment it can actually assert itself. His teaching rests on the inseparability of body and spirit, which, united through interchange of effects, results in an harmonious existence.«[70] In ihrem Bewegungskonzept ging sie von der Vorstellung einer Welle aus, die den Körper von den Zehen bis zu den Fingerspitzen erfaßt. Sie begriff ihren Körper als Instrument und strebte in ihrem Tanz nach einer harmonischen Verbindung von Körper und Geist. Ihr Programm gründete sie unter anderem auf Mendelssohns *Frühlingslied*, Chopins *Marche Funèbre*, Schuberts *Ave Maria* und Rubinsteins *Valse Caprice,* mit dem sie erstmals am 24. Dezember 1903 im Wiener Konservatorium auftrat. Drei Jahre lagen zwischen diesem Debüt und der ersten Präsentation von *The Vision of Salome* im Wiener Carl-Theater. Marcel Remy[71] komponierte die Musik zu ihrem Hauptwerk. Laut Felix Cherniavsky veranlaßte er Maud, die Enthauptung von Johannes dem Täufer mit der Hinrichtung ihres Bruders Theo Durrant zu assoziieren. Dieser war wegen Mordes an zwei jungen Frauen in San Francisco zum Tode verurteilt worden. Ein Verbrechen, das sie ein Leben lang verfolgen sollte.

Im Vorfeld ihres sensationellen London-Gastspiels, mit dem ihr der künstlerische Durchbruch gelang, präsentierte sie ihre *Salome*-Inszenierung 1907 auch im Münchner Schauspielhaus. Dem geplanten Gastspiel ging die Zensur durch die Bayerische Regierung voraus. Herr von Halder erteilte das Verbot auf der Grundlage der »Lex Heinze«.[72] Namhafte Münchner Künstler wie Franz von Stuck setzten sich für die Tänzerin ein, mit dem Ergebnis, daß ihre Aufführungen schließlich als geschlossene Veranstaltungen zustande kamen. Ihre leichte Bekleidung gab den Stein des Anstoßes. In den »Münchner Neuesten Nachrichten« brachte man hierzu einen humorvollen Kommentar in Versform, *Neues von Salome.*[73] Verstöße gegen Sittlichkeit und Anstand versuchte man mit strenger Handhabung der Zensur entgegenzutreten, um besser Kontrolle ausüben zu können. Diese Versuche, anstößig wirkende Darbietungen zu verbieten, bewirkten jedoch meist das Gegenteil und führten zu noch größerer Attraktivität.

Unzensiert gelangte Maud Allans Aufführung dagegen 1908 ins Londoner Palace Theatre. Ein Empfehlungsschreiben von König Edward VII. hatte sie davor bewahrt, daß ihr Auftreten durch das County Council verhindert wurde. Ein Gesetz verbot nämlich die Darstellung biblischer Themen auf den englischen Bühnen.

Maud Allan als Salome
in *The Vision of Salome (Die Vision der Salome)*,
Fotografie von Foulsham & Banfield, um 1908
[Kat.-Nr. 3]

18 Monate lang sorgte sie mit *The Vision of Salome* für ein ausverkauftes Haus. In ihrem Kostüm, das dem von Mata Hari ähnlich sah, mußte sie dem Publikum jener Zeit, das selbst die unverhüllten Beine eines Klavierflügels als unanständig empfand, wie nackt erscheinen. Maud Allan soll eine ausgeprägte Musikalität und schauspielerische Begabung besessen haben. Sie inszenierte ihre *Salome*-Version als Traumdarstellung, sozusagen als Rückblende. Den Hintergrund bildete der Garten eines Palastes »…and in this garden Miss Allan curved her body in contortions which are now conventionally suppose to suggest Salome«.[74] Die Wirkung ihres Tanzes lag in der Intensität ihres Ausdrucks, »the wild passion«, in der »metaphysischen Ästhetik«, wogegen Max Beerbohm ihre Aufführung als extrem »ladylike« empfand: »Maud Allan performs a mild quasi-Oriental Dance.«[75] Obwohl sie dem Tanzstil Isadora Duncans nahestand, beanspruchte sie für sich die Einmaligkeit ihres Stils. »I felt I had a great, grand secret, and I guarded it jealously.«[76] Mit dem Nachlassen der Salome-Mode begann auch Maud Allans Stern allmählich zu sinken. Das Genre des exotischen Tanzes lebte in den Kreationen anderer Tänzerinnen fort. Mit dem sensationellen Erscheinen der Ballets Russes in Paris 1909 etablierte sich ein neues Exotik-Verständnis, das durch Léon Baksts Bühnenästhetik entscheidend geprägt wurde.

Im gleichen Jahr debütierte die aus Riga stammende Else von Carlberg im Münchner Künstlerhaus. Sie trat unter dem Künstlernamen Sent M'ahesa auf, in dem sich Anleihen aus den Namen von Ruth S[ain]t Denis und Mata Hari finden. In ihren neuartigen Tänzen verzichtete sie auf alles Fließende. »Eckig, geometrisch abgezirkelt sind ihre Bewegungen, genau wie wir sie auf altägyptischen Malereien und Reliefs finden«, schreibt Karl Ettlinger anläßlich ihres ersten Auftretens. »…harte, fast unnatürlich gebrochene Linien bildet ihr Körper. Arme und Beine nehmen mitunter geradezu gliederpuppenhafte Stellungen ein. Aber gerade diese absichtsvolle Beschränkung der Gesten gibt ihr die Möglichkeit bisher ungekannter, minutiösester Steigerungen, raffiniertester Verfeinerungen des körperlichen Ausdrucks. Mit einem Senken des Armes um wenige Millimeter ruft sie Wirkungen hervor, die alle Tricks der Ballettschule nicht zu erzielen vermögen.«[77] Sie befaßte sich intensiv mit dem Studium der Ägyptologie. Bei ihrer Motivsuche stieß sie auf Darstellungen geflügelter Wesen, »…Bilder der später mit

Sent M'ahesa,
Plakat von Albert Weisgerber, 1911
[Kat.-Nr. 339]

Isis identifizierten Geiergöttin Mut«[78], die sie zu ihrem berühmten *Tanz der Mondgöttin* (auch *Tanz der Isis*) anregten. Sie verwendete hierfür zwei große, imposante Flügel, die sie an ihren Armen befestigte. Mit der Verlängerung der Arme orientierte sie sich nicht am Bewegungsbild Loïe Fullers. Vielmehr setzte sie das Kostüm als flächiges Ornament ein. In ihren basreliefartigen Tanzstudien arbeitete sie mit bewußt reduzierten Gesten. Sie adaptierte die Profilstellung der Beine, des Kopfes und die en-face Stellung des Torso der ägyptischen Vorbilder, ein Bewegungsmuster, das sich auch in Nijinskis Choreographie *Nachmittag eines Fauns* (1912) und in Ruth St. Denis' *Egypta* (1910) wiederfindet.

In der Bezugnahme auf exotische Modelle glaubte man aber auch eine Tendenz zur romantischen Flucht aus der Gegenwart zu entdecken, was von der zeitgenössischen Kritik teilweise als rückschrittlich interpretiert wurde. Im Gegensatz zu manchen ihrer Vorgängerinnen löste sie sich in ihren Tanzkompositionen bereits von Pantomime, Handlung und Kulissen.

Seit Beginn ihrer Laufbahn bemühte sich Sent M'ahesa, ebenso wie Rita Sacchetto, um ein Forum außerhalb der Varietébühnen. Beide fanden ihr Publikum in Konzertsälen, in Schauspiel- und Künstlerhäusern. Abendfüllende solistische Tanzdarbietungen bildeten zwar noch die Ausnahme, das Interesse daran war durch das Auftreten von Loïe Fuller, Isadora Duncan, Ruth St. Denis und Maud Allan geweckt worden. Mit der Anknüpfung an die Geschichte antiker Kulturen, an Ethnographie und biblische Figuren war es ihnen gelungen, ihrem Tanz einen tieferen Inhalt und damit einen neuen Stellenwert zu geben. In Abgrenzung zum Ballett und Varieté suchten sie nach Ausdrucksformen, die sie nicht mehr in den Dienst der reinen Unterhaltung stellen wollten. Eine Aufführung im Konzertsaal bedeutete weit mehr Prestige, wohingegen eine Karriere im Varieté die besseren Verdienstmöglichkeiten bot. Ruth St. Denis kehrte immer wieder zum Vaudeville

Sent M'ahesa
[Kat.-Nr. 350]

Brygida Ochaim

zurück, um ihre kostspieligen Inszenierungen und ihre Schule zu finanzieren. Cléo de Mérode verließ die Oper und machte im Varieté Karriere. Im Tutu und mit Spitzenschuhen sieht man die Ballerina auf einem Plakat der Folies-Bergère angekündigt. Solche, aus heutiger Sicht unvereinbaren Gegensätzlichkeiten gingen auf das Bemühen der Programmdirektoren zurück, die Aufführungen und damit ihr Theater aufzuwerten. Im populären Unterhaltungsbereich begann man, sich an den Standards der Hochkultur zu orientieren und damit aus den Gesetzmäßigkeiten des eigenen Genres auszubrechen. Versucht wurde alles, was Neues bot und Geld versprach. Mit der Einrichtung von Matineen warben Theaterdirektoren zusätzlich auch um Mütter mit ihren Kindern, indem sie für ein »sauberes« Programm Reklame machten.

Die ersten Sister-Girls

Die Geschichte des berühmten Berliner Wintergartens ist eng mit den Namen seiner Begründer Julius Baron und Franz Dorn verbunden. Letzterer erwarb 1888 die Konzession. Aus dem ehemaligen Palmengarten des Central-Hotels wurde bald ein gut florierendes Varietétheater von Weltruf. Alles was Rang und Namen hatte, war dort zu sehen. Künstler und Künstlerinnen, die Starruhm erlangten und als Publikumsmagneten für volle Häuser sorgten, bezogen Spitzengagen. Eine »bewegte Vergangenheit« und Skandale konnten den Erfolg und das Künstlerhonorar noch steigern. »Da die Varietébühnen am meisten Geld verdienen, zahlen sie natürlich auch die bedeutendsten Gagen. Der Gagenetat einer ersten solchen Bühne beläuft sich monatlich ca. auf 65–70 000 Mark«, schreibt Revel.[79] Dies sollte jedoch nicht über die Tatsache hinwegtäuschen, daß das Gros der namenlosen Darsteller unter oft miserablen Bedingungen und für geringe Gage arbeitete.

Zu einem der größten Kassenmagneten der Jahrhundertwende wurden die fünf dänisch-amerikanischen Schwestern Barrison. Die Direktoren des Berliner Wintergartens holten die blonden Tanzsoubretten im September 1894 nach Berlin. Im Jahr zuvor waren sie in dieser Formation erstmals bei

Alle 5 Barrison singen im Wintergarten,
Plakat von Edmund Edel, 1896
[Kat.-Nr. 31]

der Weltausstellung von Chicago zu sehen. In Rüschenröckchen, rosa Schürzen und Kapotten auf den Köpfen sangen sie frech-frivole Texte und bewegten sich ungeniert im Rhythmus ihrer Lieder. Sie waren alle gleich, in der Art amerikanischer Schulmädchen, gekleidet. Polaire kreierte acht Jahre später ihre Rolle des Schulmädchens Claudine in Colette/Willys *Claudine à Paris* im Pariser Théâtre des Bouffes. Anton Lindner bezeichnete diese Variante weiblicher Inszenierung als »Baby Pose«, die den Darstellerinnen zu allerlei grotesken, ungelenken Bewegungen und Stellungen Anlaß gab. Aber auch Tänze wie eine Gavotte gehörten zum Programm der Barrisons. Sie erschienen im Gewand kindlicher Unschuld und »…tanzten in der That die Sünde, während es schien, als ob sie die Tugend tanzten…«.[80] In einer Epoche der Schleppkleider und Korsagen, der Doppelmoral und gesellschaftlichen Zwänge setzten sich die Barrisons freizügig über die herrschenden Konventionen hinweg. »Mit einem Schlag sind diese kleinen Mäd-

The Five Barrison Sisters,
Fotografie der Brüder Teiner, um 1895
[Kat.-Nr. 39]

chen ungeheuer überlegen geworden. Je komplizierter die Traditionen waren, über die sie sich lustig machen, und je weniger sie sich ihrer Überlegenheit bewußt zu sein scheinen, desto größer ist ihr Sieg. Mit einer Gassenbubenbewegung ihrer spitzen kleinen Finger, mit einem verächtlichen Herumwerfen ihrer kinderhaften Schultern, mit einem einzigen Aufschlag ihrer ahnungslosen Augenlider haben sie sich über eine riesige Konvention hinweggesetzt«[81], soll Hugo von Hofmannsthal zum Phänomen ihrer Wirkung geschrieben haben. Ganz Berlin lag im Barrison-Fieber. »Man muß die Barrisons gesehen haben!« lautete der Slogan des stets ausverkauften Wintergartens. Zu ihren Erfolgsschlagern zählten *The bowri, the bowri*, an dessen Ende sie dem Publikum ihre Kehrseite präsentierten, wie es auch La Goulue am Ende ihres Tanzes zu tun pflegte. Sie waren der Prototyp für alle nachfolgenden Sister-Girl-Truppen und verkörperten bereits den zukünftigen Frauentyp. Nach Arthur Moeller-Bruck offenbarte sich der Zeitgeist »... ästhetisch in dem Geschmack fünf hagerer Mädchen, die aus ihrer Hässlichkeit – denn so und nicht anders musste man sie in einer Zeit zunächst empfinden, die nur die Fettpolsterung des Frauenleibes liebte – plötzlich eine bejubelte Schönheit machen«.[82] Es handelte sich in der Tat um leibliche Schwestern, was immer wieder angezweifelt wurde. Die Freimütigkeit ihrer Darstellung rief Sittlichkeitsvereine auf den Plan, die den Siegeszug der gefeierten Girl-Truppe zu verhindern versuchten. Insbesondere kam es um Lona Barrisons Solo-Auftritt zu heftigen Auseinandersetzungen, die in der Folge zu einer regelrechten »Anti-Barrison-Bewegung«[83] führen sollten. Als höchst unmoralisch wurde Lonas Gesangsnummer angesehen, die sie zu Pferd im Herrensitz darbot. Nach der Trennung von ihren Schwestern im Sommer 1895 trat sie alleine mit die-

Lona Barrison in ihrem Solo-Auftritt
[Kat.-Nr. 47]

Brygida Ochaim

sem Programm auf. Eine Zeichnung von Henri de Toulouse-Lautrec zeigt sie vor einem dieser Auftritte zusammen mit ihrem Ehemann und Impresario Fléron. Zum Wortführer der gegen die Barrisons gerichteten Hetzkampagne machte sich der damalige Chefredakteur des Fachblatts »Der Artist«, Hermann Waldemar Otto, der sich mit auffallender Hartnäckigkeit und auf unrühmliche Weise in dieser Sache hervortat. Mit der Diffamierung der Barrison Sisters sollte ein besonderes Exempel im Kampf gegen die Unmoral und Verderbtheit auf den Varietébühnen statuiert werden, das auf eine Verschärfung der Zensur drängte und im Gesetz »Lex Heinze« seinen Niederschlag fand. All dies ging nicht spurlos an den Sisters vorüber. Bereits nach vier Jahren löste sich die Truppe, deren kometenhafter Aufstieg ihre Kollegen vor Neid erblassen ließ, in Amsterdam auf.

Gertrude Barrison, die jüngste der fünf Schwestern, faßte nach diesem wenig glorreichen Ende ihrer gemeinsamen Karriere als Solotänzerin in Wien wieder Fuß. Mit ihrem Neubeginn als »Miss Gertrude« versuchte sie, an den Stil der früheren Auftritte anzuknüpfen, bevor sie ihren eigenen Weg einschlug. Sie ließ sich schließlich von der Musik Mozarts und Johann Strauß' zu höfischen Tänzen inspirieren, die sie in historischen Originalkostümen aus ihrer Sammlung zur Aufführung brachte. Vor dem Hintergrund der Erneuerungsbewegung im Tanz erscheint ihre Hinwendung zu traditionellen Tanzformen einerseits anachronistisch, andererseits gab es Stimmen, die sie auf die gleiche Stufe mit den Wiesenthal-Schwestern stellten. In Künstlerkreisen fanden ihre Auftritte viel Beachtung. Im Kabarett Nachtlicht hatte sie den Dichter Peter Altenberg kennengelernt, zu dessen Freundeskreis Oskar Kokoschka, Adolf Loos und Frank Wedekind zählten. Der spartenübergreifende Lehrplan ihrer 1920 gegründeten Tanzschule beinhaltete Fächer wie Ausdruckslehre für Bühne und Film und rhythmische Gymnastik.

Nackttanz

Die erste belegte Entkleidungsszene begab sich am 9. Februar 1883 im Moulin Rouge im Rahmen des jährlich von Studenten der Pariser Kunstakademie veranstalteten Bal des Quat'z'Arts zum Thema »Cleopatra und ihr Gefolge«. Die beiden Modelle Sarah Brown und Manon Lavalle ließen im Wettstreit um die schönsten Beine ihre Hüllen fallen. Diese Begebenheit verursachte eine Untersuchung durch den Senator Béranger. Die beiden Frauen wurden am 14. Juni des gleichen Jahres zu einer Geldstrafe verurteilt. Es kam daraufhin zu Unruhen im Quartier Latin, bei denen ein Student ums Leben kam. Der Polizeipräfekt Loze wurde abgesetzt und durch Lépine ersetzt. Die Heftigkeit der Proteste verhinderte eine Verschärfung der Zensur.

Nacktdarstellungen waren in Tableau Vivant-Aufführungen hinreichend bekannt, wobei die Darsteller in hautfarbenen Trikots erschienen und in der Pose verharrten. In jener Zeit genügte ein hautenges Kostüm, um Nacktheit zu suggerieren.

Cléo de Mérode als Phryné,
Fotografie im Verlag
Neue Photographische Gesellschaft,
um 1896
[Kat.-Nr. 156]

Cléo de Mérode erinnert sich in ihren Memoiren der ersten Rolle, die sie außerhalb der Oper kreierte. Sie verkörperte die Phryné im gleichnamigen Ballett, das 1896 im Casino de Royan zur Aufführung gelangte: »Ich erschien bei Gericht, eingehüllt in eine große, tief grau-blaue Draperie. Derartig kostümiert tanzte ich und meine Gesten legten die langen Falten des Stoffes in sanfte Wellen. Darunter trug ich ein zartrosé farbenes Trikot bedeckt mit einer leichten Tunika aus rosa Gaze, die sich meinen Formen anschmiegte. Als der Augenblick gekommen war, die Heliasten zu verführen, lüpfte eine Dienerin mit einem Ruck das mächtige Cape und breitete es hinter meinem Rücken in seiner ganzen Breite aus. Vor diesem sehr dunklen Hintergrund zeichnete ich mich als rosa Statue ab, den guten Willen des Publikums ins Kalkül ziehend, vermittelte die weibliche, hautfarbene Silhouette die Illusion eines nackten Körpers.«[84]

Überraschend sind Photographien von Loïe Fuller, die sie in einem solchen enganliegenden Trikot zeigen. Richard Nelson und Marcia Ewing Current[85] entdeckten, daß sie diese »Aktaufnahmen« 1888 gegen einen Kredit von Colonel William B. Hayes tauschte, um die Finanzierung eines Theatervorhabens zu ermöglichen. Ein ungewöhnliches Tauschgeschäft für eine überzeugte Puritanerin. Als gewagt

Olga Desmond im *Schwertertanz*,
Fotografie von Skowraneck, 1910
[Kat.-Nr. 83]

galten bereits Gewänder, die die natürlichen Körperlinien zu Tage treten ließen. Loïe Fuller war vermutlich eine der ersten Tänzerinnen, die auf das Tragen eines Korsetts verzichtete. Diesem Beispiel folgte Isadora Duncan, die alles Einengende und Einschnürende ablehnte. Sie tanzte barfuß in transparenten Gewändern – eine Zäsur in der Geschichte des Tanzes. Ein unbekleideter Fuß galt als höchst unanständig. Die Konsequenz aus dieser Entwicklung zog Olga Desmond. Sie tanzte nackt. »Dies soll eine Wiederherstellung der griechischen Kunst sein und propagiert anschauliche Unverhülltheit.«[86] Nach Fritz Böhme brauchte man in ihren Tänzen aber »... nicht nach Entlehnungen aus dem antiken Tanz zu suchen, wie bei der Duncan«. Er schätzte ihr Rhythmusgefühl und ihre Kunst der Visualisierung von Musik in Bewegung. Bezugnahmen auf antike Vorbilder sind jedoch nicht von der Hand zu weisen. Über den Geschmack und die Verletzung der öffentlichen Moral hinsichtlich solcher Darbietungen wurde heftig diskutiert. Verbote drohten. Olga Desmonds Befürworter

sahen in ihrer Tanzkunst nichts Verwerfliches. Sie bewunderten das Ebenmaß ihres Körpers, die Schönheit und Anmut ihrer Bewegung. Zwei Mappen mit Aufnahmen des Hofphotographen Skowraneck erinnern an ihre legendären *Schönheit-Abende* in Berlin. Die erste Serie von 1908 zeigt sie zusammen mit ihrem Partner Adolf Salge in verschiedenen plastischen Posen als »lebenden Marmor«. In der darauffolgenden Serie von 1910, ist sie in ihrem *Schwertertanz* abgebildet. Bis auf einen Lendengürtel ist sie völlig nackt. Der Tanz wurde für die Kamera nachgestellt.

So scheint es auch bei den wenigen Nackt- und Halbnacktaufnahmen von Anita Berber. In Charlotte Berends[87] Zeichnungen von Anita tritt der Tanz dagegen völlig in den Hintergrund. Die acht, in einer Mappe bei Gurlitt 1919 veröffent-

Brygida Ochaim

lichten Lithographien zeigen sie aus der Perspektive des Voyeurs in gewagten Darstellungen. Obwohl sie vor allem als Nacktänzerin bekannt wurde, zeichneten sich ihre frühen Auftritte besonders durch die Verwendung ausgefallener Kostüme aus. Der Einfluß ihrer Lehrerin Rita Sacchetto machte sich auf diese Weise in ihren Solotänzen noch bemerkbar. Der Bruch mit der Ästhetik der Jahrhundertwende und die Abkehr vom Historismus ließen nicht lange auf sich warten. Radikal entfernte sich Anita Berber von den plastischen Tanztableaux der Sacchetto und der Desmond und verwirklichte ihre expressionistischen Tanzideen auf der Basis einer klassischen Technik.

Der Erste Weltkrieg hatte seine Spuren hinterlassen und neue Tatsachen geschaffen. In Anita Berbers *Tänzen des Lasters, des Grauens und der Ekstase*[88] lag eine Provokation, mit der sie gegen Tradition und bürgerliche Moral rebellierte. Sie suchte für ihre Nacktdarstellungen keinen Anlaß mehr in antiken Vorbildern. Das Idealbild weiblicher Schönheit wurde demontiert. Im Gegensatz zu Olga Desmond führte sie ein exzentrisches, selbstzerstörerisches Leben. Die Trennungslinie zwischen Kunst und Leben wurde immer durchlässiger. Anita Berber verkörperte das Enfant Terrible der Weimarer Republik par excellence. Ihre ersten Nacktänze fallen vermutlich in die Zeit um 1920. Eine Beschreibung ihres Bewegungsstils am Beispiel des Tanzes *Cocain* findet sich bei Joe Jenčík. Der gesunde Körper kämpft mit dem kranken, geschundenen. »Dies alles ist mit einer einfachen Technik natürlicher Schritte und ungesuchter Posen durchgeführt. Die Attitüden in diesem Tanz sind tragisch angebrochen, und die Arabesken dämonisch verlängert. Die Drehungen des Körpers um seine Achse unerhört langsam, wie bei einer Zeitlupenaufnahme gestampfte Aufsprünge – ein Peitschenschlag – endigen immer mit plastischem Port de bras, die vom Bildhauer erträumt. Unerwartete Gegenbewegungen des Kopfes, sozusagen unerträglich dem Gleichgewicht. Position der Füße: hauptsächlich große Vierte, bei der die eigenartige Kunst dieser originellen Tänzerin hervorstach.«[89] Anita Berber läßt sich nur schwer einordnen. Sie fühlte sich vor allem auf den Varietébühnen, in Kabaretts und Nachtklubs zuhause. Ihr früher Tod ließ sie zur Legende werden.

Revuetänzerinnen und der Jazz

Strass und Straußenfedern werden vorwiegend mit den Pariser Ausstattungsrevuen der 1920er und 1930er Jahre sowie den legendären Ziegfeld Follies in New York assoziiert, wobei sich das Genre bereits in den 90er Jahren des letzten Jahrhunderts etablierte. Das Modell für den Frauentyp des zukünftigen Revuestils lieferte die Französin Gaby Deslys. Zusammen mit ihrem amerikanischen Partner Harry Pilcer verkörperte sie das Traumpaar der Music-Hall der 10er Jahre. Sie hatte ihn 1912 während ihres ersten New Yorker Gastspiels kennengelernt. Zu diesem Zeitpunkt war Gaby, die in der amerikanischen Presse »Gabrielle of the Lilies« genannt wurde, längst ein vielgefeierter Star. Die Nachricht von ihrer Liaison mit König Manuel von Portugal war ihrem Amerika-Debüt vorausgeeilt. Die Affäre hatte für großen Wirbel in der Presse gesorgt. König Manuels Entthronisierung wurde mit seiner Beziehung zur Tänzerin in Verbindung gebracht. Während die Bevölkerung Portugals Not litt, soll er sie mit Juwelen im Wert von 500.000 Dollar beschenkt haben. Der Monarch war ihr erstmals im Frühjahr 1910 während eines London-Aufenthalts anläßlich der Beisetzungsfeierlichkeiten von König Edward VII. begegnet. Sie trat damals in der Titelrolle der Pantomime *Les Caprices de Suzette* auf und erschien in »...one of the most daring acts ever put on the London stage«.[90] Die gewagte Szene bestand im Anprobieren von

Gaby Deslys und Harry Pilcer,
Fotografie von Foulsham & Banfield
[Kat.-Nr. 80]

Kleidern hinter transparenten Wänden. Auftritte wie diese führten zu scharfer Kritik in der Presse. Ernest Charles charakterisierte die Tänzerin im »Gil Blas« anläßlich ihrer Aufführungen im Théâtre Marigny »...as a symbol of the manifestations of incoherence, indecency and low vulgarity to which music halls are addicted«.[91] Die Tänzerin reichte daraufhin eine Verleumdungsklage in Höhe von 10.000 Dollar ein.[92]

Das eigentliche Novum lag in der Stilisierung ihrer Tanzdarbietungen. Die Verwendung von Straußenfedern und glamourösen Kostümen, die Einbeziehung monumentaler Bühnenbilder und spektakulärer Verwandlungsszenen machten ihre Auftritte zu Ereignissen. Gemeinsam mit ihrem Partner Harry Pilcer lancierte sie amerikanische Modetänze wie den *Grizzly Bear (Deedle-dum-dee)* zu Ragtime Musik, den sie erstmals im Théâtre Femina in Paris und anschließend im Wiener Apollo-Theater mit großem Erfolg zeigte: »Der Partner eröffnet den Tanz kniend, singend und dazu pantomimische Bewegungen machend, nach Art der Chinesen, indem er die Daumen nach oben und unten bewegt. Mlle. Deslys sitzt in einem Fauteuil und folgt eine Zeitlang gespannt seinen Bewegungen, um auch dann selbst in die Knie zu sinken. Kurz nachher jedoch springen beide auf und folgen einer dem anderen, mit merkwürdig gleitenden Schritten, die allmählich schneller und schneller werden, bis Mr. Pilcer seine Partnerin herumschwingt, indem er seinen Arm um ihren Nacken legt, um die Partnerin dann plötzlich in die Luft zu heben und in einem rasenden Tempo um seinen Kopf wie ein Kreisel zu drehen.«[93] Gesellschaftstanz und Akrobatik wurden in diesen modernen Choreographien miteinander verknüpft.

Mit diesen Tänzen brachten sie auch die erste Jazzband nach Paris. Gaby Deslys wurde das Vorbild für Mistinguett (1875-1956), der sie in vielerlei Hinsicht als Modell diente. Sie sollte 1918 Gabys Part in der Revue *Laissez-le-tomber!* im Casino de Paris übernehmen. Mistinguett war zu jenem Zeitpunkt keine Unbekannte mehr. Zusammen mit Max Dearly hatte sie 1909 im Moulin Rouge den *Valse chaloupée* nach einem Thema von Jacques Offenbach kreiert, der als »Apachentanz« große Popularität erlangte und vielfach kopiert wurde. Dearly verkörperte in diesem Duo den Macho und sie die Dirne. Die Heftigkeit und Gewalt, mit der er seine Partnerin dabei auf den Boden schleuderte, zerrte, schlug, herumwirbelte und über seine Schulter warf, machten daraus eine Sensation, denn der Machismo, der hier auf offener Bühne in diesem Paartanz zum Ausdruck gelangte, war bisher so nicht dargeboten worden.

Eine Variante dieses Tanzes präsentierte die bekannte Schauspielerin und Tänzerin Polaire in dem Stück *Le Visiteur*. Die Geschichte entsprach dem Muster damaliger Schauerstücke, die auf Nervenkitzel abzielten. Eine Frau wird von einem Einbrecher, in diesem Fall von einem »Indianer«, überfallen. Es kommt zum Kampf, der in einem wilden Tanz kulminiert. Am Ende tötet sie den Einbrecher.

Gaby Deslys,
Plakat von De Losques
[Kat.-Nr. 75]

Mit diesem »Apachentanz« hatte sie auch in New York während eines Gastspiels im Juni 1910 großen Erfolg. Paradoxerweise wurde sie dort als »The ugliest woman in Paris with the smallest waist in the world« angekündigt. Sie trug einen goldenen Nasenring und färbte sich Zunge und Zahnfleisch rot. Ihre Art sich zu bewegen schildert Jean Lorrain in der Beschreibung einer ihrer Aufführungen: »What a devilish mimic, what a coffee-mill and what a belly-dancer! Yellow skirt tucked high, gloved in openwork stockings, Polaire skips, flutters, wriggles, arches from the hips, the back, the belly, mimes every kind of shock, twists, coils, rears, twirls ... trembling like a stuck wasp, miaows, faints to what music and what words!«[94]

Polaire
[Kat.-Nr. 223]

Dieser Form grotesker Übersteigerung begegnen wir auch im Tanz von Josephine Baker. Beide vermittelten den Eindruck exotischer Wildheit, ein Klischee, das sie einerseits bedienten und andererseits mit ihrer Extravaganz und Komik konterkarierten. Nur mit einem Bananenröckchen bekleidet trat Josephine Baker in den Folies-Bergère in der Revue *La folie du jour* (1926) auf, worauf sich ihre Legende aufbaute. Den Höhepunkt dieser Revue bildete die Szene mit einer riesigen, von Blumen bedeckten Kugel, die von der Decke herabgelassen und auf der Bühne inmitten der Musiker plaziert wurde. Die Kugel teilte sich, woraufhin Josephine erschien und auf einem Spiegel zu tanzen begann.

Vor allem aber setzte sie fort, was Gaby Deslys bereits begonnen hatte. Mit ihrem Pariser Debüt in *La Revue Nègre* trug sie zur Popularisierung des amerikanischen Jazz in Europa bei. Ihr Name ist besonders mit dem Charleston verknüpft, einem aus South Carolina stammenden Tanz. »Der ursprüngliche schwarze Charleston wurde nicht nur mit den Beinen (Legomania) getanzt«, schreibt Helmut Günther »sondern mit dem ganzen Körper. Daher galt der Charleston um 1925 als der Jazz Dance schlechtweg.«[95] Die Brisanz dieses Tanzes lag im Bruch mit herkömmlichen Bewegungsmustern und Konventionen. Wie der Shimmy gehört der Charleston zu den »Pelvis-Tänzen«, die die Bewegungen des Beckens akzentuieren. Hinzu kommen das Ein- und Auswärtsdrehen der Knie und der Füße sowie das Schütteln des Oberkörpers. Pierre de Régnier schrieb: »Ein fortwährendes Zittern durchfährt sie, ihr Körper windet sich wie der einer Schlange. Man möchte fast annehmen, ihr Leib sei ein sich rhythmisch bewegendes Saxophon, dem die Orchesterklänge geradewegs entströmen. Sie bläht die Wangen, macht Verrenkungen, setzt an zum Spagat und läuft auf allen Vieren mit durchgestreckten Beinen, wie eine junge Giraffe das Hinterteil höher als der Kopf…«.[96] Mit herausgestrecktem Hinterteil, nach vorne gebeugtem Oberkörper und Knien erschien sie in ihrem *Danse sauvage* augenrollend, schielend und Arme schlenkernd vor exotischer Bühnenkulisse. Den Beschreibungen des einflußreichen Tanzkritikers André Levinson zufolge, schien sie mit ihren Körperbewegungen den Rhythmus der Musik zu bestimmen.

Josephine Baker,
Fotografie von Waléry
[Kat.-Nr. 27]

Brygida Ochaim

Josephine Baker
in *La Folie du Jour*, 1926
[Kat.-Nr. 25]

Traumtänze

In Sigmund Freuds Analyse[97] der *Gradiva*-Novelle von Wilhelm Jensen findet sich eine erste Zusammenfassung seiner Traumlehre. Jensens Erzählung, die er »Ein pompejanisches Phantasiestück« nennt, handelt von dem jungen Archäologen Norbert Hanold, der sich durch das antike Reliefbild einer schreitenden jungen Frau an etwas »Heutiges« erinnert fühlt. Die Gangart erweckt sein ganzes Interesse. »Nur ganz leicht vorgeneigten Kopfes, hielt sie mit der linken Hand ihr außerordentlich reichfaltiges, vom Nacken bis zu den Knöcheln niederfließendes Gewand ein wenig aufgerafft, so daß die Füße in den Sandalen sichtbar wurden. Der linke hatte sich vorgesetzt, und der rechte, im Begriff, nachzufolgen, berührte nur lose mit den Zehenspitzen den Boden, während die Sohle und Ferse sich fast senkrecht emporhoben. Diese Bewegung rief ein Doppelgefühl überaus leichter Behendigkeit der Ausschreitenden wach und zugleich eines sicheren Ruhens auf sich. Das verlieh ihr, ein flugartiges Schweben mit festem Auftreten verbindend, die eigenartige Anmut. Wo war sie so gegangen und wohin ging sie?«[98] Ein Traum motiviert ihn zu einer Reise nach Pompeji. Dort glaubt er der jungen »Schreitenden«, die er Gradiva nennt, zu begegnen und steigert sich in diesen Wahn. Am Ende stellt sich heraus, daß es sich in Wirklichkeit um seine Kinderfreundschaft Zoë Bertgang handelt.

Phänomene des Unbewußten, wie sie sich hier anhand eines literarischen Werks darstellen und deuten lassen, finden sich analog auch im Tanz. Die Erscheinung des Schlaftanzes oder Traumtanzes wurde in wissenschaftlichen und künstlerischen Kreisen am Beispiel von Magdeleine bzw. Madeleine G. (Guipet) diskutiert. Unter dem Einfluß von Hypnose entwickelte sie als Amateurin ungeahnte mimische und tänzerische Fähigkeiten. Hypnose-Szenen erfreuten sich im Theater und Varieté jener Zeit großer Beliebtheit. Unerwartet und überraschend mußte aber eine Darstellung in tatsächlich somnambulen Zustand wirken, zumal sie Gegenstand wissenschaftlicher Untersuchung wurde.

Die Geschichte von Madeleine G. begann in Paris, als sie sich dort beim Magnetiseur Magnin wegen starker Kopfschmerzen in Behandlung begab. »Schon beim ersten Versuch verfiel sie (durch das Einwirken von Musik) in den Zustand des aktiven Somnambulismus und begleitete die in ihr geweckten Tonempfindungen mit herrlichen plastischen Attitüden und einer dramatischen Ausdrucksfähigkeit, die das höchste schauspielerische Können übertrifft.«[99] Dieser besonders seltene Fall interessierte auch den in München praktizierenden Arzt und Parapsychologen Dr. Freiherr von Schrenck-Notzing, der die Traumtänzerin zu einem zweimonatigen Aufenthalt von Mitte Februar bis Mitte April 1904 nach München einlud. Die erste von drei Vorstellungen fand am 15. Februar im Privathaus eines Mitglieds der Psychologischen Gesellschaft statt. Der Magnetiseur Magnin führte Madeleine auf die im Saal des Hauses improvisierte Bühne und versetzte sie stehend in Hypnose, woraufhin sie in einen Lehnstuhl sank. Nachdem zwei anwesende Ärzte den eingetretenen somnambulen Zustand geprüft hatten, begann der Akademiedirektor Stavenhagen hinter einem Vorhang am Flügel zu spielen. Otto Julius Bierbaum verfaßte über diese Soiree in den »Münchner Neuesten Nachrichten« einen ausführlichen Artikel. Seine anfängliche Skepsis schlug in Begeisterung um. »Das Wunder scheint eine Art Isadora Duncan zu sein«, schrieb er. Es erschien ihm, als sei die Sache simuliert, und er glaubte zu bemerken, daß die Bewegungen früher einzusetzen schienen als die Töne. »Was aber nun weiter kam, mußte mich überzeugen, daß eine Einstudierung vollkommen ausgeschlossen war, und es war zudem von so wunderbarer, unbegreiflicher Art, daß

Brygida Ochaim

ich auch die Ueberzeugung von einer Offenbarung unbewußter ästhetischer Kräfte gewonnen habe.«[100] Selbst der Wechsel der Interpreten am Flügel schien sich im Ausdruck der Tänzerin zu manifestieren. »Und: welche Fülle, welcher Reichtum des Wechsels! Was alles der ausgezeichnete Pianist auch anschlug: Düsteres, Heiteres, Gewaltiges, Tändelndes – jeder Takt fand auf der Stelle seine Übertragung in Mienenspiel und Bewegung.«[101] Sie tanzte zu bekannten Musikstücken von Chopin, Gounod, Brahms, Tschaikowsky, einer Szene aus Wagners *Tristan und Isolde* und zu Improvisationen der anwesenden Pianisten. Auch Texte von Victor Hugo und einen Ausschnitt aus Oscar Wildes *Salome* interpretierte sie mit ihren ausdrucksvoll mimischen Gesten. Auf die Séancen in geschlossener Gesellschaft folgten öffentliche Aufführungen im Münchner Schauspielhaus, die von der Psychologischen Gesellschaft veranstaltet wurden. Der Maler Albert von Keller (1844-1920) beteiligte sich an den notwendigen Vorbereitungen. Sein Interesse für Grenzgebiete des Psychischen und »Metapsychischen« teilte er mit Freiherr von Schrenck-Notzing. Seit 1886 photographierten beide Hyp-

Die Traumtänzerin Madeleine,
Gemälde von Albert von Keller, um 1904
[Kat.-Nr. 142]

notisierte, wie z.B. das Medium Lina in »kataleptischen Affektstellungen«, ein Verfahren, das sie auch bei der Traumtänzerin Madeleine G. anwenden sollten. Ihre tänzerische und mimische Ausdrucksfähigkeit bot ein weit größeres Spektrum. Während der Hypnose entstanden mehrere Photographien, die das Gebärdenspiel Madeleines durch das Hervorrufen der Katalepsie in fixiertem Zustand festhielten. In der Traumtänzerin fand Albert von Keller ein Modell, das ihn zu zwanzig Gemälden[102] inspirierte.

Die Traumtänzerin Madeleine G.,
Auftritt im Palace Theatre, 1909
[Kat.-Nr. 145]

Das vielbeachtete Auftreten Madeleines führte schon bald zu Nachahmungen. Vom 6. bis 9. September 1904 gab die Schlaftänzerin Magdalena in München ein Gastspiel, dem wiederum von Schrenck-Notzing und von Keller beiwohnten. Währenddessen setzte die Französin ihre Demonstrationen in der Pariser Opéra Comique fort und erlangte in den folgenden Jahren als Traumtänzerin weltweiten Ruf. Ein Varieté-Programm des Londoner Palace Theatre vom 3. Mai 1909 belegt einen dieser Auftritte. Eine begleitende Erläuterung hob die Seriosität der Darbietung hervor. »Professor Magnin does not pretend that it is hypnotism which creates this talent, far from that; hypnotism cannot create a talent, but only develops it when it already exists in the latent state. Hypnotism forces the bonds which in the normal state binds and constrains the captive powers.«[103]

Varieté, Tanz und Kino

Die Kinematographie war bereits erfunden, steckte aber noch in ihren Anfängen. Der Film hatte seinen Einzug als Attraktion und Teil der Nummernfolgen ins Varietétheater gehalten. Vorerst wurde er als bloße Kuriosität bewertet, die bald wieder in Vergessenheit geraten würde. Aufgrund seiner technischen Unzulänglichkeiten war sein Stellenwert noch nicht definiert. Wegen der hohen Brennbarkeit des Materials wurde die Vorführung meist ans Ende des Varietéprogramms gesetzt. Die Projektoren existierten noch nicht, um die Bilder in entsprechend wirkungsvoller Größe zu zeigen. Hinzu kamen die ruckartige Beförderung und beschleunigte Wiedergabe der Filmbilder. Jahrmarkt und Varieté waren für das neue Medium wichtige Distributionsstätten. Es handelte sich zu Beginn meist um kurze Dokumentaraufnahmen bei stehender Kamera. Also noch kein ernstzunehmender Konkurrent, was sich aber in den 20er Jahren ändern sollte.

Interessanterweise präsentierten die Gebrüder Emil und Max Skladanowsky, Erfinder des Bioscops, die ersten Filmbilder in Deutschland offiziell am 1. November 1895 in einem Varieté, dem berühmten Berliner Wintergarten. Die von ihnen ausgewählten Motive stammten aus dem Bereich von Zirkus und Varieté, dem sie selbst nahestanden. Sie traten im Ausland unter dem Namen Max und Emil Hamilton auf. Das legendäre Wintergarten-Programm bestand aus neun verschiedenen Szenen. Mit dabei war eine Aufnahme der Serpentintänzerin Mlle. Ancion, die diesen Tanz, wie viele andere, der eigentlichen Erfinderin Loïe Fuller abgeschaut hatte. Die Filme sollten auch in den Pariser Folies-Bergère gezeigt werden. Dazu kam es aber nicht. Unverrichteter Dinge wurden die Filmpioniere aus Berlin zugunsten ihrer französischen Kollegen, den Gebrüdern Louis und Auguste Lumière, ausbezahlt, die ihre erste öffentliche Filmvorführung dann am 28. Dezember 1895 im Salon Indien des Grand Café in Paris zeigten. Technisch waren die Gebrüder Lumière mit ihrem »Cinémathographen« den Skladanowskys voraus. Sie arbeiteten in Lyon in der Photoartikelfabrik ihres Vaters Antoine Lumière. Das Wesentliche ihrer Erfindung bestand in der Entwicklung eines Systems von Greifzähnen, durch die der Film transportiert werden konnte.

In England hieß der erste Filmprojektor »Theatrograph«, mit dem die laufenden Bilder dort 1896 erstmals zur Vorführung gelangten. Vorausblickend schrieb ein Journalist der Zeitung »The Morning« am 29. Februar desselben Jahres: »Some day, perhaps, the theatrograph will be used in conjunction with the phonograph or the electrophone, and then one will be able to sit comfortably at home in one's armchair, and see and hear any performance which may happen to take place ... the graceful actions of some dancer may be preserved in all their beauty of rhythm to delight mankind when the dancer has gone the way of all departed things.«[104] Die filmischen Aufzeichnungen der Pionierzeit hatten mit Illusionismus noch wenig gemein. Vielmehr zeigten sie die Dinge, wie sie sind. Reportagen des Alltäglichen. Der Film war kein geeignetes Mittel, um den Varietéstars zu einer breiteren Öffentlichkeit zu verhelfen. Ausgiebige Gastspielreisen waren notwendig, um über die Landesgrenzen hinaus bekannt zu werden. Das Gegenteil war sogar der Fall. Mit der Erfindung der Kinematographie war dem Varieté der größte Konkurrent erwachsen. Anstelle des Varietéstars trat der Filmstar, der vorerst mit Hilfe der Pantomime gegen die Stummheit des neuen Mediums ankämpfte.

Die im Kapitel »Nackttanz« beschriebene, vermutlich erste Entkleidungsszene in einem Varietétheater gab bereits einen Vorgeschmack auf die sich ankündigende

Brygida Ochaim

Entwicklung. Striptease und Kino sollten dieser Form der Unterhaltungskunst das Ende bereiten. Sie ging schließlich im Medium Film auf. Die Übergänge waren fließend. Georges Méliès (1861-1938), Zauberkünstler und Filmpionier, experimentierte mit Bühnenvorrichtungen zur Erzeugung von Illusionseffekten und kombinierte sie mit den Möglichkeiten des Films. Die Magie vom Verschwinden und Wiederauftauchen von Menschen und Gegenständen wurde zu einer Technik bewegter Bilder. Die Montage, eine im Varieté bereits angewandte Technik, findet sich im Film ebenso wieder wie das Prinzip der permanenten Erzeugung von Aufmerksamkeit, oder der ununterbrochenen Bewegung, wie sie sich im Serpentintanz Loïe Fullers manifestierte. In den zahlreichen Revuefilmen der 30er und 40er Jahre kam das Genre noch einmal zum Blühen. Im geschwindigkeitsbetonten Steptanz eines Fred Astaire scheinen Raum und Zeit aufgehoben. Umgekehrt haben sich zeitgenössische Choreographen wie Pina Bausch oder Edouard Lock von der Compagnie La La La Human Steps längst filmspezifische Techniken zueigen gemacht wie z. B. die des Schnitts, der Rückblende, der Vergrößerung, der Wiederholung, der Zeitlupe etc. Mit der Fernbedienung in der Hand, ist es heute jedem Fernsehzuschauer möglich geworden, sein eigenes »Varieté« zu schaffen.

1 David Belasco (1853-1931), Pionier der Frühzeit des amerikanischen Theaters
2 Mabel Love (16.10.1874-15.5.1953), englische Schauspielerin und Tänzerin
3 Neumann, Nicolaus: Nachwort. In: Robert Lebeck (Hrsg.): Leopold Reutlinger. Die Schönen von Paris. Dortmund (Harenberg) 1981. S.278
4 Kosok, Lisa: Singspielhallen, Spezialitätentheater und Varietés. In: Viel Vergnügen. Öffentliche Lustbarkeiten im Ruhrgebiet der Jahrhundertwende. Katalog zur Ausstellung. Ruhrlandmuseum der Stadt Essen 25.10.1992-12.4.1993. Essen (Peter Pomp) 1992
5 F.B.: An Old Maitre de Ballet. The Late Mr. John D'Auban. o. A. (Fundort: Theatre Museum London)
6 Crawford Flitch, J. E.: Modern Dancing and Dancers. London (Grant Richards) 1913. S. 72
7 Michel, Artur: Kate Vaughan or the Poetry of the Skirt Dance. In: Dance, January 1945. S. 29
8 Unter dem Kleid getragenes Gesäßpolster
9 Shawn, Ted: Every Little Movement. A Book about Delsarte. New York (Dance Horizons) 1963. S. 38
10 Sein richtiger Name war Colonel Cody
11 Letty Lind, geb. Rudge (21.12.1862-27.8. 1923), englische Skirt Tänzerin und Schauspielerin
12 Bezeichnung für eine Serie von Tableaux Vivants im gleichen Bild. Der Wechsel von einer Aufstellung zur nächsten blieb dem Publikum verborgen.
13 Braun, Alexander: Die Künstlerin und ihr Programm. In: Die Wiederbelebung des Tanzes. Über das Wesen der Tanzkunst, ihre Vertreterin Rita Sacchetto und Erläuterungen zu

ihrem Programm. Nebst einigen Auszügen aus den Stimmen der Presse. Berlin o.J. (Fundort: Theaterwissenschaftliche Sammlung Köln)
14 Sacchetto, Rita: Moderne Pantomime. Tanz- und Frauenbewegung. In: Theater- und Vergnügungs-Anzeiger München, 26.6.-2.7.1910
15 Ebd.
16 Ebd.
17 Gregor, Ulrich und Enno Patalas: Geschichte des Films 1895-1939. Reinbek bei Hamburg (Rowohlt Taschenbuch) 1976
18 Zitiert nach: Baresel, Alfred: Tanz ohne Schleier als Volkserziehung. Erinnerungen an Schönheitsabende mit Olga Desmond zu Kaiser Wilhelms Zeiten. In: o.A., Juni 1972. (Fundort: Deutsches Tanzarchiv Köln)
19 Phryne, Geliebte und Modell des altgriechischen Bildhauers Praxiteles im 4. Jahrhundert vor Christus
20 Becker, Marie Luise: Die Sezession in der Tanzkunst. In: Bühne und Welt, XII Jg., 1909/ 10, I. Halbjahr, H. 1, S. 29
21 Feconta, Inhaltsbeschreibung. o.A. (Fundort: Documenta Artistica Berlin)
22 Becker, Marie Luise: Die Sezession in der Tanzkunst. S. 41
23 In: Fremdenblatt Hamburg, 5.12.1917
24 Böhme, Fritz: Olga Desmond. (Aus der »Deutschen Warschauer Zeitung«). In: Olga Desmonds Streben im Spiegel der Kritik. o.A. (Fundort: Documenta Artistica Berlin). Hinzugefügt werden muß allerdings, daß Fritz Böhme (1881-1952), deutscher Tanzkritiker und Autor, zunehmend unter den Einfluß der nationalsozialistischen Ideologie geriet und Mitglied der NSDAP wurde.
25 Originalzitat: »Cancan poussé à ses dernières

limites, l'hystérie de la danse.« (Physiologie du Carnaval. Zitiert nach: Jean-Claude Lebensztejn: Chahut. Paris (Hazan) 1989. S. 49)

26 Guilbert, Yvette: Lied meines Lebens. Erinnerungen. Berlin (Ernst Rowohlt) 1928

27 Original bezeichnet als: La guitare, le port d'arme, le salut militaire, la jambe derrière la tête, le croisement, le grand écart. Pierre Lelong gibt in seinem am 13.2.1929 im »Petit Journal« veröffentlichten Artikel *Au Temps de la Goulue* eine ausführliche Beschreibung: »Cette danse comprenait deux parties, le quadrille d'abord, puis sa finale, le Chahut, commencant à la dernière figure appelée ›pastourelle‹. Mais les avant-deux, cavaliers seuls, tourniquets, présentations, visites, chaînes des dames, s'effectuaient avec une originalité pittoresque. Les femmes faisaient suivre chacun de leurs pas, variés selon les idées personelles, d'un lancement d'une des jambes, comme un balancier, à hauteur des nez de leurs partenaires. Jouant plutôt un rôle de comparse-repoussoir, les hommes gambillaient sur place, exécutaient avec leurs jambes et bras des contorsions, tremblements, ailes-de-pigeon, entre-chats, pirouettes, gigotaient les cuisses écartées, figures au niveau de la taille des danseuses, jetaient le chapeau en l'air et le recevaient de facon à coiffer la tête, poussaient le haut-de-forme en équilibre sur le nez pour le laisser ensuite tomber au milieu du front quand éclatait le dernier coup des cymbales de l'orchestre. Ces exercices se nommaient ›series‹.« (»Dieser Tanz umfaßte zwei Partien, zunächst die Quadrille, dann das Finale, den Chahut, beginnend mit der letzten Figur, der ›Pastorelle‹. Aber die vorletzten, einsame Ritter, Drehkreuze, Präsentationen, Besuche, Damenkette, waren von bizarrer Originalität. Die Frauen ließen die Partner ihren eigenen Schritten folgen, die je nach individuellem Einfallsreichtum reich variierten, vom pendelartigen Ausschlag eines Beines bis zur Nasenspitze ihrer Partner. Die Männer, die eher die Rolle komparsenhafter Kontrastfiguren einnahmen, tanzten auf der Stelle, exekutierten mit Armen und Beinen Verrenkungen, nervöse Zuckungen, ailes-de-pigeon, entre-chats, Pirouetten, strampelten mit gegrätschten Beinen, Figuren auf Taillenhöhe der Tänzerinnen, warfen den Hut in die Luft und schnappten ihn mit dem Kopf wieder auf, brachten ihn auf der Nase ins Gleichgewicht, um ihn von dort beim letzten Beckenschlag auf den Kopf zu katapultieren. Diese Übungen nannten sich ›Serien‹.«)

28 Shercliff, Jose: Jane Avril vom Moulin Rouge. Wien (Paul Zsolnay) 1953. S. 131-132

29 Junk, Victor: Handbuch des Tanzes. Hildesheim, New York (Georg Olms) 1977 (Nachdruck)

30 Lottie Collins (1866-1.5.1910), englische Gesangstänzerin und Schauspielerin

31 *Ta-Ra-Ra-Boom-De-Ay*, ein ursprünglich aus St. Louis stammendes Lied

32 Originalzitat: »...Paris n'a pas le monopole de la jambe en l'air! Une Australienne nous le prouve, qui s'appelle Miss Saharet. Pendez-vous la Goulue! Elle vous dame le pion, cette petite! Miss Saharet? mais c'est le dernier cri du chahut! Et pas le chahut vulgaire, qui consiste à montrer ses dessous et son pantalon à jour; Miss Saharet a le chahut gavroche, spirituel, amusant.« (Puech, Lucien: Miss Saharet. o.A. [Fundort: BNF Paris, Arts du Spectacle])

33 Heymel, A.W.: Saharet. In: Dekorative Kunst. Hrsg.v. J.Meier-Graefe. III. Jg., H.9, München 1900. S.370-373. S.373

34 Illustration: *Der Zauberlehrling* von Paul Rieth. Erschienen in: Die Jugend, H. 3, 1902, S. 50

35 Vgl. Kat.-Nr. 279

36 Siehe Simplicissimus, 5. Jg., München 1900/1901, Nr. 27, S.216

37 Otéro, Carolina: Die Erinnerungen der schönen Otero. Hamburg (Gebr. Enoch) 1927. S. 166

38 Zeitungsartikel in: Moderne Kunst, XVI, Z.-Z. 12

39 Richards, P.: Aus verklungenen Zeiten. 10. August 1930 (Fundort: Documenta Artistica Berlin)

40 Zeitungsartikel in: La Gazzetta Livornese, 26./27.1.1902

41 Otéro, Carolina: Die Erinnerungen der schönen Otero. S. 305

42 Unbezeichneter Zeitungsartikel (Fundort: Performing Arts Research Center. Lincoln Library, New York)

43 Ebd.

44 Unbezeichneter Zeitungsartikel. 17.5.1906. (Fundort: Performing Arts Research Center. Lincoln Library, New York)

45 Vrieslander, Minni: Die spanische Tänzerin – Gespräch mit La Argentina. In: Das Theater, IX. Jg., H.13, Juli 1928, S. 331

46 Barney, Natalie Clifford: Indiskrete Erinnerungen. Düsseldorf (Bollmann) 1995. S. 201

47 Jean Lorrain, geb. Paul Duval (1855-1906), französischer Schriftsteller und Journalist

48 Mariquita (1840-1922) wirkte als Ballettmeisterin am Gaité, in den Folies-Bergère und ab 1898 an der Opéra Comique Paris

49 Originalzitat: »Elle m'a donné mon métier, de l'assurance, de la grâce.« (Liane de Pougy: Mes cahiers bleus. Paris (Plon) 1977)

50 Natalie Clifford Barney (1876-1972), amerikanische Dichterin

51 Balducci, Richard: Les Princesses de Paris – l'age d'or de cocottes. Paris (Hors Collection) 1994. S. 165

52 Zitiert nach: Les Lautrec de Lautrec. Katalog zur Ausstellung Bibliothèque Nationale Paris 18.2.-15.5.1992. Paris (Bibliothèque Nationale) 1992. S. 57

53 Siehe Jean Chalon: Liane de Pougy – Courtisa-

ne, princesse et sainte. Paris (Flammarion) 1994. S.54

54 Paglia, Camille: Die Masken der Sexualität. Berlin (Byblos) 1992. S. 506

55 Otéro, Carolina: Die Erinnerungen der schönen Otero. S. 239

56 Rodenbach, Georges: Tänzerinnen. In: Le Figaro, 5.5.1896. Zitiert nach Gabriele Brandstetter und Brygida Ochaim: Loïe Fuller – Tanz, Licht-Spiel, Art Nouveau. Freiburg im Breisgau (Rombach) 1989. S. 197

57 Ebd. S. 199

58 Originalzitat: »...la ravissante ballerine s'avance d'un pas lent et cadencé, la jambe projetée en avant par un mouvement sec, la taille cambrée, les bras onduleusement arrondis, les doigts prolongés par des ongles d'or effilés selon la tradition javanaise.« (Cléo de Mérode: Le ballet de ma vie. Paris (Pierre Horay) 1985. S. 224-225)

59 Originalzitat: »Ce n'est pas du tout cambodgien, mais c'est délicieux.« (Ebd.)

60 Henri Sauvage (1873-1932), belgischer Architekt

61 Thomas, Th.: Bei Sada Yacco. In: Münchner Neueste Nachrichten, 6.2.1902

62 Originalzitat: »C'est une femme de haute qualité tragique, qui pousse à la définitive perfection l'art de composition qui inspire tout le théâtre. Mais elle dépasse ce réalisme. Elle sait varier et inventer.«(Camille Mauclair: Sada Yacco et Loïe Fuller. In: Revue Blanche, 15.10. 1900, S. 279)

63 Sir Henry Irving, eigentlich John Henry Brodribb (1838-1905), englischer Schauspieler und Theaterleiter

64 Siehe Anm. 61

65 Vgl. auch Claudia Balk in vorliegender Publikation, S. 36-37

66 Waagenaar, Sam: Mata Hari. Der erste wahre Bericht über die legendäre Spionin. Bergisch Gladbach (Bastei Lübbe) 1983. S.94: »Zweifellos hat Mata Hari ihre *prähistorische Weisheit* von diesen *Wajong*-Spielen, die allezeit von Indonesiern wie Europäern gleich geschätzt wurden«.

67 Edouard Lepage zitiert nach: Sam Waagenaar: Mata Hari. S. 96

68 Kuriositätenmuseum mit angeschlossenem kleinen Theater

69 Warbeck, Hans: Ein verheißungsvolles Präludium. In: Die Schaubühne, 2.Jg., H. 17, 22.11. 1906

70 Allan, Maud: The Human Body my Instrument. In: Dies.: My Life and Dancing. London (Everett & Co.) 1908. S. 65

71 Marcel Remy (1870-1906), belgischer Musikkritiker, Journalist und Komponist

72 Nach dem Antragsteller Heinze benannte Gesetzesverordnung zur Wahrung der Sittlichkeit

73 »Neues von Salome. Wo ich geh und wo ich steh, / Stoß ich auf die ›Salome!‹ / Anfangs hört' man Sie sich äußern / Einzig in den Schauspielhäusern, / Wo, mit Schleiern nur verschanzt, / Sie uns etwas vorgetanzt. / Aber schon nach kurzer Pause / Wurde auch im Opernhause / ›Salome‹ uns vorgeführt, / Weil der Strauß sie komponiert. / Und nun wurde immer toller / Dieser Salomé-sche Koller, / Alles was in Versen winselt / Komponiert und Bilder pinselt, / Nahm als dankbares Sujet / Sich sofort die ›Salomé‹. Eine Miß auch, namens Allan, / Unternahm's sie darzustellen: / Pantomimisch, mit Geschicke, / Ohne Worte, mit Musike! / Ketten, Schnüre nur und Spangen/ hat sie oben umgehangen, / Unten aber trug das Schneckerl / Ein solides Gaze-Röckerl. / Ich auch habe Fräulein Maud / Allan gleich mir angeschaut, / Und ich sprach nach dem Genuß: / Sie gibt gar kein Aergernuß. / Hätt' ich's nicht zuvor gelesen, / Daß sie oben nackt gewesen, / Hätt' ich's wirklich nicht bemorken. / – Gleichfalls machte keine Sorgen / Fräulein Allans Tänzerei / Der gestrengen Polizei. / Die erlaubte, wohlgeneigt, / Daß sie öffentlich sich zeigt. / Doch es gibt in München heute / Leider viele Dunkelleute: / Einem aus dem schwarzen Lager / Gab es einen Nervenschlager, / Denn er hörte Tags vorher / Reden den Herrn Orterer, / Der in seiner Schäflein Kreise / Wieder nach bekannter Weise / Sich lex Heinzisch ausgegerbt, / Weil die Welt so sehr verderbt. / Also hat er sich empört, / Schleunigst bitterlich beschwert / Wegen Aergernisverspürung / Bei der löblichen Regierung. / Deren Sittlichkeitsverwalter, / Ein gewisser Herr v. Halder, / Schrieb denn auch sofort: ›O weh, / Fleuch hinweg, o Salomé! / Was versteht die Polizei / Ueberhaupts von dererlei? / Ich verbiete den Genuß./ Herr v. Halder. Punktum. Schluß.‹ / Auch das Ministerium / Nahm das nackte Tanzen krumm / Und lehnt' einfach klipp und klapp / Fräulein Allans Einspruch ab. / Als der Mann, der sich beschwert, / Diese Neuigkeit gehört, / Rief er aus: ›Ich bin entzückt, / Daß mir das so schön geglückt. / Freilich sag ich Ei, Ei, Ei! Zu der / Münchner Polizei. / Doch es folgte brav und stumm / Unser Ministerium / Mir, dem keuschen Centrumsmann, / Wie man das verlangen kann. / Niemand sieht mehr, hehehe, / Diese böse Salomé, / Niemand sieht mehr, hihihi, / Diesen Busen, dieses Knie. / Niemand sieht mehr, huhuhu, / Diesem schnöden Schauspiel zu. / Trefflich glückte meine List, – / Und was mir die Hauptsach' ist / An der ganzen Salomén: / Ich hab' sie bereits geseh'n!‹ (Aus der ›Jugend‹).« In: Münchner Neueste Nachrichten, 22.4.1907

74 Vechten, Carl van: Maud Allan (21.1.1910). In: Chronicles of the American Dance – From the Shakers to Martha Graham. Hrsg.v. Paul Magriel. New York (DaCapo) 1978. S. 222

75 Beerbohm, Max: Last Theatres 1904-1910. London (Rupert Hart-Davis) 1970. S.382

76 Siehe Anm. 70, S. 65

77 Ettlinger, Karl: Sent M'ahesa. In: Das Theater, I. Jg., H. 16, April 1910, S. 373

78 Siehe Anm. 77

79 Revel: Variété-Schönheiten. Berlin o.J.. S. 3-4

80 Moeller-Bruck, Arthur: Das Variete. Berlin (Bard) 1902. S. 173

81 Hugo von Hofmannsthal, Berlin 1930. Zitiert nach: Gertrude Barrison: Der Ausklang einer Weltsensation. Das tänzerische Urbild unserer Tage. Die Five Sisters Barrison. In: Scherls Magazin, Februar 1931, S. 130 (Fundort: Documenta Artistica Berlin)

82 Moeller-Bruck, Arthur: Das Variete. S. 172

83 Eine ausführliche Beschreibung des Barrison-Skandals findet sich bei Wolfgang Jansen: Das Varieté. Die glanzvolle Geschichte einer unterhaltenden Kunst. Berlin (Hentrich) 1990. S. 105-118

84 Originalzitat: »J'arrivais au tribunal enroulée dans une grande draperie d'un gris-bleu foncé. Je dansais ainsi vêtu et mes gestes faisaient joliment onduler les longs plis de l'étoffe. Là-dessous j'étais en maillot rose pâle, recouvert d'une légère tunique de gaze rose qui épousait mes formes. Le moment venu de séduire les héliastes, une suivante, d'un seul coup, enlevait l'immense cape et l'étendait derrière moi dans toute sa largeur. Sur ce fond assez sombre, je me découpais en statue rose et, de loin, avec une certaine bonne volonté de la part des spectateurs, cette silhouette féminine couleur de chair pouvait donner l'illusion d'un corps nu.« (Mérode,. Cléo de: Le ballet de ma vie. Paris (Pierre Horay) 1985. S. 145)

85 Nelson, Richard und Marcia Ewing Current: Loïe Fuller – Goddess of Light. Boston (Northeastern University) 1997. S. 24

86 Dobrowolski: Der Tanz der Olga Desmond. (Aus »Kurjer Warszawski«. 10.10.1917) In: Olga Desmonds Streben im Spiegel der Kritik. o.A. (Fundort: Documenta Artistica Berlin)

87 Charlotte Berend (1880-1967), Frau von Lovis Corinth. Vgl. auch Kat.-Nr. 54

88 Berber, Anita und Sebastian Droste: Tänze des Lasters, des Grauens und der Ekstase. Wien 1922. Die Gedichte dieser Publikation fanden in gleichnamigen Tänzen ihren Niederschlag wie Selbstmord, Morphium oder Haus der Irren. Die Autorin verwendet den Titel dieser Publikation als allgemeine Bezeichnung für die Tänze Anita Berbers ab 1920.

89 Jenčik, Joe: Versuch einer Analyse des Tanzes der Anita Berber. In: Schrifttanz, 4. Jg., 1931, H. 1, S. 10. Zitiert nach Lothar Fischer: Tanz zwischen Rausch und Tod. Anita Berber 1918-1928 in Berlin. Berlin (Haude & Spener) 1984. S. 72

90 King Manuel's Sweetheart. In: o.A. 17.10.1910 (Fundort: Robinson Locke Collection. Performing Arts Research Center. Lincoln Library, New York)

91 Gaby Deslys sues. In: New York Telegraph, 12.7.1912 (Fundort: Robinson Locke Collection. Performing Arts Research Center. Lincoln Library, New York).

92 Über den Ausgang der Klage ist nichts weiter bekannt.

93 Die neuesten Tänze von Gaby Deslys und Harry Pilcer. Programm des Wiener Apollo-Varietétheaters, April 1912 (Fundort: Österreichisches TheaterMuseum Wien)

94 Jean Lorrain. Zitiert nach: David Kunzle: Fashion and Fetishism. Totowa, New Jersey (Rowman and Littlefield) 1982. S. 326

95 Günther, Helmut: Die Tänze und Riten der Afro-Amerikaner. Bonn (Dance Motion) 1982. S. 122

96 Originalzitat: »Elle est agitée d'un perpétuel tremblement, son corps se tortille comme celui d'un serpent ou plutôt il semble être un saxophone en mouvement et les sons de l'orchestre ont l'air de sortir d'elle-même. Elle gonfle ses joues, se désarticule, fait le grand écart et part à quatre pattes avec les jambes raides et le derrière plus haut que la tête comme une girafe en bas âge...« (Pierre de Régnier. Zitiert nach: Marcel Schneider: 1925. Joséphine Baker et la Revue Nègre. In: An American Story. 4e Biennale de la Danse Lyon 13.9.-6.10.1990. Lyon (Biennale de la Danse) 1990. S. 57)

97 Freud, Sigmund: Der Wahn und die Träume in W. Jensens Gradiva. Frankfurt am Main (Fischer Taschenbuch) 1992

98 Freud, Sigmund, wie Anm. 97, S. 23-24

99 Schrenck-Notzing, Dr. Freiherr von: Die Traumtänzerin Magdeleine G. Eine psychologische Studie über Hypnose und dramatische Kunst. Stuttgart (Ferdinand Enke) 1904. S. 22

100 Bierbaum, Otto Julius: Madeleine G. In: Münchner Neueste Nachrichten, 19.2.1904

101 Ebd.

102 Siehe Kat.-Nr. 142

103 Programm, The Palace Theatre London. 3.5.1909 (Fundort: Derra de Moroda Dance Archives Salzburg)

104 Gray, Frank: The time machine. In: High Art and Low Life: The Studio and the fin de siècle. Katalog zur Ausstellung im Victoria and Albert Museum 23.6.-31.10.1993. London (Studio International) 1993

Brygida Ochaim

Brygida Ochaim
Biographien
Varieté-Tänzerinnen um 1900

Maud Allan
[Kat.-Nr. 4]

MAUD ALLAN

(geb. Maud Durrant)
* 27.8.1873 Toronto
† 7.10.1956 Los Angeles

kanadisch-amerikanische Tänzerin

Sie studierte in San Francisco Musik mit dem Ziel, Konzertpianistin zu werden. 1895 setzte sie ihre Ausbildung an der Königlich Akademischen Hochschule für Musik in Berlin fort. Im gleichen Jahr wurde ihr Bruder Theo Durrant wegen Mordes an zwei jungen Frauen verhaftet. Drei Jahre später wurde er hingerichtet. Der belgische Musikkritiker Marcel Remy wurde ihr Mentor und schrieb die Musik zu *The Vision of Salome*, ihrem Hauptwerk. Max Reinhardts Inszenierung von Oscar Wildes *Salome* (1904) beeinflußte Maud Allans Interpretation. Sie begann ihre Laufbahn als Tänzerin mit ihrem Debüt im Wiener Konservatorium am 24. Dezember 1903. Es folgten Auftritte in Brüssel (1904),

Liège (1905) und Berlin (1905/06). Sie entschloß sich, das Musikstudium aufzugeben. Die erste Aufführung von *The Vision of Salome* fand am 2. Dezember 1906 im Wiener Carl-Theater statt. Ihr Tanz wurde nicht als bloße Nachahmung Isadora Duncans bewertet. Ein Engagement im Münchner Schauspielhaus kam aufgrund der Zensur nur als geschlossene Veranstaltung zustande. Am 7. Mai 1907 trat sie im Théâtre des Variétés in Paris einen Tag vor Richard Strauss' Opernpremiere *Salome* (Théâtre du Châtelet) auf. Für kurze Zeit war sie Mitglied der Loïe Fuller-Company. In Marienbad tanzte sie vor König Edward VII., der sie ans Palace Theatre in London empfahl. Die dortige Premiere am 8. März 1908 wurde ein triumphaler Erfolg. Dieses Gastspiel endete erst im November 1909. Es ließ sie zum Symbol der Ära Edwards VII. werden. Im Jahr zuvor veröffentlichte sie ihre Autobiographie *My Life and Dancing*. Ihren wenig erfolgreichen Auftritten in St. Petersburg und Moskau schloß sich 1910 eine Amerika-Tournee an. Von Claude Debussy stammte die Partitur für ihr orientalisches Ballett *Khamma,* das jedoch nie zur Aufführung gelangte. Im November 1911 Beginn einer Tournee in Südafrika. Bekanntschaft mit dem Cherniavsky Trio in Johannesburg. Gemeinsam unternahmen sie von 1913 bis 1915 eine Gastspielreise nach Indien, Australien und Asien. Nach ihrer Rückkehr ging Maud Allan nach Los Angeles und spielte die Hauptrolle in dem Film *The Rugmaker's Daughter*. Mit dem Ballett *Nair the Slave* tourte sie 1916 in den Vereinigten Staaten. Ernst Bloch dirigierte. 1918 wirkte sie in einer Aufführung der Independent Theatre Society in London in Oscar Wildes *Salome* mit.

Weitere Gastspielreisen führten sie 1920 mit dem Cherniavsky Trio erneut nach Südafrika und 1923 nach Ägypten und Malta. 1932 erschien sie in einer kleinen Rolle in Max Reinhardts Produktion *The Miracle*. Vermutlich etablierte sie in dieser Zeit eine Tanzschule in ihrer Londoner Residenz West Wing. 1938 letzter Auftritt in Redlands Bowl. Mitte 1941 endgültige Rückkehr nach Los Angeles. Sie starb dort am 7. Oktober 1956.

LA ARGENTINA

(geb. Antonia Mercé)
* 4.9.1890 Buenos Aires
† 18.7.1936 San Sebastiano

spanische Tänzerin und Choreographin

Antonia Mercé kam in Buenos Aires während einer Tournee ihrer spanischen Eltern Josefa Luque und Manuel Mercé zur Welt. Diese Herkunft inspirierte sie später zu ihrem Künstlernamen. Zwei Jahre nach ihrer Geburt kehrte die Familie nach Madrid zurück. Von ihrem Vater, Ballettmeister am Teatro Real, erhielt sie eine Ausbildung im klassischen Tanz. Bereits mit 9 Jahren wurde sie Primaballerina an der Madrider Oper. Ihr Vater starb, als sie 13 Jahre alt war. In dieser Zeit gab sie das Ballett zugunsten des spanischen Tanzes auf, den sie bei ihrer

La Argentina,
Fotografie von d'Ora
[Kat.-Nr. 6]

Mutter zu studieren begann. Es folgten erste Engagements in Varietés und Music-Halls. 1905 tanzte sie mit großem Erfolg im Teatro Ateneo. In Paris erschien sie 1910 in der Operette *L'Amour en Espagne* im Moulin Rouge und 1912 in *La Rose de Grenade* im Olympia. Von Paris aus unternahm sie Tourneen u.a. nach England, Belgien, Deutschland. Im Londoner Alhambra Theatre kreierte sie 1914 *El Embrujo de Sevilla*. In Rußland wurde sie vom Ausbruch des Ersten Weltkriegs überrascht. 1915 choreographierte sie Manuel de Fallas *El Amor brujo* in Madrid. Im gleichen Jahr ging sie nach Südamerika. Auf Einladung des Komponisten Granados tanzte sie in New York in *Goyescas*. Bis Ende des Krieges hielt sie sich in Mexiko auf und kehrte 1919 nach Paris, ihrer Wahlheimat, zurück. Sie arbeitete mit dem Maler Sert, dem Dichter García Lorca wie mit den Komponisten Albéniz und Ravel zusammen. Mit Manuel de Falla am Pult tanzte sie 1925 *L'Amour Sorcier* im Trianon Lyrique. Max Slevogt malte sie 1926. Beginn ihrer Zusammenarbeit mit dem Impresario Arnold Merckel, der ihre weiteren Aufführungen bis 1936

Brygida Ochaim

organisierte. Im Salle Gaveau (31.1.1926) präsentierte sie ihre bekannten Solo-tänze (*Danza V* von Granados, *Córdoba* und *Seguidilla* von Albéniz, *Danza ritual del fuego* aus *Amor brujo*). 1928 gründete sie ihre eigene Kompagnie. Eine Welt-tournee von November 1928 bis März 1929 führte sie bis zu den Philippinen. Sie erlangte internationalen Ruhm. 1930 wurde ihr das Kreuz der französischen Ehrenlegion verliehen. Sie tanzte 1936 anläßlich eines Vortrags von Paul Valéry. Ihre letzten Vorstellungen gab sie mit *L'Amour Sorcier* in der Opéra Comique. La Argentina starb an dem Tag, als der Spanische Bürgerkrieg ausbrach, an einem Herzschlag. Mit seinem Tanz *Admiring La Argentina* (1977) erinnerte der japani-sche Butho-Tänzer Kazuo Ôno an die legendäre Tänzerin. Sie gilt heute als Er-neuerin des spanischen Balletts.

Jane Avril
[Kat.-Nr. 17]

JANE AVRIL

(geb. Jeanne Richepin)
* 31.5.1868 Paris
† 16.1.1943 Paris

französische Tänzerin

Sie begann ihre Laufbahn in Paris als Autodidak-tin mit Tanzimprovisationen zu Walzermusik im Bal Bullier, der heutigen La Closerie de Lilas. 1889 war sie als eine der »Reitenden Schön-heiten« im Hippodrom zu sehen. Bei der Eröff-nung des Moulin Rouge am 6. Oktober 1889 trat Jane Avril (auch Mélinite genannt) mit ei-nem Solo hervor und arrivierte dort neben La Goulue zum Star. Meist tanzte sie ohne Partner und beteiligte sich nur selten an der Quadrille naturaliste. Sie faszinierte Toulouse-Lautrec, der ihr im Moulin de la Galette erstmals begeg-nete und sie von 1892 bis 1893 mehrfach por-traitierte. Es entstanden mehrere Plakate, die sie bei ihm in Auftrag gab, wie z.B. für ihre Auftritte 1893 im Jardin de Paris auf den Champs-Elysées. Nachdem Joseph Oller die Leitung des Moulin Rouge über-nommen hatte, schloß sie sich 1895 auf professioneller Basis der Quadrille an. Literaten und Künstler wie Arsène Houssaye, Alphonse Allais, Auguste Renoir, Théodore de Wyczéwa zählten zu ihren Freunden und Bewunderern. Letzterer widmete ihr ein Kapitel in seinem Roman *Valbert ou Les Récits d'un Jeune Homme*. Sie tanzte im Chat Noir, im Casino de Paris und erschien in den Folies-Bergère als Pierrot in einer von René Martin arrangierten Ballett-Pantomime, an die ein Plakat von Jules Chéret erinnert. Im Nouveau Théâtre interpretierte sie Anitras Tanz in Lugné-Poes Inszenierung von Ibsens *Peer Gynt* (12.11.1896). 1897 gab sie ein erfolgreiches Gastspiel im Londoner Palace Theatre mit der Truppe von Mlle Eglantine. Sie wirkte 1902 neben Polaire in *Claudine à Paris* von Willy/Colette mit und am 5. März 1903 in *Tu Marches?*, dem Eröffnungsstück des neuen Direktors Flers vom Moulin Rouge. Jane Avril lancierte in Paris den Cakewalk und leite-te im Moulin Rouge einen Cakewalk-Wettbewerb. Im Théâtre Sarah Bernhardt tanzte sie in einem Stück von André Lesueur in der Inszenierung von André Calmette. Ein Gastspiel führte sie mit der Quadrille-Truppe nach Madrid. 1910 heiratete sie den Zeichner und Designer Maurice Biais und zog sich von der Bühne nach Jouy-en-Josas zurück. Während des Ersten Weltkriegs erneute Auftritte bei zahlreichen Wohltätigkeitsveranstaltungen. Im August 1933 wurden ihre Memoiren in Feuilletonform im »Paris Midi« publiziert. Anläßlich eines von Paul Colin veranstalteten Toulouse-Lautrec-Balls erschien sie am 31. Mai 1935 noch einmal im Moulin de la Galette. Am 22. Juni 1939 wurde für sie eine Wohltätigkeitsveranstaltung organisiert. Arsène Alexandre schrieb 1893 in einem Artikel über Jane Avril: »Wir machen uns schon Vorwürfe, dieser zarten, geschmeidigen Tänzerin den Spitznamen ›chahuteuse‹ gegeben zu haben…«.[1] Sie starb am 16. Januar 1943 im Pavillon des Vieilles in der Rue de la Saïda in Paris.

JOSEPHINE BAKER

(geb. Frida McDonald)
* 3.6.1906 St. Louis, Missouri
† 12.4.1975 Paris

amerikanisch-französische Revuetänzerin
und Sängerin

Josephine Baker,
Fotografie von Manuel
[Kat.-Nr. 29]

Ihre künstlerische Laufbahn begann mit 16 Jahren am Standard Theatre in Philadelphia. Anschließend ging sie nach New York und erhielt ein Engagement in einer Vaudeville-Truppe, mit der sie ein halbes Jahr auf Tournee geschickt wurde. Von 1923 bis 1924 tanzte sie als Chorus-Girl in der musikalischen Komödie *Shuffle Along* in New York und trat dann in der schwarzen Revue *The Chocolate Dandies* im Colonial Theatre mit großem Erfolg auf. Die Musik stammte von Eubie Blake und Noble Sissle. Nach Auftritten im New Yorker Plantation Club verpflichtete sie sich für *La Revue Nègre,* die am 20. Oktober 1925 in Paris im Théâtre des Champs-Elysées Premiere hatte. Die Show wurde von Caroline Dudley organisiert, einer in Paris lebenden Amerikanerin. Paul Colin entwarf das Plakat. Mit ihrem Tanz eroberte sie das Pariser Publikum im Sturm, das erstmals einen Charleston zu sehen bekam. André Levinson schrieb begeistert: »Josephine ist kein groteskes schwarzes Tanzgirl mehr, sondern jene schwarze Venus, die den Dichter Baudelaire in seinen Träumen heimsuchte.«[2] Weitere Gastspiele führten sie mit *La Revue Nègre* nach Brüssel und Berlin. Kees van Dongen portraitierte sie 1925 und Alexander Calder schuf 1927 eine Drahtskulptur. 1926/27 war sie der Star der Folies-Bergère. Sie trat in zwei Revuen von Louis Lemarchand auf: *La folie du jour* (24.4.1926), in der sie mit ihrem berühmten Bananenröckchen tanzte, und in *Un vent de folie* (25.3.1927). Im gleichen Jahr heiratete sie den italienischen Grafen Di Albertini und trug als erste schwarze Amerikanerin einen europäischen Adelstitel. Im gleichen Jahr veröffentlichte sie ihre Memoiren, die sie mit Hilfe des französischen Schriftstellers Marcel Sauvage verfaßte. Der österreichische Architekt Adolf Loos entwarf 1928 ein Haus für Josephine Baker mit schwarz-weiß gestreifter Marmorfassade, das jedoch nicht zur Ausführung gelangte. Auftrittsverbote in Wien, Prag, Budapest und München (1929) machten sie nur um so anziehender. Nach einer Tournee in Osteuropa und Südamerika ersetzte sie Mistinguett im Casino de Paris. In den folgenden Jahren trat sie vor allem als Sängerin in Erscheinung. *J'ai deux amours, Aux îles Hawai, Pretty Little Baby* u.a. zählten zu ihren Erfolgssongs. Sie spielte u.a. die Hauptrolle in den Filmen *La Sirène des Tropiques* (1927), *Zouzou* (1934) mit Pierre Batcheff und in *Princesse Tam-Tam* (1935). Mit Fanny Brice erschien sie in den *Ziegfeld Follies* von 1936 im New York Winter Garden. George Balanchine soll die Tänze choreographiert haben. 1937 nahm Josephine Baker die französische Staatsbürgerschaft an. Die Kriegsjahre verbrachte sie in Frankreich und Nordafrika und trat dort vor den französischen Truppen auf. Sie arbeitete für die Résistance und den Geheimdienst. Sie machte den Pilotenschein, wurde Leutnant und erhielt nach Kriegsende u.a. die Rosette der Legion d'honneur. Nach dem Krieg trat sie in der Show *Josephine* in Monte Carlo auf. In der Dordogne erwarb sie das Schloß »Les Milandes«. Zusammen mit ihrem vierten Ehemann, dem Musiker Jo Bouillon, adoptierte sie Kinder aus der ganzen Welt. 1956 kündigte sie ihren Rückzug von der Bühne an, feierte aber bereits 1961 ihr Comeback und trat 1973 nochmals mit großem Erfolg in der Carnegie Hall auf. Zuletzt war sie im März 1975 in der Pariser Music-Hall Bobino zu sehen und starb bald darauf am 12. April 1975 an den Folgen eines Schlaganfalls.

THE FIVE BARRISON SISTERS

(geb. Lona, Olga, Sophia, Inger, Gertrude Bareysen)
* Valby bei Kopenhagen
(Lebensdaten unbekannt)

dänisch-amerikanische
Gesangstänzerinnen

The Five Barrison Sisters,
Fotografie von
Gustav Liersch & Co., um 1895
[Kat.-Nr. 38]

Der Vater Cyrus Barrison kam mit seinen fünf Töchtern 1886 nach New York. Lona, die älteste der Schwestern, hatte bereits in Dänemark Theatererfahrungen gesammelt. In New York trat sie erstmals mit der Schauspielerin Clara Morris im Theater von Augustine Daly auf. Der Produzent Powers entdeckte die vier jüngeren Schwestern 1889 und engagierte sie für das Schauspiel *The Fairy Well* (*Die verzauberte Quelle*) im Fourteenth Street Theatre. Sie wirkten dann in einem »Massenkinderballett« von Imre Kiralfy mit und erhielten Tanzunterricht von einem Ballettmeister am deutschen Amberg-Theater in New York. Ihr Talent wurde in verschiedenen Kinderrollen erprobt. »Inger spielte *Bootle's Baby* bei Kate

Claxton [...] Sophia und Olga traten in Dalys Theater auf und ich [Gertrude] spielte die Eva in *Onkel Toms Hütte*. So zogen wir kreuz und quer durch die Vereinigten Staaten, von Kanada bis Texas.«[3] 1893 erschienen sie im Sketch *Mr. Cupid* im Eden Musée. Im gleichen Jahr machten sie erstmals als »The Five Sisters Barrison« bei der Weltausstellung in Chicago Furore. Anfang der 90er Jahre heiratete Lona den Journalisten und Schriftsteller Vilhelm Ludvig Fléron, den zukünftigen Impresario der Truppe. Die Barrisons reisten 1894 als erste »Sister-Girl-Truppe« nach Paris und traten im Casino de Paris auf. Vier Wochen später gaben sie in den Folies-Bergère ein sechsmonatiges Gastspiel und teilten sich das Programm u.a. mit Loïe Fuller, Yvette Guilbert und Séverin. Anschließend waren sie in Bordeaux, Trouville, Antwerpen und Brüssel zu sehen. Im Herbst 1894 begann ihr sensationelles Gastspiel im Berliner Wintergarten, das acht Monate dauerte. Weiterhin tanzten sie in Lübeck und gaben für die Großherzogin Anastasia von Mecklenburg eine Vorstellung. Von September 1895 bis März 1896 waren sie erneut mit großem Erfolg im Berliner Wintergarten zu Gast. In ihrer Kindfrauen-Rolle begeisterten sie das Publikum. Ein Plakat von Choubrac (1896) zeigt sie in Rüschenkleidchen mit schwarzen Strümpfen. Sie tragen Kapotthüte und rauchen Zigaretten. Lona trennte sich im Sommer 1895 von ihren Schwestern und trat die nächsten zwei Jahre allein auf. Sie wurde durch die Engländerin Ethel ersetzt. Im Oktober 1896 gaben die Sisters gemeinsam mit Lona Barrison ein Gastspiel im Koster and Bial's in New York. Eine gegen die Barrisons gerichtete Hetzkampagne, die durch den Chefredakteur der Fachzeitschrift »Der Artist«, Waldemar Otto, ausgelöst wurde, führte schließlich mit zu deren Auflösung im Sommer 1897. Obwohl er alle Prozesse verlor, war es um den Ruf der Schwestern geschehen. Inger und Gertrude machten noch einige Zeit als »Sisters Morton« weiter. Nach ihrer Trennung ging Gertrude nach Dresden und studierte an der Kunstakademie Malerei. Sie kehrte 1906 zur Bühne zurück und trat in historischen Tänzen (Menuett, Gavotte, *Kathinka Polka* von Strauß, Vater) mit Originalkostümen auf. Gastspielreisen führten sie wieder in die großen Varietés in Deutschland, u.a. 1907 in den Berliner Wintergarten. Im Wiener literarischen Kabarett Nachtlicht lernte sie den Dichter Peter Altenberg kennen, dessen Werke sie erstmals in Berlin bei Paul Cassirer im Verein für Kunst 1907 vortrug. In Wien gründete sie 1920 eine Schule für Kunsttanz, Ausdruckslehre für Bühne und Film, rhythmische Gymnastik und moderne Gesellschaftstänze. 1921 wirkte sie im Film *Spiegel der Zeit* mit. In den 30er Jahren widmete sie sich der Astrologie. Sie starb am 28. August 1946 in Kopenhagen.

Brygida Ochaim

ANITA BERBER

* 10.6. 1899 Leipzig
† 10.11.1928 Berlin

deutsche Nackttänzerin,
Fotomodell, Filmschauspielerin

Anita Berber,
Fotografie von Anny Eberth
[Kat.-Nr. 59]

Mit 16 Jahren nahm Anita Berber in Berlin-Grunewald Tanzunterricht bei Rita Sacchetto und wirkte 1916/17 in Tanzaufführungen und Gastspielen der Ballettschule mit. Im März 1917 erhielt sie bereits ihr erstes Engagement im Apollo-Theater Berlin und zeigte u.a. ihren *Koreanischen Tanz* zu Constant van de Walls Musik *Besko pengantin*. Anschließend erschien sie bei Rudolph Nelson und im Berliner Wintergarten. Pirelli wurde ihr neuer Ballettmeister, der mit ihr einen neuen Tanzstil erprobte und die Programme für die folgenden Gastspielreisen zusammenstellte (November 1917, Apollo-Theater Wien, Orpheum Budapest). Der österreichische Bildhauer Constantin Holzer-Defanti gestaltete für das Rosenthal-Werk in Selb zwei Anita Berber-Figuren (*Koreanischer Tanz* und *Pierrette*, beide 1919). Am 23. Januar 1919 gab sie im Blüthner-Saal in Berlin einen Solotanzabend mit Edgar Cleve am Klavier. Sie präsentierte u.a. *Die Pritzelpuppe* zu Musik von Jaap Kool. In dieser Zeit heiratete sie von Nathusius. Die Ehe wurde nach zwei Jahren wieder gelöst. Sie besuchte lesbische Bars und Klubs, in denen sie auch tanzte. Skandale und Tumulte begleiteten ihre Auftritte. Richard Oswald entdeckte sie 1918 für den Film. Sie wirkte in ca. 24 Filmen mit, darunter in den Oswald-Produktionen *Das Tagebuch einer Verlorenen* (1918), *Anders als die Anderen* (1919), *Unheimliche Geschichten* (1919), *Lucrezia Borgia* (1922). In Fritz Langs *Dr. Mabuse, der Spieler* doubelte sie die Rolle der Tänzerin Cora Carozza. 1919 spielte sie im Phantastischen Theater in einer Inszenierung von Arthur Schnitzlers *Reigen*. Sie begann, gemeinsam mit Sebastian Droste (Willi Knobloch) aufzutreten, der vormals im Nacktballett von Celly de Rheidt getanzt hatte. Er choreographierte die *Tänze des Lasters, des Grauens und der Ekstase*. Die getanzten Gedichte hießen: *Selbstmord, Morphium, Haus der Irren, Cocain, Die Nacht der Borgia, Die Leiche auf dem Seziertisch*. Anita Berber heiratete Sebastian Droste. Alkohol und Kokain begannen, ihre Gesundheit zu schwächen. In Wien gaben sie im Großen Konzerthaus-Saal im November 1922 ein skandalumwittertes Gastspiel. Droste wurde wegen versuchten Betrugs verhaftet. Beide mußten Österreich verlassen. Droste ging nach New York und arbeitete als Amerika-Korrespondent für die »BZ am Mittag«. Nach ihrer Scheidung heiratete er Pola Negri und in der Folge Gloria Swanson. Anita ehelichte den aus Baltimore stammenden Tänzer und künftigen Partner Henri Châtin-Hofmann. Der Komponist Franz Bruinier komponierte für sie die Revue-Musik *Die Welt im Spiegel*. Otto Dix lernte Anita Berber 1925 kennen und malte sie. 1926 unternahm das Paar eine Tournee in Holland und 1927 in den Nahen Osten. Ein Jahr lang tanzten sie in Nachtlokalen und eleganten Hotels. Am 13. Juli 1928 brach sie auf der Bühne zusammen. Sie starb kurz nach ihrer Rückkehr im Berliner Krankenhaus Bethanien am 10. November 1928.

EMILIENNE D'ALENÇON

(geb. Emilienne André)
* 1869 Paris
† Nizza

französische Tänzerin,
Schauspielerin, Kurtisane

E. D'ALENÇON

Emilienne d'Alençon,
Fotografie von Reutlinger
[Kat.-Nr. 72]

Mit etwa 15 Jahren wurde sie von dem Schau-spieler Abel Tarride für eine Frankreich-Tournee engagiert. In seiner Truppe war sie Soubrette und verkörperte »kokette Frauen«. In Paris trat sie 1889 in Franconis Cirque d'Eté in einer Num-mer mit dressierten Kaninchen auf. Sie wurde die Geliebte des Herzogs d'Uzès und seines Sohns Jacques. Im Théâtre des Nouveautés de-bütierte sie in *Paris Boulevard* und in *Vénus d'Arles*. Sie erschien 1891 in der Revue *Que d'eau! Que d'eau!* und 1892 als Serpentintänzerin in der *Tararaboum Revue*. Im Scala Theater trat sie in *Emilienne aux Quat'z'Arts* auf. Sie spielte in den Folies-Bergère in *La Belle et la Bête* und in Cour-telines und Marsolleaus *Bal des Quat'z'Arts*. Eine Lithographie von Toulouse-Lautrec (1893) zeigt die Ballettmeisterin Mariquita und Emilienne d'Alençon bei der Generalprobe des Stücks. In London trat sie 1901 im Ballett *The Red Slippers* im Alhambra Varietétheater auf und feierte neben der Schauspielerin Julie Seale im Olympia Theater in Paris große Erfolge in dem Ballett *L'Amour Bohème*. Am 15. Oktober 1902 tanzte sie in den Folies-Bergère die Rolle der Marguerite im »Grand Ballet Féerie« *Faust*, zusammen mit Jane Thylda als Méphisto. Jacques Hennessy richtete ihr ein Hôtel Particulier[4] in der Avenue Victor-Hugo ein. Mit der Kurtisane Valtesse de la Bigne verband sie eine Freundschaft und Liebesbe-ziehung. 1906 verließ sie die Bühne und wandte sich dem Pferderennen zu. Sie erwarb einen Rennstall und soll den Jockey Percy Woodland geheiratet haben, der 1916 in Ägypten fiel. 1918 erschien ihre Poesie-Sammlung *Sous le masque* bei Edward Sansot. Ihre Spielleidenschaft dezimierte ihre Finanzen. Später zog sie nach Nizza und starb dort über siebzigjährig. Ihre Tochter Marthe ließ sie in Paris begraben.

Brygida Ochaim

GABY DESLYS

(Gabrielle Caire)
* 4.9.1881 Marseille
† 11.2.1920 Montrouge

französische Revuetänzerin,
Sängerin und Schauspielerin

Gaby Deslys, Fotografie von Veit, 1910
[Kat.-Nr. 77]

In Marseille erhielt sie am Konservatorium Gesangsunterricht. Ihre künstlerische Laufbahn begann 1898 in den Folies-Bergère in Paris. Sascha Guitry hatte sie dem Direktor vorgestellt. In der Folge trat sie im Théâtre Capucines, im Mathurins und Olympia auf. Auf dem Höhepunkt ihres dortigen Erfolgs angelangt, verließ sie Paris und ging nach London. Am 29. September 1906 trat sie erstmals im Gaiety Theatre in der Burleske *The New Aladdin* als The Charm of Paris auf. Weitere Engagements im Palace und Alhambra Theatre schlossen sich an. In letzterem spielte sie 1910 die Titelrolle in *Les Caprices de Suzette*. Ihre Liaison mit König Manuel von Portugal sorgte für viel Aufsehen in der Presse, da sie mit dessen Entthronisierung (1910) und politischen Unruhen in Portugal in Verbindung gebracht wurde. Dieses Gerücht eilte ihrem Gastspiel in New York voraus und wurde Gegenstand der Burleske *Gaby* (New York, Folies Bergere[5], 16.4.1911). Ihr New Yorker Debüt gab sie am 27. September 1911 im Winter Garden Theatre mit *Les Debuts de Chichine* und anschließend erschien sie im gleichen Theater in der Operette *Vera Violetta* (20.11.1911). Im Februar 1912 kehrte Gaby Deslys mit ihrem zukünftigen Tanzpartner Harry Pilcer (1885-1961) nach Paris zurück, der für sie den *Gaby Glide* kreierte. Sie brachten Modetänze mit, wie den *Grizzly Bear* oder *Siberian*, die sie mit großem Erfolg in den Operetten-Sketchen *A Day in Trouville* und *Mamselle Chic* im Pariser Théâtre Femina, im Wiener Apollo-Theater und Londoner Palace Theatre tanzten. Erneute Gastspiele führten sie nach New York. Sie spielte in *Honeymoon Express* (Winter Garden Theatre, 1912) und *The Belle of Bond Street* (Shubert Theatre, 30.3.1914). Sie erschien 1915 in *Rosy Rapture, the Pride of the Beauty Chorus*, einer Revue von Sir James Barrie im Duke of York Theatre, sowie in *5064 Gerrard* im Alhambra Theatre und in Irving Berlins *Stop!Look!Listen!* im Globe Theatre (25.12.1915). Zusammen mit Harry Pilcer wirkte sie in den Filmen *The Triumph* (Famous Players Film Co., 1915) und *Infatuation* (1918) von Louis Mercanton mit. Im Casino de Paris traten sie 1917 in Jacques Charles' Ausstattungsrevue *Laissez-le-tomber!* auf, der sogenannten »Leiter Revue«. Sie waren zu dieser Zeit das meistgefeierte Tanzpaar der Music-Hall, gefolgt von Maurice Chevalier und Mistinguett, die das Paar im darauffolgenden Jahr ersetzten. Gaby Deslys etablierte mit ihren teilweise von Erté entworfenen Kostümen und Straußenfedern einen neuen Stil. Sie brachte die erste Jazzband (Alexander's Rag Time Band) nach Paris. Zuletzt war sie 1919 im Théâtre Femina in einer Revue von Mme Rasimi zu sehen. Sie starb am 11. Februar 1920 in Montrouge an einer Kehlkopferkrankung. Sie vermachte ihr Vermögen der Stadt Marseille für wohltätige Zwecke.

OLGA DESMOND

(geb. Olga Sellin)
* 1891 in Allenstein (Ostpreußen)
† 2.8.1964 Berlin

deutsche Nackttänzerin,
Filmschauspielerin

Olga Desmond
[Kat.-Nr. 104]

Sie studierte Schauspiel an der Marie-Seebach-Schule. In dieser Zeit begann sie Berliner Künstlern Modell zu stehen. 1907 schloß sie sich der Artistengruppe Seldoms an und trat während eines neunmonatigen Gastspiels im London Pavilion als Venus in »plastischen Darstellungen« auf. In Berlin war sie Mitbegründerin der »Vereinigung für ideale Kultur« und gab Vorstellungen, in denen sie lebende Bilder nach antiken Vorbildern nachstellte. 1908 wurden diese *Schönheit-Abende* mehrfach verboten. Ihre Auftritte im Januar 1909 im Berliner Wintergarten führten zu einem Skandal und gaben Anlaß zu Auseinandersetzungen im Preußischen Landtag. Kosmetikprodukte trugen ihren Namen. Zahlreiche Gastspielreisen führten sie bis 1914 durch Deutschland. Sie heiratete einen ungarischen Großgrundbesitzer namens Gros, mit dem sie sich auf sein Gut bei Budapest zurückzog. Von 1916 bis 1918 spielte sie in verschiedenen Filmen wie z.B. in *Seifenblasen* mit Carl Auen, *Maria's Sonntagsgewand* und *Mut zur Sünde* (1918) gemeinsam mit Hans Albers. 1917 kehrte sie nach der Trennung von ihrem Mann zur Bühne zurück und trat erstmals wieder am 15. April im Theater der Königlichen Hochschule für Musik in Berlin auf. Vermutlich erschien sie im gleichen Jahr in einer *Carmen*-Festaufführung in Köln. Sie gab Tanzabende u.a. in Warschau, Breslau, Kattowitz. Wohl während des Ersten Weltkriegs heiratete sie den Kaufmann Patrick Pieck, der als erster Batikseide in Deutschland herstellte und vertrieb. 1919 wurde die von ihr entwickelte Tanznotenschrift *Rhythmographik* in der Bearbeitung von Fritz Böhme veröffentlicht. Sie trat bis ca. 1922 weiter auf und widmete sich dann dem Tanzunterricht. Zu ihren Schülerinnen zählte u.a. Herta Feist, ein späteres Mitglied der Tanzgruppe Rudolf von Labans. 1929 war sie nochmals im Manegeschauspiel *Weißes Gold* im Zirkus Busch zu sehen. Nachdem ihr Mann Deutschland aufgrund seiner jüdischen Herkunft verlassen mußte, übernahm Olga Desmond sein Atelier für Bühnenausstattung in der Nähe der Friedrichstraße. Sie starb am 2. August 1964 in Berlin.

Brygida Ochaim

LOÏE FULLER

(geb. Marie Louise Fuller)
* 22.1.1862 Fullersburg, Illinois
† 2.1.1928 Paris

amerikanische Burlesk-Schauspielerin,
Sängerin, Serpentintänzerin, Erfinderin

Loïe Fuller,
Fotografie von Napoleon Sarony, vor 1892
[Kat.-Nr. 110]

Bevor sie ihre Laufbahn als Tänzerin und Choreographin begann, wirkte sie von 1878 bis 1891 als Schauspielerin und Sängerin in zahlreichen Burlesken, Farcen und Operetten mit, u.a. in den Nat Goodwin Produktionen *Little Jack Sheppard*, *Turned Up* (1886) und *The Big Pony or The Gentlemanly Savage* (1887). In Alfred Thompsons *The Arabian Nights or Aladdin's Wonderful Lamp* (1887) verkörperte sie die Rolle des Aladdin. 1882/83 spielte sie in Buffalo Bills *Wild West Show* Banjo. Als Serpentintänzerin trat sie erstmals in Rud Aronson's Casino Company hervor. Ihr Tanz war zunächst als Divertissement im zweiten Akt von Audrans Operette *Uncle Celestin* zu sehen.

Nach Aufführungen in Boston und Brooklyn kam die Produktion am 15. Februar 1892 nach New York ins Casino Theatre. Auf Anraten des Dirigenten Sohmers entschloß sie sich, nach Paris zu gehen. Zuvor nahm sie ein Engagement im Berliner Wintergarten an. Erst in Paris gelang ihr der entscheidende Durchbruch. Am 5. November 1892 gab sie in den Folies-Bergère mit den Tänzen *La Serpentin, La Violette, Le Papillon* und *XXXX* (den sie später *La Danse Blanche* nannte) ihr sensationelles Debüt. Sie blieb die ganze Saison und trat dort wiederholt bis Februar 1899 auf. 1893 ließ sie sich ihr Kostüm und »Bühnenvorrichtungen zur Erzeugung von Illusionseffekten« in Frankreich und London patentieren. Mit ihren synästhetischen Inszenierungen begeisterte und inspirierte sie viele Künstler ihrer Zeit. Henri de Toulouse-Lautrec, Jules Chéret, Will Bradley, Thomas Theodor Heine, James McNeill Whistler, Maurice Denis u.v.a. verewigten sie in ihren Kunstwerken. Sie arbeitete als erste mit farbigen Lichtprojektionen und elektrischem Licht. Gabriel Pierné schrieb 1895 die Musik zu Fullers Interpretation der *Salomé*, die am 4. März 1895 in der Comédie-Parisienne als lyrische Pantomime von Charles H. Meltzer und Armand Silvestre uraufgeführt wurde. Im gleichen Jahr entstanden die Tänze *La Nuit, Le Firmament, Le Lys du Nil* und *Le Feu*, die sie 1896 während einer Amerika-Tournee auch in Koster and Bial's Music-Hall vorstellte. Weitere Tourneen führten sie nach Südeuropa und Südamerika. Von Henri Sauvage ließ sie sich zur Pariser Weltausstellung 1900 einen Theaterpavillon errichten. Als Förderin von Isadora Duncan, Maud Allan, Sada Yacco und Hanako organisierte sie zahlreiche Tournee-Aufführungen. Ab 1902 trat sie auch mit einer Gruppe junger Tänzerinnen auf. Im März 1903 zeigte sie im National Arts Club zusammen mit ihrer privaten Sammlung Werke von Auguste Rodin. Im Jahr darauf schuf sie ihren *Radium Dance* mit fluoreszierenden Effekten. Die Musik zu Fullers zweiter *Salome*-Inszenierung von Robert d'Humières *La Tragédie de Salomé* stammte von Florent Schmitt. Die Uraufführung fand am 9. November

1907 im Théâtre des Arts statt. 1908 erschien ihre Autobiographie *Quinze ans de ma vie*. In der Folge schuf sie für ihre Kompagnie zahlreiche Ballette u.a. zu Mozarts *Les Petits Riens* (Théâtre Femina, 11.11.1911), Debussys *Nocturnes* (Théâtre des Champs-Elysées, 6.5.1913), Scrijabins *Prométhée ou Le Poème du Feu* und Stravinskys *Le Feu d'Artifice* (Théâtre du Châtelet, 4.5.1914). *Le Lys de la vie* entstand nach einem Märchen der Königin Marie von Rumänien (Théâtre de l'Opéra, 1.7.1920), das Loïe Fuller auch verfilmte. Weiterhin arbeitete sie an den Filmen *Visions des rêves* und *Coppelius und der Sandmann* mit. Letzterer blieb unvollendet. Loïe Fuller starb am 2. Januar 1928 in Paris. Sie leistete mit ihren neuartigen Erfindungen einen wesentlichen Beitrag zur Bühnenreform Anfang des 20. Jahrhunderts. Sie tanzte abstrakt und ebnete damit dem modernen Tanz den Weg.

LA GOULUE

(geb. Louise Joséphine Weber)
* 12.7.1866 Clichy la Garenne
† 30.1.1929 Paris

französische Cancan-Tänzerin,
Dompteuse

La Goulue
[Kat.-Nr. 116]

Sie tanzte in verschiedenen Bals publics, bevor sie Anfang 1880 ihre Laufbahn als professionelle Tänzerin begann. Sie trat im Nouveau Cirque auf und tanzte die Quadrille im Ambassadeur, im Alcazar d'Hiver, im Elysée-Ménilmontant. Von 1882 bis 1895 trat sie regelmäßig im Elysée-Montmartre auf. Zeitweise tanzte sie zusammen mit ihrer Schwester Victorine, die sich »Gazelle« nannte. Sie stand den Malern Goupil und Auguste Renoir Modell. Henri de Toulouse-Lautrec, der ihr erstmals um 1895 im Moulin de la Galette begegnete, hielt sie in zahlreichen graphischen Werken fest. Er sagte über sie: »Sie hat eine Aufrichtigkeit, die man bei keiner anderen findet; mal fröhlich, mal schüchtern, kühn oder katzenhaft graziös, geschmeidig wie ein Handschuh.«[6] Durch den Mann der Schwester lernte sie das Jahrmarktsmilieu kennen. Bereits in dieser Zeit begann sie, mit Raubtieren zu arbeiten. Im Bal Bullier machte sie die Bekanntschaft mit ihrem zukünftigen Tanzpartner Valentin le Désossé (Etienne Renaudin 1843-1907). Zur Truppe im Elysée-Montmartre gehörte außerdem Grille d'Egout (Lucienne Beuze), die die Tänze choreographierte. Am 12. Januar 1889 engagierte Fernando La Goulue für die Aktualitäten-Revue *En Selle*. Im Moulin de la Galette spielte sie die Rolle einer Commère (Klatschweib) in einer Revue von Victor Douailhac und Henri Weill. Mit ihrem Engagement im Moulin Rouge, das im Jahr der Pariser Weltausstellung am 6. Oktober 1889 eröffnete, erlangte sie als »reine du quadrille« Weltruhm. Sie trat dort mit Unterbrechungen bis 1895 auf. Die Gebrüder Joseph und Jean Oller übernahmen 1892 die Direktion des Moulin Rouge. Am 11. April 1893 tanzte sie mit großem Erfolg bei

Brygida Ochaim

der Eröffnung von Joseph Ollers neuer Music-Hall Olympia am Boulevard des Capucines. Sie trat in Salons auf und tanzte die Quadrille mit Valentin und Môme Fromage, ihrer zeitweiligen Liebhaberin, auf dem Opernball. 1895 verließ sie das Moulin Rouge und erwarb auf dem Foire du Trône eine Jahrmarktsbude. Sie zeigte sich dort in orientalischen Tänzen – *La Goulue en almée.* Von Toulouse-Lautrec stammten die links und rechts vom Eingang angebrachten Paneele, die er auf ihre Bitte malte. 1898 installierte sie ihre Jahrmarktsbude in Neuilly. Zusammen mit José Nicole Droxler, den sie am 10. Mai 1900 heiratete, gastierte sie als Raubtierbändigerin auf vielen Jahrmärkten. Zuletzt erschien sie am 30. November 1917 in einer Revue von Rip und Henri Varna im Théâtre des Bouffes du Nord, einer Produktion von Léon Volterra. Bis zu ihrem Tod lebte sie in einem Schausteller-Wohnwagen im Pariser Vorort Saint-Quen. Sie starb am 30. Januar 1929 in einem Krankenhaus in Paris.

Rosario Guerrero
[Kat.-Nr. 137]

ROSARIO GUERRERO

* 1880 Sevilla
† (unbekannt)

spanische Tänzerin und Schauspielerin

La Guerrero trat erstmals in Madrid auf und ging von dort nach Paris. »There I learned how to mime and my dances came in natural sequence«[7], erklärte sie in einem Interview. Sie debütierte mit großem Erfolg in den Folies-Bergère. In den großen Pariser Music-Halls trat sie mit La Belle Otéro, als deren Nachfolgerin sie bald gelten sollte, im Wettstreit auf. Sie tanzte und spielte in verschiedenen Pantomimen in Wien, Neapel, Mailand, Rom, St. Petersburg und Berlin. 1903 feierte sie das Londoner Publikum in ihrer *Carmen*-Interpretation im Alhambra Theatre. Florence Ziegfeld engagierte sie mit ihrem neuesten Mimodrama *The Rose and the Dragger (Dolch und Rose)* für die Oper *The Red Feather,* das sie im zweiten Akt als »extra« im Lyric Theatre New York zeigte (Premiere 9.11.1903). *Dolch und Rose* blieb lange in ihrem Repertoire. Im Jahr darauf präsentierte sie ihre *Carmen* im New York Roof Garden. Ihre Popularität führte dazu, daß Hüte, Schleifen, Blumen und Handschuhe nach ihr benannt wurden. Bis ca. 1910 kehrte sie fast jährlich nach New York zurück und tourte durch die Vereinigten Staaten. Sie verzichtete in ihren Darstellungen auf übertriebene Gestik. Darin lag, einem zeitgenössischen amerikanischen Zeitungsbericht zufolge, das Geheimnis ihres Erfolgs. Friedrich August von Kaulbach malte sie mehrmals 1903/04, und um 1908 entstand sein Gemälde *Rosario Guerrero als Carmen.* Wiederkehrende Gastspielreisen führten sie ans Münchner Deutsche Theater (*Das Mädchen der Berge,* 24.6.1905, 27.6.1907), ans Hamburger Hansa-Theater, in den Berliner Wintergarten, ans Wiener Apollo-Theater (*Das Alp-*

drücken, 6.11.1905, *Dolch und Rose*, 15.9.1907). Der belgische König, der Zar und Großherzog Boris zählten zu ihren Bewunderern. Sie war ein vielgefeierter Star. 1909 heiratete sie ihren Partner Louis Paglieri. Am 16. August 1911 war sie mit ihrem Mann nochmals im Théâtre Marigny in Paris zu sehen. Dann verlor sich ihre Spur.

MADELEINE G.

(Madeleine Guipet)
* 1874 Tiflis
† (unbekannt) vermutl. Paris

georgisch-französische Traumtänzerin
(Schlaftänzerin)

Madeleine G.,
Fotografie aus dem Atelier E. Kintschel
[Kat.-Nr. 144]

Sie entstammte einer wohlhabenden Familie. Der Schweizer Vater arbeitete als Ausstatter für den Schah von Persien. Mit 18 Jahren ging Madeleine nach Paris und heiratete dort 25jährig den Bauunternehmer Guipet. Sie war Mutter von zwei Kindern. Sie behauptete, nie tanzen gelernt zu haben. 1902/03 suchte sie aufgrund eines Kopfwehleidens den Magnetiseur Magnin in Paris auf. Während der »mesmerisch-suggestiven« Behandlung verfiel sie »...in den Zustand des aktiven Somnambulismus«. Im Hypnose-Zustand entwickelte sie bei Einwirkung von Musik außergewöhnliche mimisch-tänzerische Ausdrucksfähigkeiten. Im Februar 1904 stellte der in München niedergelassene praktische Arzt Dr. Freiherr von Schrenck-Notzing die Traumtänzerin einem ausgewählten Publikum vor. Die Tanzabende fanden im Privathaus eines Mitgliedes der 1886 gegründeten Psychologischen Gesellschaft in München statt. Sie tanzte zu improvisierter Musik, dirigiert vom Hofkapellmeister Stavenhagen. Am 12. März 1904 gab sie eine Demonstration vor dem ärztlichen Verein im Hörsaal eines Krankenhauses. Das große Interesse führte zu weiteren Darbietungen im Münchner Schauspielhaus. Im gleichen Jahr publizierte Dr. Freiherr von Schrenck-Notzing eine »psychologische Studie über Hypnose und dramatische Kunst« am Beispiel der Traumtänzerin »Magdeleine G.« Magnin behandelte das Thema gleichfalls in einem Buch, das im Pariser Verlag Alçon erschien. Der Schweizer Maler Albert von Keller (1844-1920) und Friedrich August von Kaulbach (1850-1920) haben sie mehrfach gemalt. 1904 folgten weitere Vorstellungen in der Pariser Opéra Comique. Ein Programm vom 3. Mai 1909 kündigte sie im Palace Theatre in London als »The Magdeleine« an, »...who, when under hypnotic influence, dances, mimes and sings anything suggested by members of the audience«. Sie trat vermutlich bis 1914 in verschiedenen Theatern auf und erlangte als Traumtänzerin weltweiten Ruf. Die Darstellung des Unbewußten im Tanz übte eine große Faszination aus und blieb nicht ohne Wirkung auf die folgende TänzerInnen-Generation.

Brygida Ochaim

Mata Hari,
Fotografie von Waléry
[Kat.-Nr. 149]

MATA HARI

(geb. Margaretha Geertruida Zelle)
* 7.8.1876 Leeuwarden
† 15.10.1917 Vincennes

holländische Tänzerin, Kurtisane,
Doppelagentin

Mit 19 Jahren heiratete sie den Kolonialhaupt-
mann Rudolph (John) MacLeod. Nach einem Aufenthalt auf Java und an der Ostküste Sumatras
von 1897 bis 1902 trennte sich das Paar. Margaretha Geertruida Zelle ging 1904 nach Paris.
Ohne Ausbildung beschloß sie, Tänzerin zu
werden. Auf Einladung des Industriellen Emile
Guimet tanzte sie am 13. März 1905 in seinem
Museum vor einem ausgesuchten Publikum. Unter ihrem Künstlernamen Mata Hari (Auge des
Morgens) präsentierte sie Nachempfindungen indischer Tempeltänze. Die Szene, in der sie zuletzt
»nackt« zu sehen war, wurde eine Sensation. Es
folgten Auftritte in den Salons von Baron de Rothschild, Cécile Sorel, Gaston
Menier, Natalie Clifford Barney. Der legendäre Impresario der Ballets Russes,
Gabriel Astruc, wurde ihr Manager. Im Pariser Theater Olympia erschien sie
1906 erstmals vor großem Publikum im Rahmen eines Varietéprogramms. In
Monte Carlo sah man sie im dritten Akt von Massenets Oper *Le Roi de Lahore* neben der Ballerina Carlotta Zambelli. Mata Hari feierte Erfolge in Wien (Apollo-
Theater) und gab in Berlin eine Vorstellung für die kaiserliche Familie. Sie kehrte
1907 nach Paris zurück. 1910 übernahm sie die Rolle der Kleopatra in *Antar* von
Rimskij-Korsakov in Monte Carlo. Während der Theatersaison 1911/12 präsen-
tierte Mata Hari in der Mailänder Scala ihren Tanz *Die Prinzessin und die Zauber-
blume* im fünften Akt von Glucks Oper *Armide* und verkörperte die Venus in
Marencos Ballett *Bacchus und Gambrinus*. Unvermutet erschien sie als spanische
Tänzerin in *La Revue en Chemise* am 28. Juni 1913 in den Folies-Bergère. Bei Ausbruch des Krieges hielt sie sich in Berlin auf. Ein Engagement ans Metropol-
Theater für das Stück *Der Millionendieb* kam nicht mehr zustande. Sie kehrte nach
Holland zurück. Noch einmal war sie im Königlichen Theater von Den Haag im
Ballett *Les Folies Françaises* zu sehen. Mata Hari ließ sich als Agentin vom deutschen wie vom französischen Geheimdienst anwerben. Damit begab sie sich auf
ein Terrain, das ihr nicht vertraut war, und verstrickte sich hoffnungslos. 1917
wurde sie in Paris verhaftet und wegen Hochverrats zum Tod durch Erschießen
verurteilt. Die Hinrichtung fand am 15. Oktober 1917 in Vincennes statt.

CLÉO DE MÉRODE

(Cléopatre-Diane de Mérode)
* 27.9.1875 Paris
† 17.10.1966 Paris

französische Ballerina und Varieté-Tänzerin

Cléo de Mérode
[Kat.-Nr. 179]

Ihre Ballettausbildung begann mit sieben Jahren an der Pariser Oper bei Mlle Théodore. Hansen wurde später ihr Ballettmeister. Mit elf Jahren stand sie bereits an der Oper unter Vertrag. In dieser Zeit saß sie Degas und Forain Modell. Ein Stirnband, das die Haare über den Ohren zusammenhielt, wurde seit ihrem 16. Lebensjahr zu ihrem Markenzeichen. 1896 gewann sie einen Schönheitswettbewerb, den René Baschet von der Zeitschrift »Illustration« organisierte. Im gleichen Jahr lud sie der Bildhauer Alexandre Falguière in sein Atelier. Die Skulptur, die er unter dem Titel *Danseuse* im Salon ausstellte, erregte großes Aufsehen. Ein erstes Engagement außerhalb der Oper war die Folge. Im Grand Casino von Royan tanzte sie die Rolle der Phryné im gleichnamigen Ballett von Auguste Germain (Musik: Louis Ganne). Die Premiere am 1. August 1896 wurde ein großer Erfolg. Eine angebliche Liaison mit dem belgischen König Leopold II. stritt sie immer ab. Dieses Gerücht gab zu zahlreichen Karikaturen Anlaß, und der König erhielt den Beinamen Cléopold. Zu ihren vielen Bewunderern zählte u.a. der Maharadscha von Kapurt[h]ala. Inzwischen tanzte sie in der Oper in großen Balletten wie *Les Deux Pigeons* (Musik: André Messager), *La Korrigane* (Ballett von Charles-Marie Widor), *Etoile* (Libretto: Adolphe Aderer, Musik: André Wormser). Gustave Charpentier trat an sie heran und engagierte sie für die Rolle der La Beauté in *Le Couronnement de la Muse* im Nouveau Théâtre (5.6.1897). Es folgte ein Gastspiel im New Yorker Varietétheater Koster and Bial's, wo sie mit großem Erfolg in der Ballettpantomime *Faust* erschien. Anschließend tanzte sie im Hamburger Hansa-Theater (September 1898) und Berliner Wintergarten (November/Dezember 1898). Aufgrund der vielen lukrativen Angebote verließ sie die Oper, um fortan im Varieté aufzutreten. 1900 kreierte sie ihren berühmten exotischen Tanz *La Cambodgienne*, den sie zur Pariser Weltausstellung im Théâtre Indochinois präsentierte. Im November 1901 trat sie erstmals in den Folies-Bergère in der Ballett-Pantomime *Lorenza* von Rodolphe Darzens (Musik: Franco Alfano) auf. Mariquita choreographierte ihre Tänze, woraus sich eine langjährige Zusammenarbeit entwickelte. Zahlreiche Gastspielreisen führten sie durch ganz Europa. Während ihrer Engagements im Münchner Deutschen Theater (Herbst 1903 und April 1904) stand sie den Malern Friedrich August von Kaulbach und Franz von Lenbach Modell. 1904 wirkte sie in Paul Francks lyrischer Pantomime *Tanagra* in der Rolle der Heroin mit. Am 4. Januar 1908 tanzte sie für die Kaiserliche Familie in Berlin, und im gleichen Jahr interpretierte sie die Rolle der Phoebé in *Endymion et Phoebé* in der Opéra Comique an der Seite von Régina Badet. Ihre ausgiebigen Tourneen setzte sie bis zum Ersten Weltkrieg fort. 1920 unternahm sie weitere Gastspielreisen

Brygida Ochaim

in Frankreich. Allmählich zog sie sich von der Bühne zurück. 1934 erschien sie noch einmal in Henri Varnas *Revue 1900* im Pariser Alcazar. Simone de Beauvoir bezeichnete Cléo de Mérode in ihrem Buch *Der zweite Sexus* (1950) als Kurtisane, woraufhin sie einen Prozeß wegen Beleidigung anstrengte. Ihre Memoiren wurden 1955 publiziert. Sie starb am 17. Oktober 1966 in Paris.

STASIA NAPIERKOWSKA

* 16.12.1886 Paris
† 1939 Paris

französische Ballett- und
Varieté-Tänzerin,
Filmschauspielerin

Stasia Napierkowska
[Kat.-Nr. 189]

Sie erhielt ersten Unterricht in klassischem Tanz von ihrem Vater in Scutari (Montenegro), der dort die Akademie der Schönen Künste leitete. In Paris setzte sie ihre Ausbildung fort und tanzte bald an der Opéra Comique in zahlreichen Choreograhien von Mariquita wie in *Blanc et Noir* von Toulmouche, *Les Lucioles* von Claude Terasse, *Snégourotchka* von Rimskij-Korsakov und *Myrtil* von Ernest Garnier. Mariquita war seit 1898 Ballettmeisterin an der Opéra Comique. Sie stammte aus Algerien und hatte zuvor für die Folies-Bergère gearbeitet. Stasia Napierkowska tanzte 1903 ein Solo in der Oper *La Reine Fiammette* von Xavier Leroux im Divertissement *Danse de Fous*. Im Théâtre Lyrique de la Gaité erschien sie 1912 mit einem exotisch-arabischen Tanz in *Nail*, einem lyrischen Drama von Isidore de Lara. Von der Opernbühne zog es sie zu Film und Varieté. Zwischen 1908 und 1926 wirkte sie in einer Reihe von französischen und italienischen Stummfilmen mit, u.a. in *Les Vampires* (1915) von Louis Feuillade, *Cléopâtre* (1910) von Ferdinand Zecca, *L'Ombres du passé* (1925) von Fred Leroy-Grandville zusammen mit Musidora. Sie begann 1911, mit Solotänzen aufzutreten, in denen sie eine Vorliebe für das Exotische zeigte. In Wien präsentierte sie in Ben Tiebers Apollo-Theater *Die Gefangene*. Sie hatte diese Rolle für *Antar* von Rimskij-Korsakov für das Pariser Théâtre Odéon kreiert, in der sie *La Danse du Feu* aufführte. Die Zusammenarbeit wurde mit dem Ballett *Les Ailes* in den Folies-Bergère fortgeführt, das auf einer arabischen Legende beruhte. Die dafür geschaffenen Tänze *La Danse des Supplications* und *La Danse de l'Abeille* zeigte sie zusammen mit *La Danse du Feu* aus *Antar* als Programm, u.a. im Dezember 1911 im Palace Theatre London. Sie erschien 1912 mit einem japanischen Tanz in der *Revue de l'Olympia*. 1913 unternahm sie eine Amerika-Tournee, die in Chicago begann. Während der Schiffsreise begegnete sie dem Maler Francis Picabia, der ihr in Erinnerung an diese Reise die Bilder *Danseuse étoile sur un transatlantique* und *Mechanical expression seen through our own mechanical expression* widmete. Im Eröffnungsprogramm des New York Palace Theatre am 24. März 1913 präsentierte sie ihre drei erfolgreichen Solotänze. Ihr Engagement wurde gekürzt, da die Sittenpolizei ihre Aufführungen als zu gewagt ansah. Die Startänzerin »von der großen Oper in Paris« zog sich nach ihrer Heirat von der Bühne zurück. Sie starb 1939 in Paris.

LA BELLE OTÉRO

(geb. Augustine Carolina Carasson)
* 25.12.1868 Cadiz
† 1965 Nizza

spanische Gesangstänzerin,
Kurtisane

La Belle Otéro,
Fotografie von Reutlinger
[Kat.-Nr. 211]

Sie debütierte in Lissabon im Teatro Avenida mit einer Tanz- und Gesangseinlage in der Operette *La Gran Via*. Im Kristallpalast von Barcelona wirkte sie in der Operette *Die Reise in die Schweiz* mit. Sie schloß sich der Truppe des Impresario Florio an und trat in Oporto mit spanischen Liedern auf. In dieser Stadt heiratete sie einen verarmten italienischen Grafen und Sänger. Auftritte im Kristallpalast von Marseille führten zu einem Skandal. Ein Gesangskonzert anläßlich eines Gesellschaftsabends im Grand Véfour am 30. Dezember 1889 lancierte sie in Paris. Charles Franconi engagierte sie im Frühjahr 1890 für den Cirque d'Eté. Sie begeisterte das Publikum mit einem Tango und einer Jota. Am 1. Oktober 1890 erschien sie erstmals mit ihrem Tanzpartner Evariste in New York im Eden Musée, einem Theater mit Wachsfigurenkabinett. Das erfolgreiche Gastspiel wurde bis August 1891 verlängert. Anschließend verspielte sie ihre gesamte Gage im Spielcasino von Monte Carlo. Die Direktoren Baron und Dorn verpflichteten sie für den Berliner Wintergarten. Weitere Engagements in Wien, Budapest (Theater Sonuchi), Moskau, St. Petersburg (Theater Malincka) folgten. Schmuck war ihre Leidenschaft und beste Reklame für ihre Auftritte. Sie besaß die Perlenhalsbänder der Ex-Kaiserin Eugénie, der Kurtisane Léonide Leblanc und der Kaiserin von Österreich. Zu ihren zahlreichen Liebhabern zählten der Großfürst Nikolaus von Rußland und Lord Lawson. Ihr Debüt 1894 in den Folies-Bergère war ein triumphaler Erfolg. Der Direktor Edouard Marchand bot ihr daraufhin ein Engagement für die »nächsten zehn Spielzeiten« an. Ihre vielen Gastspielreisen führten sie u.a. auch nach München und Berlin. Wilhelm II. entwarf für sie die Pantomime *Das Modell*, die sie zusammen mit Paul Franck aufführte. Im Oktober 1900 verkörperte sie im Pariser Théâtre Marigny die Rolle der Mercédes in *Une fête à Seville*, einer Pantomime von René Bréviaire. Am 1. Januar 1903 erschien sie in *La Revue des Folies-Bergère* von Victor de Cottens. Im Februar 1904 sah man sie als Lise Berty in der Revue *Paris aux Variétés* von Paul Gavault im Théâtre des Variétés. Im Dezember 1906 heiratete sie den englischen Industriellen René Wep in Paris. In Karikaturen von de Losques, SEM, Cappiello

Brygida Ochaim

wie auch in verschiedenen Parodien spiegelte sich ihre große Popularität wider. Weiterhin spielte sie im Théâtre Muthurins und im Théâtre des Bouffes-Parisiens. Am 7. Mai 1908 trat sie in den Folies-Bergère in *Nuit de Noël*, einem Mimodrama von Henry Berteyle, auf und im September 1909 in der Pantomime *La Belle Mexicaine* im Théâtre Marigny. Albert Carré holte sie 1912 für die Carmen-Rolle an die Opéra Comique. Im Jahr darauf plante sie die Gründung einer Akademie für spanische Nationaltänze in Sevilla mit einer Zweigstelle in Paris. In dieser Zeit zog sie sich von der Bühne zurück. Ihr Vermögen schmolz in den Spielcasinos dahin, die »...ihr bis zuletzt eine monatliche kleine Summe zahlten, um sie von ihren Tischen fernzuhalten«.[8] Wandgemälde mit der Otéro zierten die Spielsäle von Nizza, Monte Carlo und Cannes. Sie starb im April 1965 in bescheidenen Verhältnissen in Nizza.

Polaire,
Fotografie von Stebbing
[Kat.-Nr. 222]

POLAIRE

(geb. Emilie-Marie Bouchard)
* 13.5.1879 Agha (Algerien)
† 14.10.1939 Champigny-sur-Marne

algerisch-französische Sängerin,
Schauspielerin, Tänzerin

Mit Hilfe ihres Bruders, dem Komiker Poler, begann sie ihre Laufbahn 1891 als Sängerin im Concert de l'Horologe (später Jardin de Paris). Erfolgreich trat sie mit ihrer Kreation, dem *genre épileptique* in verschiedenen Cafés-Concerts in Paris auf. Sie stand dem Bildhauer Rupert Carabin (1862-1932) Modell. Mehrere Arbeiten, wie z.B. die Holzskulptur *La Gloire* von 1896 tragen ihre Züge. Ihre Wespentaille wurde zu ihrem Markenzeichen. Am 22. Januar 1902 gab sie im Théâtre des Bouffes als Schauspielerin in *Claudine à Paris* von Willy[9]/Colette in der Inszenierung von Lugné-Poe ihr Debüt und erlangte mit ihrer Interpretation der Claudine große Bekanntheit. 1908 wandte sie sich auch der Operette zu und wirkte im Théâtre des Capucines (6.4.1908) in *Le Coq d'Inde* von Rip de Terrasse mit. Richepin gab ihr 1909 die Titelrolle in dem Stück *Glu* im Théâtre de la Porte Saint-Martin. Der amerikanische Theateragent Willie Hammerstein brachte Polaire im Juni 1910 nach New York und ließ sie im Victoria Theatre als »The ugliest woman in Paris with the smallest waist in the world« ankündigen. In New York begeisterte sie mit dem französisch-sprachigen Stück *Le Visiteur,* das sie zuvor am 7. März 1910 im Londoner Palace Theatre präsentierte, »...which, by the way, is partly pantomimic, largely terpsichorean, and occasionally inclined to dialogue«.[10] Besonders erfolgreich wurde ihre Tanzszene mit einem »Apachen«, die eine Neuheit darstellte. Das amerikanische Publikum konnte sie weiterhin in dem von Eclair produzierten Film *The Sparrow* (10.4.1914) sehen. Im Deutschen Kino erschien sie 1911 im Filmdrama *Halbwelt* (verfaßt und inszeniert von Dr. Reinhard Bruck).

Polaire wirkte bis Anfang der 20er Jahre in verschiedenen Stücken mit wie z.B. *La Flamme* (1922) von Ch. Méré. Noch einmal spielte sie 1932 in *Valentin le désossé* von C.-A. Puget im Théâtre Michel und 1933 in *Les Marchands de canons* von Edmond Rostand im Palace Theatre. Im gleichen Jahr erschienen in Paris ihre Memoiren *Polaire par elle-même*.

LIANE DE POUGY

(geb. Anne Marie Chassaigne)
* 2.7.1869 La Flèche
† 26.12.1950 Lausanne

französische Kurtisane,
Tänzerin, Schriftstellerin

Liane de Pougy,
Fotografie von Reutlinger
[Kat.-Nr. 228]

Anne Marie Chassaigne ging 1889 kurz nach ihrer Scheidung von Armand Pourpe nach Paris. Sie machte die Bekanntschaft mit der berühmten Kurtisane Valtesse de la Bigne. In den folgenden Jahren avancierte sie unter ihrem Pseudonym Liane de Pougy zum Star der Demimonde. Lord Carnavon, der Maharadscha von Kapurt[h]ala, Gabriele d'Annunzio und viele andere zählten zu ihren Verehrern. Am 13. April 1894 trat sie erstmals mit einer Zaubernummer in den Folies-Bergère auf, im selben Programm wie Carolina Otéro und Emilienne d'Alençon. Im gleichen Jahr lernte sie Jacques Offenbachs Librettisten Henri Meilhac kennen, der sie lancierte, sowie den einflußreichen Journalisten und Schriftsteller Jean Lorrain, mit dem sie eine lebenslange Freundschaft verband. Ein Engagement in der Komödie *Le Passant* von François Coppée (1842-1908) führte sie 1895 nach Rußland. Im Frühjahr 1896 mimte und tanzte sie mit großem Erfolg in den Folies-Bergère in Jean Lorrains *L'Araignée d'or* (Musik: Edmond Diot), inszeniert und choreographiert von Mariquita, die ihre Auftritte arrangierte und ihr auch Unterricht erteilte. Während eines London-Aufenthalts war Liane de Pougy Schülerin des legendären Espinosa. Es folgte die Ballett-Pantomime *Rêve de Noël* (Musik: Edmond Diot) von Lorrain am 6. Dezember 1896 im Olympia Theater, getanzt von Liane de Pougy und Régina Badet, damals erste Tänzerin an der Oper von Bordeaux. 1899 Beginn der Liaison mit der Amerikanerin Natalie Clifford Barney. Die Zusammenarbeit mit Lorrain wurde mit der Pantomime *Watteau* (8.10.1900) fortgesetzt. Mit Jeanne Thylda trat sie 1901 in *Duel de femmes* im Olympia auf. Im Londoner Palace Theatre feierte sie im Mai/Juni Triumphe in einer Pantomime als Hindu-Priesterin (Kostüm von Landolf). Der Maler Gandara portraitierte sie. Auftritte in der Revue *Viens Foufoule* im Scala Theater, am 3. März 1904 in der *Offenbach-Revue* und im gleichen Jahr in der Revue *Féminissima* im Casino de Paris. Am 8. Juni 1910 heiratete sie den rumänischen Prinzen und Dichter Georges Ghika. Sie zog sich von der Bühne zurück. Ihre Freundschaft mit dem Dichter Max Jacob, mit dem sie einen zwanzigjährigen Briefwechsel unterhielt, bewegte sie zur Lektüre religiöser Bücher. Am 14. August 1943 trat sie dem Dominikanerorden bei. Bis zu ihrem Tod führte sie ein zurückgezogenes Leben als weltliche Schwester Anne-Marie. Sie wurde in Saint-Matin-de-Vinoux beigesetzt.

Liane de Pougy verfaßte insgesamt sieben Romane: *L'Insaisissable, Myrrhille* (Fortsetzungsroman, erschienen in »Gil Blas«, 20.7.-4.8.1899), *Idylle saphique, Ecce homo, Les Sensations de Mademoiselle de La Bringue, Yvée Lester, Yvée Jourdan*. Ihr Tagebuch *Les cahiers bleus* wurde 1977 posthum publiziert.

RITA SACCHETTO

Rita Sacchetto
[Kat.-Nr. 263]

* 15.1.1880 München
† 18.1.1959 Nervi bei Genua

deutsche Tänzerin,
Filmschauspielerin

Das Münchner Gastspiel Isadora Duncans im November 1902 hinterließ bei Rita Sacchetto einen starken Eindruck und motivierte sie zu dem Entschluß, Tänzerin zu werden. Sie erhielt eine kurze Ausbildung beim ehemaligen Hofopernballettmeister Hopp. Im November 1905 debütierte sie im Münchner Künstlerhaus. In ihren *Tanzbildern* stellte sie in der Tradition der Tableaux Vivants Gemälde bekannter Maler wie Gainsborough oder Reynolds nach. Zu ihrem Repertoire gehörten Sarabanden, Menuette, Gavotten von Bach und Rameau, ungarische Volkstänze, *Tarantelle* von Chopin, *Djamilehs Tanz* von Bizet, *Frühlingsstimmen* von Johann Strauß, *Sirenenzauber* von Waldteufel u.a. Die Galerie Miethke lud sie zu einem Gastspiel nach Wien ein. Gustav Klimt, Koloman Moser und Joseph Hoffmann begeisterten sich für ihre Interpretationen. Viktor Junk bezeichnete sie in seinem »Handbuch des Tanzes« als moderne Tänzerin.[11] Ihre Auftritte führten sie in viele Städte und Länder, wobei sie ihre Solotanzprogramme vor allem in Konzertsälen präsentierte. 1908/09 tourte sie durch Nord- und Südamerika und trat auf Einladung von Loïe Fuller als Gastsolistin in der New Yorker Metropolitan Opera auf. Mit Solotänzen war sie dort gleichfalls als Zwischenakt u.a. in *Cavalleria Rusticana, Don Pasquale* und *Il maestro di capella* zu sehen. Am 30. April 1910 gelangten im gleichen Haus ihre pantomimischen Werke *Simonetta* (nach Botticelli), *Scheintod* und *Das intellektuelle Erwachen der Frau* (*Peer Gynt Suiten*) zur Aufführung, die sie dort mit dem Ballettensemble einstudiert hatte. Im gleichen Jahr setzte sie ihre Gastspiele in Rußland fort. Im Kostüm der Kaiserin Eugénie tanzte sie in Paris im Theater des berühmten Couturiers Paul Poiret nach dem Gemälde Franz Xaver Winterhalters. Im Münchner Künstlerhaus trat sie 1912 gemeinsam mit Alexander Sacharoff auf und gab 1913 ihr filmisches Debüt in *Odette*. Sie gehörte einige Jahre zu den beliebten Darstellern der Nordisk Filmgesellschaft in Kopenhagen und spielte in einer Reihe von Filmen wie z.B. *Fra Fyrste til Knejpevaert* (1913) von Holger Madsen oder *Die Nixenkönigin* (1917) von Louis Neher. 1914 zog sie von München nach Berlin-Grunewald und richtete sich in ihrer Villa eine Tanzschule ein. Anita Berber und Valeska Gert zählten zu ihren bekanntesten Schülerinnen. 1916 erarbeitete sie eine Choreographie zu Beethovens *Es-Dur Symphonie* (*Eroica*), die im Grunewald-Stadion mit 1200 Tänzern und Statisten für einen wohltätigen Zweck zur Aufführung gelangte. Am 5. Mai 1917 heiratete sie den polnischen Grafen Zamoyski. 1918 kehrte sie für ein Jahr nach München zurück. Nach einem Unfall trat sie nicht mehr auf. Mit ihrem Mann zog sie sich nach Polen zurück. 1930 ging das Paar nach Italien. Sie starb im Januar 1959 in Nervi bei Genua.

SAHARET

(Clarissa Rose Campbell)
* 21.3.1879 Melbourne
† 1942 Melbourne

australische Cancan-Tänzerin

Saharet, 1909
[Kat.-Nr. 302]

»Ich bin am 21. März 1879 in Melbourne, Australien geboren und mit 16 debütierte ich im Theater meiner Geburtsstadt in einem Ballett«, erklärte sie in einem Interview.[12] Kurze Zeit darauf ging sie mit ihrer Mutter und Schwester nach San Francisco und erhielt dort als *danseuse excentrique* im Orpheum Theatre ein Engagement. Nach etwa drei Monaten reisten sie nach New York. Von dort aus unternahm Saharet eine Amerika-Tournee. Edouard Marchand, der Direktor der Folies-Bergère, holte sie 1897 nach Paris. Im gleichen Jahre heiratete sie ihren Impresario Ike Rose, der für sie zahlreiche Tourneen in Deutschland, Österreich, Belgien, England, Amerika, Rußland und anderen Ländern organisierte. Sie reiste in Begleitung ihres spanischen Ballettmeisters. Im Januar 1899 lud Franz von Lenbach die temperamentvolle Tänzerin von Berlin nach München ein. Sie saß dem Maler Modell. Ihr Ehemann verwendete später seine Motive für Reklamezwecke, was den Künstler sehr verärgerte. Franz von Stuck malte sie ebenso mehrmals in den Jahren von 1902 bis 1907. Zahlreiche Plakate erinnern an ihre Auftritte wie z. B. 1899 im Frankfurter Orpheum (angekündigt als »The Australian Dancing Wonder«) oder im Berliner Wintergarten, wo sie bis ca. 1912 immer wieder zu sehen war, auch zusammen mit dem damals beliebten Otto Reutter[13]. Sie trat nicht nur als Solistin auf, wie aus dem Programm vom 9. Februar 1912 des Berliner Wintergartenvarietés hervorgeht. Es werden darin drei Tänze genannt: *Menuett* von Boccherini, *La Champagne* von Leslie und *La Serenade* von Métra, »assistiert von Senor Pluton«. Weiterhin erschien sie in Revue-Szenen mit dem Komiker Albert Paulig. 1912 spielte sie die Hauptrolle im Film *Hexenfeuer* (Messter Film Berlin). Ihre Auftritte lassen sich bis 1913 nachweisen. Einem Artikel von

Brygida Ochaim

Ferdinand Brecher[14] zufolge, ging sie im Jahr darauf nach Amerika, trat zehn Jahre später nochmals im Berliner Wintergarten auf, zog sich dann von der Bühne zurück und begann, in Amerika als Grundstücksmaklerin zu arbeiten. Sie starb 1942 in Melbourne.

Ruth St. Denis,
Fotografie von Otto Sarony
[Kat.-Nr. 336]

RUTH ST. DENIS

(geb. Ruth Dennis)
* 20.1.1879 Newark, New Jersey
† 21.7.1968 Hollywood

amerikanische Tänzerin,
Choreographin und Pädagogin

Theosophie und »Amerikanischer Transzendentalismus« prägten Ruth Dennis bereits in frühen Jahren. Später setzte sie sich mit Buddhismus, Christian Science, Vedanta und den Lehren Ouspenskys auseinander. Ihre Mutter trainierte sie auf der Grundlage des Delsarte-Systems, das die Basis ihrer Tanztechnik bilden sollte. Bei Karl Marwig lernte sie spanischen Tanz, Ballett bei Ernestina Bossi und Spitzentanz bei Marie Bonfanti. Mit 15 Jahren begann sie ihre Laufbahn zunächst als Skirt Dancer in Worth's Familiy Theatre and Museum und trat dann in verschiedenen anderen New Yorker Theatern wechselweise als spanische Tänzerin, »Highkicker« oder akrobatische Tänzerin auf. David Belasco engagierte sie im März 1900 für ein Gastspiel seines Stücks Zaza in London. Sie spielte die nächsten vier Jahre in seinen Produktionen wie Madame Du Barry und The Auctioneer. Ein Zigarettenplakat mit der Göttin Isis beeindruckte sie nachhaltig und inspirierte sie 1906 zu ihrer ersten Tanzschöpfung Radha, Dance of the Five Senses (Musik: Léo Delibes Lakmé), die sie am 28. Januar 1906 im New York Theatre erstmals präsentierte. Im gleichen Jahr entstanden The Incense und The Cobras. Ihr erster und einziger Europa-Aufenthalt begann im Sommer 1906 im Londoner Aldwych Theatre. Auguste Rodin zeichnete sie während ihres Gastspiels im Pariser Théâtre Marigny. Große Erfolge feierte sie besonders in Berlin (Komische Oper und Wintergarten) und in Wien, wo Hugo von Hofmannsthal über sie seinen Essay Die unvergleichliche Tänzerin veröffentlichte. Am 9. Februar 1908 zeigte sie dort im Ronacher ihre neuen Tänze The Yogi und The Nautch. Im Sommer 1909 kehrte sie nach New York zurück und unternahm die erste von zahlreichen wiederkehrenden Amerika-Tourneen. Ihre abendfüllende Tanzproduktion Egypta wurde am 12. Dezember 1910 im New Amsterdam Theatre in New York uraufgeführt. 1913 schuf sie die japanischen Tanzdramen O-Mika und Bakawali nach Erzählungen von Lafcadio Hearn (Premiere 11.3.1913, Fulton Theatre New York). 1914 heiratete sie den zehn Jahre jüngeren ehemaligen Theologiestudenten Ted Shawn und gründete mit ihm 1915 in Los Angeles die Denishawn Tanzschule. Beide verband das Interesse am religiösen Tanz. Eine ihrer gemeinsamen Unternehmungen war *Dance Pageant of Egypta, Greece and India* (1916). Ihr Einfluß auf den modernen Tanz in Amerika festigte sich nachhaltig durch ihre SchülerInnen Martha Graham, Doris Humphrey und Charles Weidmann. Der Einfluß der Denishawn Schule auf das frühe amerikanische Kino ist unverkennbar. Studios in Hollywood sandten ihre Stars zu Denishawn. Ruth choreographierte die babylonischen Tänze in D. W. Griffiths Monumentalfilm *Intolerance* (1916). Mit ihrer Kompanie unternahmen beide 1925/26 eine große Tournee in den Fernen Osten. Neben den Gruppenstücken kreierte Ruth weiterhin Solotänze wie *The Spirit of the Sea, White Jade* (1926), *Angkor-Vat* (1930). Nach der Auflösung von Denishawn 1931 wurden Madonnendarstellungen wie *Masque of Mary* (1934, Riverside Church New York) ihr Thema. Sie veröffentlichte 1932 ihren Gedichtband *Lotus Light* und 1939 erschien ihre Biographie *An Unfinished Life*. Zusammen mit La Meri (Russel Meriwether Hughes) gründete sie die dem orientalischen Tanz gewidmete School of Natya. Der Tanzkritiker Walter Terry bezeichnete Ruth als »...the first lady of American Dance«.[15] 1942 zog sie nach Hollywood. In den 40er und 50er Jahren filmte Phillip Baribault mehrere Tänze.[16] Ihre letzte Vorstellung gab sie im Mai 1966 mit *Incense* im Orange Coast College in Kalifornien. Sie starb am 21. Juli 1968 in Hollywood.

SENT M'AHESA

(Else von Carlberg)
* 17.8.1883 Riga, Lettland
† 19.11.1970 Stockholm

lettische Tänzerin

Sent M'ahesa,
Fotografie von Wanda v. Debschitz
[Kat.-Nr. 342]

Sie ging 1905 mit ihrer Schwester Ea von Carlberg nach Berlin und machte dort ihr Abitur. In dieser Zeit nahm sie bereits Tanzunterricht bei Irene Sanden und später beim Ballettmeister Kopp. Im Juni 1908 zog sie nach München und studierte dort Philosophie und Geschichte. Sie debütierte im Dezember 1909 im Künstlerhaus mit »altägyptischen« Tänzen wie *Lotosblume* und *Tanz der Mondgöttin*, den sie auch *Tanz der Isis* nannte. In dieser Zeit gab sie ihr Studium auf, wobei sie sich ihre Leidenschaft für die ägyptische Antike bewahrte. »Wer mochte die Mutige sein, die vor dem durch die Künste der Duncan, Ruth St. Denis und Sacchetto verwöhnten, anspruchsvollen Münchner Publikum zu debütieren wagte?« fragte Karl Ettlinger.[17] Altägyptische Malereien und Reliefs dienten ihr als Vorlage für ihre originellen Kostümentwürfe und Tanzschöpfungen, zu denen ihr markantes Profil paßte. Sent M'ahesa trat in zahlreichen europäischen Städten auf. In Stutt-

Brygida Ochaim

gart wurde sie während eines Gastspiels in den Jahren des Ersten Weltkriegs wegen Spionageverdachts festgenommen, bald darauf aber wieder freigelassen. Ihren Münchner Wohnsitz behielt sie bis Oktober 1921 bei. Hier war sie immer wieder, wie z.B. 1919 in den Münchner Kammerspielen, zu sehen. Im gleichen Jahr trat sie erstmals in Schweden auf. Zwei eindrucksvolle Plakate von Albert Weisgerber von 1910/11 erinnern an ihren berühmten Flügeltanz (*Tanz der Mondgöttin*). Der Photograph Hanns Holdt verewigte sie in ihrem *Pfauentanz* und in *Salammbô*. In Europa erlangte sie mit ihren Gastspielen große Bekanntheit. Vorschläge an die Intendanz des Münchner Nationaltheaters, ihre Tänze als Zwischenakt in Opern zu zeigen, stießen auf Ablehnung. Der Bildhauer Bernhard Hoetger (1874-1949) schuf 1917 eine Portraitplastik der »exotischen« Tänzerin, die an den Kopf der Nofretete erinnert. Er hatte sie vermutlich über Olga Breling kennengelernt, die zuweilen mit ihr auftrat. Sie gab den Tanz Mitte der 20er Jahre auf und begann, sich in Lettland der Landwirtschaft zu widmen. In den 30er Jahren ging Sent M'ahesa nach Schweden und ließ sich auf einem Hof in Sörmland bei Stockholm nieder. Sie betreute dort Patienten, die ihr von verschiedenen Nervenärzten zur Rekonvaleszenz geschickt wurden. Der Kontakt mit Tieren und die Übernahme der damit verbundenen Aufgaben erwies sich als erfolgreiche, zukunftsweisende Therapie. Sie schrieb Artikel für Zeitungen und Zeitschriften, u.a. über Rainer Maria Rilke, mit dem sie seit ihrer Münchner Zeit eine freundschaftliche Beziehung verband. Am 19. November 1970 starb sie in Stockholm.

KATE VAUGHAN

(geb. Catherine Candelon)
* 1852
† 21.2.1903 Johannesburg

englische Tänzerin und
Burlesk-Schauspielerin

Kate Vaughan
Foto von W. & D. Downey,
um 1880

Sie studierte klassischen Tanz und Schauspiel bei Mrs George Conquest am Grecian Theatre. Ihr Vater war dort als Orchestermusiker beschäftigt. Bereits als Teenager trat sie in verschiedenen Londoner Music-Halls und Theatern auf. Ihr Name ist eng mit dem Skirt Dance verknüpft, als dessen bekannteste Vertreterin sie gilt. 1873 stellte sie ihn erstmals in Offenbachs *Orphée aux Enfers* im Londoner Holborn Royal Amphitheatre vor. John Hollingshead engagierte sie drei Jahre später für das Gaiety Theatre. Sie wirkte dort zehn Jahre lang als Schauspielerin, Sängerin und Tänzerin zusammen mit Nellie Farren, Edward Royce und Edward Terry im berühmten »Gaiety Quartette«. 1876 erschien sie im Pariser Théâtre des Variétés. John Ruskin und Edward Burne-Jones zählten zu ihren Bewunderern. Letzterer taufte sie »Miriam Ariadne Salome Vaughan«.[18] Ihre Tänze sah man in verschiedenen Burlesk-Dramen, wie z. B. *The Forty Thieves* (1880) oder *Young Fra Diavolo*. Reginald St.-Johnston bezeichnete sie in seinem Buch »History of Dancing« (1906) als »... the greatest dancer of her time, the inventor, creator of all what is best in the dancing«.[19] Nach ihrer Heirat 1883 mit Colonel Frederick Wellesley, Sohn des ersten Earl von Cowley, wandte sie sich mehr dem Schauspiel zu, wobei sie immer wieder als Tänzerin zu sehen war, wie z. B. 1885 in Luigi Manzottis Ausstattungsballett *Excelsior* im Her Majesty's Theatre in London. Ihre Ehe wurde aufgelöst. Eine längere Krankheit hielt sie von der Bühne fern. Während einer Tournee in Südafrika starb sie am 21. Februar 1903 in Johannesburg. Sie wurde auf dem dortigen Friedhof in Braamfontain beigesetzt.

SADA YACCO

(geb. O-tei Marushin)
* 1872 Nihonbashi
† 1946 vermutl. Tokio

japanische Schauspielerin,
Tänzerin

Sada Yacco,
Fotografie von Nadar, um 1900
[Kat.-Nr. 358]

Seit ihrer Kindheit wurde sie im Tanz und anderen Künsten unterrichtet. »Nach verschiedenen Komplikationen neigte sich das Glück ihres Elternhauses, sie wurde in das Haus Hamada-ya in Yoshichô adoptiert und fand ihre ersten Engagements als noch nicht voll ausgebildete Geisha, als sie dreizehn Jahre alt war.«[20] Nach ihrer Heirat mit dem Schauspieler und Stückeschreiber Kawakami Otojirô (1864-1911), der in Tokio ein Theater leitete, ging sie mit seiner Schauspieltruppe auf Tournee nach Amerika. Sie kamen nach San Francisco (California Theatre), Seattle, Tacoma und Chicago. Ihr amerikanischer Impresario flüchtete mit der Gage. Der Theatermanager Fitton half der Truppe aus der Notsituation und ermöglichte ihnen Auftritte im Chicagoer Lilac Theatre. Sada Yacco trat dort als einzige weibliche Darstellerin erstmals im Stück *Dôjôji* auf. Kawakami arbeitete nicht nur mit reinen Männergruppen, was für das damalige traditionelle japanische Theater ungewöhnlich war. Charakteristisch für seine Stücke war die Bearbeitung aktueller politischer Themen. Er adaptierte europäische Stücke für die japanische Bühne wie z. B. *Der Kaufmann von Venedig* oder *Die Kameliendame*. Mit einem Empfehlungsschreiben von Henry Irving, dem das Ensemble in Boston begegnete, kamen sie über Washington und New York im Februar 1900 ans Coronet Theatre in London. Es folgte eine Einladung in den Buckingham Palace. Loïe Fuller lud das Ensemble in ihr eigenes Theater auf der Pariser Weltausstellung ein (25.6.1900), es spielte *The Geisha & the Knight* und *Kesa, the Wife's*

Brygida Ochaim

Sacrifice. Beide Stücke waren sehr erfolgreich, da sie dem großen Interesse an fernöstlichem Theater entgegenkamen. Im zweiten Akt von *The Geisha & the Knight* führte Sada Yacco, inzwischen der Star der Truppe, vier Tänze auf: *Ancient Classical Dance, Dance of the Fox, Cherry Blossom Dance* und *Water Wheel Dance.* Ihre Tänze machten großen Eindruck auf Isadora Duncan und Ruth St. Denis. Der junge Pablo Picasso und Emil Orlik portraitierten Sada Yacco. Sie genoß große Popularität. Guerlain brachte das Parfum *Yacco* auf den Markt, und es gab einen Yacco-Dress. Am 18. Juni 1901 trat die Truppe erneut in London auf, diesmal im Criterion Theatre. Im Dezember d. J. erregten sie großes Aufsehen in Berlin und gastierten anschließend in Dresden und Stuttgart. In München spielten sie am 28., 29. und 30. Januar 1902 im Residenztheater die Stücke *Shogun* und *Der Fischer* (Sada Yacco in der Porziarolle). 1907 kehrte Sada Yacco mit ihrem Ehemann nach Paris zurück, um »...Schauspiel zu studieren und sich in ihrer Kunst zu perfektionieren«.[21] Ein Jahr später gründete sie in Tokio eine Schule für Berufsschauspielerinnen. Als Tänzerin beeindruckte sie besonders durch ihr minutiöses Gestenspiel und ihre ungewöhnliche Sensibilität.

1 »Nous avons déjà un remords d'avoir dénommé ›chahuteuse‹ cette danseuse si ondoyante et si délicate...«. Arsène Alexandre zitiert nach: Les Lautrec de Lautrec. Katalog zur Ausstellung, Bibliothèque Nationale 18.2.-15.5.1992. Paris (Bibliothèque Nationale, Queensland Art Gallery) 1991. S. 199. Der Begriff »chahuteuse« leitet sich von »chahut« ab.

2 André Levinson, zitiert nach: Günther, Helmut: Die Tänze und Riten der Afro-Amerikaner. Bonn (Dance Motion) 1982. S.130

3 Barrison, Gertrude: Der Ausklang einer Weltsensation. In: Scherls Magazin, Februar 1931. S. 123

4 Vornehmes Privathaus

5 In New York wurde das nach den Pariser Folies-Bergère benannte Theaterrestaurant am 16. April 1911 von Jesse L. Lasky und Henry B. Harris eröffnet. Es befand sich 210 West 45th Street, New York. Nach wenigen Monaten wurde es wieder geschlossen.

6 »Il y a, chez elle, une foi que nulle autre ne possède; tantôt souriante, tantôt timide, hardie ou féline, souple comme un gant.« (Henri de Toulouse-Lautrec zitiert nach: Jacques Pessis und Jacques Crépinau: Le Moulin Rouge. Paris (Hermé) 1989. S. 26)

7 How the beautiful Spanish Dancer Guerrero outrivaled Otero. Unbezeichneter Zeitungsartikel (Fundort: Performing Arts Research Center, Lincoln Library, New York)

8 Fliat, Egon: Die Königin der Halbwelt, Caroline Otéro, starb verarmt und vergessen in Nizza. Ihr Lebenslauf – nichts als Skandal. In: Abendzeitung, 21.4.1965

9 Willy, Pseudonym von Henry Gauthier-Villars, Colettes erstem Ehemann

10 Unbezeichneter Artikel (Fundort: Derra de Moroda Dance Archives Salzburg)

11 Junk, Viktor: Handbuch des Tanzes. Hildesheim, New York (Georg Olms) 1977 (Nachdruck). S. 202

12 Originalzitat: »Je suis née à Melbourne, en Australie, le 21 mars 1879 et à 16 ans, je faisais mes débuts au théâtre de ma ville natale dans un ballet.« (De Miss Saharet. Unbezeichneter Zeitungsartikel. 21.7.1903 [Fundort: BNF Paris, Arts du Spectacle])

13 Otto Reutter (1870-1931), Vortragskünstler und Komiker

14 Brecher, Ferdinand: Die Urgroßmutter der Girls. In: Organ, Nr.1, 18.1.1948 (Fundort: Documenta Artistica Berlin)

15 Walter Terry zitiert nach: Suzanne Shelton: Ruth St. Denis. A Biography of the Divine Dancer. Austin (University of Texas Press) 1981. S. 253

16 Es existieren folgende Filme: *Ruth St. Denis, First Lady of American Dance* (1957) und *Ruth St. Denis and Ted Shawn* (NBC 1958).

17 Ettlinger, Karl: Sent M'ahesa. In: Das Theater, Jg.1, H. 16. April 1910. S. 372-373

18 Burne-Jones, Georgiana: Memorials of Edward Burne-Jones. London (Benjamin Blom) 1971 (Erstveröffentlichung 1904). Band II. S.121

19 Reginald St.-Johnston zitiert nach: Artur Michel: Kate Vaughan or The Poetry of the Skirt Dance. In: Dance, January 1945. S. 29

20 Ichikawa, Miyabi : Geschichten einer Tänzerin. Teil 2 – Kawakami Sada Yacco: Die Ophelia von Yoshichô. (Deutsche Übersetzung nicht veröffentlicht)

21 Laparcerie, Marie: Mme Sada Yacco est à Paris!!! In: Femina, 1.11.1907. S.490-491

Quellen:

Maud Allan

Allan, Maud: My Life and Dancing. London (Everett & Co.) 1908

Cherniavsky, Felix: The Salome Dancer – the Life and Times of Maud Allan. Toronto (McClelland & Stewart) 1991

Vechten, Carl van: Maud Allan (21.1.1910). In: Chronicles of the American Dance – From the Shakers to Martha Graham. Hrsg. v. Paul Magriel. New York (DaCapo) 1978. S. 221-223

La Argentina

Blin, Roland: Le centenaire de la Argentina. In: Danser, H.9, 1990. S.24-25

Enciclopedia dello Spettacolo. Rom (Le Maschere) 1954

Rebling, Eberhard: Ballett, Gestern und Heute. Berlin (Henschel) 1957. S.164-165

Vrieslander, Minni: Die spanische Tänzerin. Gespräch mit La Argentina. In: Das Theater, IX Jg., H. 12, Juli 1928. S.331

Jane Avril

Shercliff, Jose: Jane Avril vom Moulin Rouge. Wien (Paul Zsolnay) 1953

Josephine Baker

Baker, Josephine: Mein Debut. In: Das Theater, IX. Jg., H. 1, Januar 1928. S.14

Enciclopedia dello Spettacolo. Rom (Le Maschere) 1954

Kühn, Dieter: Josephine, aus der öffentlichen Biographie der Josephine Baker. Frankfurt am Main (Suhrkamp Taschenbuch) 1976

Long, Richard A.: The Black Tradition in American Dance. New York (Rizzoli) 1989

Rose, Phyllis: Josephine Baker oder Wie eine Frau die Welt eroberte. Wien (Paul Zsolnay) 1990

Schneider, Marcel: 1925. Joséphine Baker et la Revue Nègre. In: An American Story. 4e Biennale de la Danse Lyon 13.9.-6.10.1990. Lyon (Biennale de la Danse) 1990

Slide, Anthony: Encyclopedia of Vaudeville. Westport, Connecticut (Greenwood) 1994

The Five Barrison Sisters

Barrison, Gertrude: Der Ausklang einer Weltsensation. Das tänzerische Urbild unserer Tage. Die Five Sisters Barrison. In: Scherls Magazin, Februar 1931 (Fundort: Documenta Artistica, Märkisches Museum Berlin)

Brisson, Adolphe: Sisters Barrison. In: Revue Illustrée, Paris, 1. Mai 1896. S. 309-316 (Fundort: BNF Paris, Arts du Spectacle)

d'Aubecq, Pierre [= Anton Lindner]: Die Barrisons. Ein Kunsttraum. Mit Illustrationen von Thomas Theodor Heine. Berlin (Schuster & Löffler) 1897

Jansen, Wolfgang: Das Varieté. Die glanzvolle Geschichte einer unterhaltenden Kunst. Berlin (Edition Hentrich) 1990

Luschnat, David: Tanz als Naturereignis. Zum 10jährigen Todestag von Gertrude Barrison. In: Telegraf, 28.8.1956. (Fundort: Deutsches Tanzarchiv Köln)

Moeller-Bruck, Arthur: Das Variete. Berlin (Bard) 1902

Unbezeichnete Zeitungsartikel (Fundort: Lincoln Library of the Performing Arts, New York)

Anita Berber

Fischer, Lothar: Anita Berber. Tanz zwischen Rausch und Tod. 1918-1928 in Berlin. Berlin (Haude & Spener) 1984

Toepfer, Karl: Empire of Ecstasy. Berkeley, Los Angeles, London (University of California) 1997. S. 83-96

Emilienne d'Alençon

Balducci, Richard: Les Princesses de Paris – l'age d'or des cocottes. Paris (Hors Collection) 1994

The Green Room Book. London (T. Sealey Clark) 1906 (Fundort: Theatre Museum London)

Lanoux, Armand: Amour 1900 – Paris im Brennspiegel einer faszinierenden Jahreszahl. München (Heyne) 1967

Programm. Emilienne d'Alençon, Olympia, Paris, o.J. (Fundort: BNF Paris, Arts du Spectacle)

Programm. *Faust*, Grand Ballet Féerie en 4 tableaux, tiré du *Petit Faust* de M.M.H. Crémieux et Jaime, Par Gardel Hervé, Musique d'Hervé, Choréographie de M. Curti. Folies-Bergère, 15.10.1902 (Fundort: Stadtmuseum München)

Gaby Deslys

Balducci, Richard: Les Princesses de Paris – l'âge d'or des cocottes. Paris (Hors Collection) 1994

Blum, Daniel: A pictorial history of the silent screen. New York (Grosset & Dunlap) 1953

Castle, Charles: The Folies Bergère. London (Methuen) 1982

Enciclopedia dello Spettacolo, Rom (Le Maschere) 1957

Günther, Ernst: Geschichte des Varietés. Berlin (Henschel) 1978

Slide, Anthony: The Encyclopedia of Vaudeville. Westport, Connecticut (Greenwood) 1994

Who's who in the Theatre. London (Sir Isaac Pitman + Sons) 1916

Unbezeichnete Zeitungsartikel (Fundort: Robinson Locke Collection, Performing Arts Research Center, Lincoln Library, New York)

Programm. Gaby Deslys mit Harry Pilcer und ihrer Gesellschaft in *Mamselle Chic*. Operettensketch in 3 Bildern, Apollo-Varietétheater Wien, März 1912 (Fundort: Österreichisches TheaterMuseum Wien)

Programm. Gaby Deslys mit Harry Pilcer und ihrer Gesellschaft in *Eine Woche in Trouville*. Operetten-Sketch in 3 Bildern von Gaby Deslys. Inszeniert von Harry Pilcer. Apollo-Varieté-theater Wien, April 1912 (Fundort: Öster-reichisches TheaterMuseum Wien)

Olga Desmond

Baresel, Alfred: Tanz ohne Schleier als Volkserzie-hung. In: o.A. Juni 1972 (Fundort: Deutsches Tanzarchiv Köln)

Manuel, Bruno: Glanz und Elend einer Tänzerin. Olga Desmonds Weg in die Vergessenheit. In: Berliner Tageblatt, 9.12.1933

Die Nacktänzerin von 1910. Das Leben der Olga Desmond. In: BZ am Mittag, 31.3.1931 (Fund-ort: Tanzarchiv Leipzig)

Olga Desmond (Deutsche Tänzerin). In: Archiv für publizistische Arbeit (Intern. Biogr. Archiv). 28.2.1935 (Fundort: Documenta Artistica Ber-lin)

Olga Desmonds Streben im Spiegel der Kritik (Pressespiegel 1917). (Fundort: Documenta Artistica Berlin)

Unbezeichneter Zeitungsartikel (Fragment), Welt am Sonntag, 27.6.1959 (Fundort: Deutsches Tanzarchiv Köln)

Programm. *Seldom's Venus,* Mdlle Olga, London Pavilion, 1907 (Fundort: Documenta Artistica Berlin)

Programm. *Kammertänze* Olga Desmond, Theater-saal der Kgl. Hochschule für Musik, Berlin. 15.4.1917 (Fundort: Documenta Artistica Ber-lin)

Loïe Fuller

Birnie Danzker, Jo-Anne (Hrsg.): Loïe Fuller. Ge-tanzter Jugendstil. Katalog zur Ausstellung im Museum Villa Stuck. 19.10.1995-14.1.1996. München (Prestel) 1995

Brandstetter, Gabriele und Brygida Maria Ochaim: Loïe Fuller – Tanz, Licht-Spiel, Art Nouveau. Freiburg im Breisgau (Rombach) 1989

La Goulue

Abélès, Luce: Toulouse-Lautrec: la baraque de la Goulue. Cahiers Musée d'Art et d'Essai. Paris (Réunion des Musées Nationaux) 1984

Souvais, Michel: Les Cancans de la Goulue. Paris (Les Compagnons de Montmartre) 1992

Rosario Guerrero

Lee, Edgar: A Chat with La Guerrero. In: The Illus-trated Sporting and Dramatic News, 22.4. 1905 (Fundort: Dance Archive, Performing Arts Research Center, Lincoln Library, New York)

Unbezeichnete Artikel (Fundort: Robinson Locke Collection, Performing Arts Research Center, Lincoln Library, New York)

Programm. Rosario Guerrero in der Pantomime *Dolch und Rose* von M. Lacome. Unter der Mitwirkung des Schauspielers Louis Paglieri. Apollo-Theater Wien. 15.9.1907 (Fundort: Stadtmuseum München)

Programm. Rosario Guerrero in ihrer Sensations-Pantomime: *Das Alpdrücken.* Apollo-Theater Wien. 6.11.1905 (Fundort: Österreichisches Theatermuseum Wien)

Programm. Rosario Guerrero – *Das Mädchen der Berge.* Assistiert von L. Paglieri. Historische Pantomime von Daizmartinez, Musik von A. Porinelly. Deutsches Theater München. 27.6. 1907 (Fundort: Stadtarchiv München)

Madeleine G.

Bierbaum, Otto Julius: Madeleine G. In: Münchner Neueste Nachrichten, 19.2.1904

Brandstetter, Gabriele: Psychologie des Ausdrucks und Ausdruckstanz. Aspekte der Wechselwir-kung am Beispiel der Traumtänzerin Madelei-ne. In: Ausdruckstanz. Eine mitteleuropäische Bewegung der ersten Hälfte des 20. Jahrhun-derts. Hrsg.v. Gunhild Oberzaucher-Schüller. [= Heinrichshofen-Bücher] Wilhelmshaven (Florian Noetzel) 1992. S. 199-211

Fuchs, Georg: Die Kunst der Madeleine. In: Münch-ner Neueste Nachrichten, 23.2.1904

Poppy: A l'Opéra Comique. In: o.A. 1904 (Fundort: BNF Paris, Arts du Spectacle)

Schrenck-Notzing, Dr. Freiherr von: Albert von Keller als Malerpsychologe und Metapsychi-ker. In: Psychische Studien, April-Mai 1921. Leipzig (Oswald Mutze) 1921 (Fundort: Litera-turarchiv Monacensia München)

Ders.: Die Traumtänzerin Magdeleine G.. Stuttgart (Ferdinand Enke) 1904

Programm. The Palace Theatre, London. 3.5.1909 (Fundort: Derra de Moroda Dance Archives Salzburg)

Mata Hari

Apropos Mata Hari. Mit einem Essay von Christine Lüders. [= Apropos 8] Frankfurt am Main (Neue Kritik) 1997

Marmin, Olivier: Danseuses et Courtisanes. In: Les Saisons de la Danse, Paris, 15.5.1993. S. 44-46

Waagenaar, Sam: Sie nannte sich Mata Hari. Der erste wahre Bericht über die legendäre Spio-nin. Bergisch Gladbach (Bastei Lübbe) 1964

Cléo de Mérode

Enciclopedia dello Spettacolo. Rom (Le Maschere) 1954

Die ›herrlichste Courtisane‹ aller Zeiten. In: Die Abendzeitung, 1.12.1950

Mérode, Cléo de: Le Ballet de ma Vie. Paris (Pierre Horay) 1955. 1985 (Nachdruck)

Ruef, Inge: Botschafterinnen der Schönheit. In: Die Abendzeitung, 20.10.1966

Stasia Napierkowska

Brandstetter, Gabriele: Stasia Napierkowska, Skiz-ze einer Tänzerinnenlaufbahn. In: Tanzdrama, Nr. 6, 1980. S.28-30

Camfield, William A.: Francis Picabia, his art, life and times. New Jersey (Princeton University) 1979

Danse de l'Abeille at the Palace. In: The Sketch, 22.11.1911 (Fundort: Derra de Moroda Dance Archives Salzburg)

Programm. Napierkowska von der grossen Oper in Paris. *Die Gefangene*. Szenen aus Marokko von Chekri Ganem. Apollo-Varietétheater Wien, August 1911 (Fundort: Österreichisches TheaterMuseum Wien)

La Belle Otéro

Belle Otero to Aid her Dancing Sisters. World Famous Beauty, Dancer and Opera Singer Will Start Academy in Seville. In: Evening Telegraph, 5.4.1913. (Fundort: Performing Arts Research Center, Lincoln Library, New York)

Lever le Rideau. Katalog zur Ausstellung, Bibliothèque Forney. Paris (Bibliothèque Forney) 1989. S.123

Monti, Raffaele und Elisabetta Matucci: Leonetto Cappiello. Katalog zur Ausstellung, Centro Culturale di Saint-Vincent. Florenz (Artificio) 1985

Otéro, Carolina: Die Erinnerungen der schönen Otero. Hamburg (Gebr. Enoch) 1927

Pessis, Jacques und Jacques Crépineau: Les Folies Bergère. Paris (Fixot) 1990. S. 35-55

Polaire

Enciclopedia dello Spettacolo. Rom (Le Maschere) 1954

Lever le Rideau. Katalog zur Ausstellung, Bibliothèque Forney. Paris (Bibliothèque Forney) 1989

Riemenschneider, Heinrich: Theatergeschichte der Stadt Düsseldorf. Bd. II. Düsseldorf (Goethe-Buchhandlung Teubig) 1987

Slide, Anthony: The Encyclopedia of Vaudeville. Westport, Connecticut (Greenwood) 1994

Liane de Pougy

Chalon, Jean: Liane de Pougy – Courtisane, princesse et sainte. Paris (Flammarion) 1994

Lomazzi: Liane de Pougy espérait bien mourir un soir de Noël... Unbezeichneter Zeitungsartikel, 27.12.1950 (Fundort: BNF Paris, Arts du Spectacle)

Marmin, Olivier: Danseuses et Courtisanes. In: Les Saisons de la Danse, Paris, 15.4.1993. S. 45-47

»Perle von Paris« starb einsam im Hotel. In: Die Abendzeitung, 9.1.1951

Ranke, Hubert von: Das außerordentliche Leben der Liane de Pougy. In: N.Z., 16.1.1951

Schreiber, Hermann: Die Belle Epoque. Paris 1871-1900. München (Paul List) 1990

Rita Sacchetto

Enciclopedia dello Spettacolo. Rom (Le Maschere) 1954

Horn, Effi: Die Leiche hinter dem Kunstgegenstand. Ein Immortellenkranz für Rita Sacchetto. In: Münchner Merkur, 5.2.1959

Mannhardt, G.: Ein Tanzabend im Münchener Künstlerhaus. In: Zeit und Bild, München, 1.10.1912 (Fundort: Theaterwissenschaftliche Sammlung Köln)

Radel, Frieda: Eine Plauderstunde bei Rita Sacchetto. In: Fremdenblatt Hamburg, 4.12.1912 (Fundort: Theaterwissenschaftliche Sammlung Köln)

Rita eroica. In: BZ am Mittag, 30.8.1916 (Fundort: Theaterwissenschaftliche Sammlung Köln)

Sacchetto, Rita: Moderne Pantomime. Tanz- und Frauenbewegung. In: Theater- und Vergnügungs-Anzeiger. Der Konzertsaal. München, 26.6.-2.7.1910

Eine Unterredung mit Rita Sacchetto. In: Die Brücke, München, 1.8.1912 (Fundort: Theaterwissenschaftliche Sammlung Köln)

Die Wiederbelebung des Tanzes. Über das Wesen der Tanzkunst, ihre Vertreterin Rita Sacchetto und Erläuterungen zu ihrem Programm. Nebst einigen Auszügen aus den Stimmen der Presse. Berlin (Konzertdirektion Norbert Salter) o.J. (Fundort: Deutsches Tanzarchiv Köln)

Polizeiakte Rita Sacchetto (Fundort: Stadtarchiv München)

Saharet

Heymel, Alfred Walter: Saharet. In: Dekorative Kunst. Hrsg. v. J. Meier-Graefe. III. Jg., H.9, München 1900. S. 370-373

Wolf, Eugen: Die Saharet. In: Die Zukunft, 26. Bd., Berlin, 18.2.1899. S. 308-312

Puech, Lucien: Miss Saharet. Unbezeichneter Zeitungsartikel (Fundort: BNF Paris, Arts du Spectacle)

Sloog, M.-L.: Miss Saharet. Unbezeichneter Zeitungsartikel. 23.10.1898 (Fundort: BNF Paris, Arts du Spectacle)

Ruth St. Denis

Shelton, Suzanne: Ruth St. Denis. A Biography of the Divine Dancer. Austin (University of Texas) 1990

Sorell, Walter: Flucht, der Osten und Ruth St. Denis. In: Der Tanz als Spiegel der Zeit. Eine Kulturgeschichte des Tanzes. Wilhelmshaven (Heinrichshofen) 1985

Sent M'ahesa

Engel, Frauke und Thomas Hirthe: Bernhard Hoetger, Bildwerke 1902-1936. [= Galerie Handbuch 2, Hrsg. v. Heide Grope-Albers] Hannover (Niedersächsische Landesgalerie) 1994

Eth. K.: Hos Sent M'ahesa pa Hornsund. o.A. (Fundort: Dance Museum Stockholm)

Lindhout, Marianne: Tanz als beseelte Plastik, Plastik als beseelter Tanz. Einige Beobachtungen zu Hoetgers »Tänzerinnen«. In: Maria Anczykowski (Hrsg.): Bernhard Hoetger, Skulptur, Malerei, Design, Architektur. Katalog zur Ausstellung. Kunstsammlung Böttcherstraße, 6.2.-7.6.1998. Bremen (Hauschild) 1998. S.30-40

Reimer-Gronicka, Frieda: Ein Mädchen aus Riga. Die Tänzerin Sent M'ahesa wird heute 70 Jahre alt. In: Telegraf, 6.8.54 (Fundort: Deutsches Tanzarchiv Köln)

Sent M'ahesa: Nachmittage mit Rainer Maria Rilke. Aus den Tagebüchern einer Tänzerin. In: FAZ, 12.6.1965 (Fundort: Deutsches Tanzarchiv Köln)

Polizeiakte Sent M'ahesa (Fundort: Stadtarchiv München)

Kate Vaughan

Crawford Flitch, John E.: Modern Dancing and Dancers. London (Grant Richards) 1913

F.B.: An old Maitre de Ballet – The late Mr. John D'Auban. o. A. (Fundort: Theatre Museum London)

Michel, Artur: Kate Vaughan or The Poetry of the Skirt Dance. In: Dance, January 1945, S.12-32

Sada Yacco

Battersby, Martin: The Divine Loïe. In: The World of Art Nouveau. London (Hamlyn) 1968

Brandstetter, Gabriele und Brygida Maria Ochaim: Loïe Fuller – Tanz, Licht-Spiel, Art Nouveau. Freiburg i.Br. (Rombach) 1989

Ichikawa, Miyabi: Geschichten einer Tänzerin. Teil 2 – Kawakami Sada Yacco: Die Ophelia von Yoshichô

Petzold, Bruno: Die Theater und Cabarets der Pariser Weltausstellung. In: Bühne und Welt, II. Jg., 1. Halbjahr, H.3, 1900. S.91-95

Rimer, J. Thomas: Das japanische Theater in der Welt. In: Avitabile, Gundhild und Jo-Anne Birnie Danzker (Hrsg.): Japan – Theater in der Welt. Katalog zur Ausstellung, Museum Villa Stuck, 12.3.-24.5.1998. München (Museum Villa Stuck) 1998. S. 211-217

Thomas, Th.: Bei Sada Yacco. In: Münchner Neueste Nachrichten, 6.2.1902

Zwei unbezeichnete Zeitungsartikel und ein Programm des Criterion Theatre vom 18.6.1901 (Fundort: Theatre Museum London)

Unbezeichnete Zeitungsartikel. In: Münchner Neueste Nachrichten, 9.1.1902 und 30.1.1902

Katalog

Maud Allan

1 Abb. S. 98
Maud Allan in *Frühlingslied* von
Felix Mendelssohn-Bartholdy,
Konservatorium, Wien,
24.12.1903 (UA).
Fotografie von Foulsham &
Banfield,
Postkarte, schwarzweiß,
England, um 1903/1904.
Ganzfigur
Sammlung Brygida Ochaim,
München

2 Abb. S. 36
Maud Allan als Salome
in *The Vision of Salome*,
Carl-Theater, Wien,
2.12.1906 (UA).
Fotografie von József Kossak,
20,5 x 11 cm, schwarzweiß,
Budapest, um 1907.
Ganzfigur
Mit Widmung: »Herrn Sekre-
tair Urban with kindest regards
from Maud Allan 6-2-07.«
Österreichisches Theater-
Museum, Wien

3 Abb. S. 99
Maud Allan als Salome
in *The Vision of Salome*,
Palace Theatre, London,
8.3.1908.
Fotografie von Foulsham &
Banfield,
Postkarte (Querformat),
schwarzweiß,
England, um 1908.
Ganzfigur
Österreichisches Theater-
Museum, Wien

4 Abb. S. 117
Maud Allan als Salome
in *The Vision of Salome*,
Palace Theatre, London,
8.3.1908.
Fotografie im Vertrieb von
Rotary Photographic Series,
Postkarte, schwarzweiß,
England, um 1908.
Brustbild
Deutsches Theatermuseum,
München

5
Maud Allan
Programm Apollo-Theater,
Wien, 1907.
Münchner Stadtmuseum –
Puppentheatersammlung

La Argentina

6 Abb. S. 118
La Argentina in *Danse Gitane*
Fotografie von d'Ora
[= Dora Kallmus],
Postkarte, schwarzweiß,
Paris, undatiert.
Brustbild
Sammlung Brygida Ochaim,
München

7
La Argentina
Fotografie von d'Ora
[= Dora Kallmus],
23 x 17,7 cm, schwarzweiß,
Wien, 1932.
Ganzfigur
Mit Autograph
Derra de Moroda Dance
Archives, Salzburg

8 Abb. S. 88
La Argentina
Fotografie von Willinger-
Lachner,
22,5 x 17 cm, schwarzweiß,
Wien, 1934.
Ganzfigur
Österreichisches Theater-
Museum, Wien

9
La Argentina
Fotografie von Willinger-
Lachner,
22,5 x 17 cm, schwarzweiß,
Wien, 1934.
Ganzfigur
Österreichisches Theater-
Museum, Wien

10
La Argentina
Fotografie von d'Ora
[= Dora Kallmus],
22,5 x 15,7 cm, schwarzweiß,
Paris, undatiert.
Ganzfigur
Sammlung Brygida Ochaim,
München

11
La Argentina
Fotografie von d'Ora
[= Dora Kallmus],
22,5 x 17 cm, schwarzweiß,
Paris, undatiert.
Ganzfigur
Sammlung Brygida Ochaim,
München

12
La Argentina
Fotografie von d'Ora
[= Dora Kallmus],
20,5 x 16,5 cm, schwarzweiß,
Paris, undatiert.
Ganzfigur
Sammlung Brygida Ochaim,
München

Jane Avril

13 Abb. S. 80
Jardin de Paris - Jane Avril
Plakat von Henri de
Toulouse-Lautrec,
Farblithographie, 139 x 95 cm,
Paris, 1893.
Ganzfigur
Kunsthalle Bremen –
Kupferstichkabinett

14 Abb. S. 43
Jane Avril
Plakat von Maurice Biais,
Farblithographie, 120 x 80 cm,
Paris, um 1895.
Ganzfigur
Kunsthalle Bremen –
Kupferstichkabinett

15 Abb. S. 82
Troupe de Mlle Eglantine.
Eglantine, Cléopâtre, Jane Avril,
Gazelle
Plakat von Henri de
Toulouse-Lautrec,
Farblithographie, 61,5 x 80 cm,
Paris, 1896.
Ganzfiguren
v.l.n.r.: Jane Avril, Cléopâtre,
Eglantine, Gazelle
Kunsthalle Bremen –
Kupferstichkabinett

16 Abb. S. 47
Jane Avril
Plakat von Henri de
Toulouse-Lautrec,
Farblithographie,
55,1 x 37,8 cm,
Paris, 1899.
Ganzfigur
Das Plakat wurde von ihrem
Impresario abgelehnt und kam
deshalb nie zum Aushang.
Sprengel Museum, Hannover

17 Abb. S. 119
Jane Avril
Fotografie
Postkarte, schwarzweiß
(Reproduktion),
undatiert.
Brustbild
Bibliothèque Nationale de
France, Paris

18
Jane Avril
Fotografie
Postkarte, schwarzweiß
(Reproduktion),
undatiert.
Ganzfigur
Bibliothèque Nationale de
France, Paris

19 Abb. S. 79
Jane Avril
Fotografie
9 x 6,2 cm, schwarzweiß
(Reproduktion),
undatiert.
Ganzfigur
Bibliothèque Nationale de
France, Paris

20
Jane Avril
Fotografie
9 x 6 cm, schwarzweiß
(Reproduktion),
undatiert.
Ganzfigur
Bibliothèque Nationale
de France, Paris

Josephine Baker

21
Josephine Baker (vermutl.)
Plastik *Afrikanerin* von Paul
Scheurich,
Terrakotta, dunkelbraune
Scherben, gegossen,
stellenweise Bemalung
mit Mattglasuren,
H. 52,5 cm, B. 23 cm,
1930.
Ganzfigur
Badisches Landesmuseum,
Karlsruhe

22
Josephine Baker
Drahtpüppchen mit Stoff- und
Metallstreifen umwickelt, Rock
Metallkordeln, Haare aus Garn,
25 x 9 x 5 cm,
undatiert.
Ganzfigur
Österreichisches Theater-
Museum, Wien

23
Josephine Baker in *La Folie
du Jour*,
Folies-Bergère, 24.4.1926.
Fotografie von Waléry,
Postkarte, schwarzweiß,
Paris, 1926.
Ganzfigur
Sammlung Brygida Ochaim,
München

24
Josephine Baker in *La Folie
du Jour*,
Folies-Bergère, 24.4.1926.
Fotografie von Waléry im
Vertrieb von E. Weil & Co.,
Postkarte, schwarzweiß,
Paris 1926.
Ganzfigur
Deutsches Theatermuseum,
München

25 Abb. S. 109
Josephine Baker
Programmheft zu *La Folie
du Jour*,
Folies-Bergère, 24.4.1926.
Gestaltung von Ed. Artistique
de Paris,
Karton, Papier, 4°
Paris, 1926.
Brustbild
Münchner Stadtmuseum –
von Parish-Kostümbibliothek

26
Josephine Baker mit
Conny (Zeichner)
Fotografie von Willy Saeger,
17,3 x 23,4 cm, schwarzweiß,
Berlin, um 1936.
Ganzfiguren
Deutsches Theatermuseum,
München

27 Abb. S. 108
Josephine Baker
Fotografie von Waléry im
Vertrieb des Iris-Verlages,
Postkarte, schwarzweiß,
Paris, Wien, undatiert.
Ganzfigur
Deutsches Theatermuseum,
München

28
Josephine Baker
Fotografie von Waléry
Postkarte, schwarzweiß,
Paris, undatiert.
Ganzfigur
Österreichisches Theater-
Museum, Wien

29 Abb. S. 120
Josephine Baker
Fotografie von G.L. Manuel,
Postkarte, schwarzweiß,
Paris, undatiert.
Brustbild
Sammlung Brygida Ochaim,
München

30
Josephine Baker
Fotografie von Studio d'Ora
[= Dora Kallmus],
Postkarte, schwarzweiß,
Paris, undatiert.
Brustbild
Österreichisches Theater-
Museum, Wien

The Five Barrison Sisters

31 Abb. S. 101
*Alle 5 Barrison singen im
Wintergarten*
Plakat von Edmund Edel,
Farblithographie, 88,5 x 58 cm,
Berlin, 1896.
Brustbilder
Museum für Kunst und
Gewerbe, Hamburg

32
The Five Barrison Sisters
Graphik von Ferdinand
Schmutzer,
Radierung, 25,5 x 35 cm,
Wien, undatiert.
Dreiviertelfiguren
Derra de Moroda Dance
Archives, Salzburg

33
The Five Barrison Sisters
Fotografie von Gustav Liersch
& Co.,
Cabinet (Querformat),
schwarzweiß,
Berlin, um 1895.
Halbfiguren
Österreichisches Theater-
Museum, Wien

34
The Five Barrison Sisters
Fotografie von Gustav Liersch
& Co.,
Cabinet (Querformat),
coloriert,
Berlin, um 1895.
Ganzfiguren
Österreichisches Theater-
Museum, Wien

35
The Five Barrison Sisters
Fotografie von Gustav Liersch
& Co.,
Cabinet (Querformat),
schwarzweiß,
Berlin, um 1895.
Ganzfiguren
Österreichisches Theater-
Museum, Wien

36
The Five Barrison Sisters
Fotografie von Gustav Liersch
& Co.,
Cabinet (Querformat),
schwarzweiß,
Berlin, um 1895.
Ganzfiguren
Österreichisches Theater-
Museum, Wien

37
The Five Barrison Sisters
Fotografie von Gustav Liersch
& Co.,
Cabinet (Querformat),
schwarzweiß,
Berlin, um 1895.
Ganzfiguren
Deutsches Theatermuseum,
München

38 Abb. S. 121
The Five Barrison Sisters
Fotografie von Gustav Liersch
& Co.,
Cabinet (Querformat),
schwarzweiß,
Berlin, um 1895.
Brustbilder
Österreichisches Theater-
Museum, Wien

39 Abb. S. 102
The Five Barrison Sisters
Fotografie der Brüder Teiner,
Cabinet (Querformat),
schwarzweiß,
Carlsbad, um 1895.
Ganzfiguren
Österreichisches Theater-
Museum, Wien

40
The Barrison Sisters
(Inger und Gertrude ?)
Fotografie im Vertrieb von
Alterocca Terni,
Postkarte, schwarzweiß,
undatiert.
Ganzfiguren
Mit handschriftlichen
Bemerkungen
Sammlung Brygida Ochaim,
München

41
Gertrude Barrison
Fotografie im Vertrieb von
Librairie Nilsson,
Cabinet, schwarzweiß,
Paris, um 1896.
Brustbild
Deutsches Theatermuseum,
München

42
Gertrude Barrison
Fotografie
Postkarte, schwarzweiß,
um 1906.
Ganzfigur
Deutsches Theatermuseum,
München

43
Lona Barrison
Fotografie von C. Rosén,
Cabinet, schwarzweiß,
Stockholm, undatiert.
Ganzfigur
Deutsches Theatermuseum,
München

44 Abb. S. 31
Lona Barrison
Fotografie von Reutlinger,
Cabinet, schwarzweiß,
Paris, undatiert.
Ganzfigur
Deutsches Theatermuseum,
München

45
Lona Barrison
Fotografie von Reutlinger,
Cabinet, schwarzweiß,
Paris, undatiert.
Ganzfigur
Deutsches Theatermuseum,
München

46
Lona Barrison
Fotografie von Reutlinger,
Cabinet (Querformat),
schwarzweiß,
Paris, undatiert.
Ganzfigur
Deutsches Theatermuseum,
München

47 Abb. S. 102
Lona Barrison
Fotografie im Vertrieb von
Librairie Nilsson,
Cabinet, schwarzweiß,
Paris, undatiert.
Ganzfigur
Deutsches Theatermuseum,
München

48
Lona Barrison
Fotografie von Reutlinger,
Postkarte, schwarzweiß,
Paris, undatiert.
Ganzfigur
Deutsches Theatermuseum,
München

Anita Berber

49
Anita Berber
Graphik von Charlotte Berend,
Lithographie, 62 x 48,5 cm,
Berlin, 1919.
Ganzfigur
Deutsches Theatermuseum,
München

50
Anita Berber
Graphik von Charlotte Berend,
Lithographie, 62 x 48,5 cm,
Berlin, 1919.
Ganzfigur
Deutsches Theatermuseum,
München

51
Anita Berber
Graphik von Charlotte Berend,
Lithographie, 62 x 48,5 cm,
Berlin, 1919.
Ganzfigur
Deutsches Theatermuseum,
München

52
Antia Berber
Graphik von Charlotte Berend,
Lithographie mit Aquarell,
45,5 x 59,5 cm,
Berlin, 1919.
Ganzfigur
Deutsches Theatermuseum,
München

53
Anita Berber in *Heliogabal*,
Blüthner-Saal, Berlin,
23.1.1919 (UA).
Fotografie von d'Ora
[= Dora Kallmus] im Vertrieb
von Foto Bayer,
Postkarte, schwarzweiß,
Wien, 1922.
Ganzfigur
Österreichisches Theater-
Museum, Wien

54 Abb. S. 59
Anita Berber in *Tänze des
Lasters, des Grauens und der
Ekstase*,
Großer Konzerthaus-Saal,
Wien, 14.11.1922 (UA).
Fotografie
Postkarte, schwarzweiß,
um 1922.
Halbfigur
Österreichisches Theater-
Museum, Wien

55
Anita Berber in *Cocain*,
Großer Konzerthaus-Saal,
Wien, 14.11.1922 (UA).
Fotografie
Postkarte, schwarzweiß,
1922.
Ganzfigur
Österreichisches Theater-
Museum, Wien

56
Anita Berber in *Cocain*,
Großer Konzerthaus-Saal,
Wien, 14.11.1922 (UA).
Fotografie
Postkarte, schwarzweiß,
1922.
Ganzfigur
Österreichisches Theater-
Museum, Wien

57
Anita Berber
Fotografie
Postkarte, schwarzweiß,
um 1922.
Ganzfigur
Österreichisches Theater-
Museum, Wien

58
Anita Berber
Fotografie des Atelier Ebert,
Postkarte, schwarzweiß,
Berlin, undatiert.
Ganzfigur
Mit Autograph
Deutsches Theatermuseum,
München

59 Abb. S. 123
Anita Berber
Fotografie von Anny Eberth,
Postkarte, schwarzweiß,
Berlin, undatiert.
Halbfigur
Österreichisches Theater-
Museum, Wien

60
Anita Berber
Fotografie von Becker & Maass,
Postkarte, schwarzweiß,
Berlin, undatiert.
Ganzfigur
Sammlung Brygida Ochaim,
München

61
Anita Berber
Fotografie von Becker & Maass,
Postkarte (Querformat),
schwarzweiß,
Berlin, undatiert.
Ganzfigur
Sammlung Brygida Ochaim,
München

Emilienne d'Alençon

62 Abb. S. 17
*Folies-Bergère – Emilienne
d'Alençon*
Plakat von Jules Chéret,
Farblithographie, 83 x 59,5 cm,
Paris, 1893.
Ganzfigur
Neue Sammlung, München

63
Emilienne d'Alençon
Graphik von Henri de
Toulouse-Lautrec,
Lithographie, 29,5 x 24,2 cm,
Paris, [vor 1906] Druck: 1913.
Brustbild
Kunsthaus Zürich

64 Abb. S. 91
Emilienne d'Alençon
Fotografie von Stebbing,
Cabinet, schwarzweiß,
Paris, um 1890.
Ganzfigur
Österreichisches Theater-
Museum, Wien

65
Emilienne d'Alençon
Fotografie von Nadar,
Cabinet, schwarzweiß,
Paris, undatiert.
Ganzfigur
Österreichisches Theater-
Museum, Wien

66
Emilienne d'Alençon
Fotografie von Nadar,
Cabinet, schwarzweiß,
Paris, undatiert.
Brustbild
Deutsches Theatermuseum,
München

67
Emilienne d'Alençon
Fotografie von Nadar,
Cabinet, schwarzweiß,
Paris, undatiert.
Brustbild
Deutsches Theatermuseum,
München

68
Emilienne d'Alençon
Fotografie von Reutlinger,
Cabinet, schwarzweiß,
Paris, undatiert.
Ganzfigur
Deutsches Theatermuseum,
München

69
Emilienne d'Alençon
Fotografie von Reutlinger,
Postkarte, coloriert,
Paris, undatiert.
Brustbild
Das Portrait ist mit einem
floralen Dekor versehen.
Sammlung Brygida Ochaim,
München

70
Emilienne d'Alençon
Fotografie von Reutlinger,
Postkarte (Querformat),
coloriert,
Paris, undatiert.
Brustbild
Das Portrait ist in die Abbil-
dung eines Fächers montiert.
Sammlung Brygida Ochaim,
München

71
Emilienne d'Alençon
Fotografie von Reutlinger,
Postkarte (Querformat),
schwarzweiß,
Paris, undatiert.
Brustbild
Das Portrait ist vor eine
Parkansicht von Bordeaux
montiert.
Sammlung Brygida Ochaim,
München

72 Abb. S. 124
Emilienne d'Alençon
Fotografie von Reutlinger,
Postkarte, schwarzweiß,
Paris, undatiert.
Brustbild
Sammlung Brygida Ochaim,
München

73
Emilienne d'Alençon
Fotografie von Reutlinger,
Postkarte, coloriert,
Paris, undatiert.
Brustbild
Sammlung Brygida Ochaim,
München

74
Emilienne d'Alençon
Programm Folies-Bergère,
Paris, 15.10.1902.
Münchner Stadtmuseum –
Puppentheatersammlung

Gaby Deslys

75 Abb. S. 107
Gaby Deslys
Plakat von De Losques
[= Daniel Thouroude],
Farblithographie,
161,5 x 118 cm,
Paris, undatiert.
Ganzfigur
Deutsches Plakat Museum,
Essen

76
Gaby Deslys
Fotografie von E. Veit,
Postkarte, schwarzweiß,
Wien, 1910.
Ganzfigur
Sammlung Brygida Ochaim,
München

77 Abb. S. 125
Gaby Deslys
Fotografie von E. Veit,
Postkarte, schwarzweiß,
Wien, 1910.
Halbfigur
Sammlung Brygida Ochaim,
München

78
Gaby Deslys
Fotografie von Davidson Bros.,
Postkarte, schwarzweiß,
London, New York, undatiert.
Ganzfigur
Österreichisches Theater-
Museum, Wien

79
Gaby Deslys
Fotografie von Davidson Bros.,
Postkarte, schwarzweiß,
London, New York, undatiert.
Halbfigur
Österreichisches Theater-
Museum, Wien

80 Abb. S. 106
Gaby Deslys und Harry Pilcer
Fotografie von Foulsham &
Banfield,
Postkarte, schwarzweiß,
England, undatiert.
Ganzfiguren
Sammlung Brygida Ochaim,
München

Olga Desmond

81
Wintergarten – Olga Desmond
Plakat von Louis Usabal
y Hernandez,
Farblithographie, 68 x 92 cm,
Berlin, 1910.
Halbfigur
Staatliche Museen zu Berlin –
Preußischer Kulturbesitz,
Kunstbibliothek

82 Abb. S. 77
*Olga Desmond und Alfred Salge
im ›Schönheit-Abend‹ in Berlin*
Serie mit 10 Fotografien von
Skowraneck,
22 x 14,5 cm, schwarzweiß,
Berlin, 1908.
Ganzfiguren
Derra de Moroda Dance
Archives, Salzburg

83 Abb. S. 24 u. S. 104
*Olga Desmond im ›Schwerter-
tanz‹. Nach dem Leben photo-
graphiert vom ›Schönheit-Abend‹
in Berlin*
Serie mit 10 Fotografien
von Skowraneck,
22 x 14,5 cm, schwarzweiß,
Berlin, 1910.
Ganzfiguren
Derra de Moroda Dance
Archives, Salzburg

84
Olga Desmond
Fotografie von Skowraneck,
22 x 14,7 cm, schwarzweiß,
Berlin, um 1910.
Ganzfigur
Derra de Moroda Dance
Archives, Salzburg

85
Olga Desmond
Fotografie von Skowraneck,
21,8 x 14,5 cm, schwarzweiß,
Berlin, um 1910.
Ganzfigur
Derra de Moroda Dance
Archives, Salzburg

86
Olga Desmond
Fotografie von Skowraneck,
20,5 x 10,2 cm, schwarzweiß,
Berlin, um 1910.
Ganzfigur
Derra de Moroda Dance
Archives, Salzburg

87
Olga Desmond
Fotografie vermutl. von
Skowraneck,
20 x 13,5 cm, schwarzweiß,
vermutl. Berlin, um 1910.
Ganzfigur
Derra de Moroda Dance
Archives, Salzburg

88
Olga Desmond
Fotografie
Postkarte, schwarzweiß,
um 1910.
Ganzfigur
Österreichisches Theater-
Museum, Wien

89
Olga Desmond
Fotografie im Vertrieb
von GG Co.,
Postkarte, schwarzweiß,
um 1911.
Ganzfigur
Sammlung Brygida Ochaim,
München

90
Olga Desmond
Fotografie im Vertrieb
von GG Co.,
Postkarte, schwarzweiß,
um 1911.
Ganzfigur
Mit Autograph: »Olga
Desmond, Hannover April
1911«
Deutsches Theatermuseum,
München

91
Olga Desmond
Fotografie im Vertrieb
von GG Co.,
Postkarte, schwarzweiß,
um 1911.
Ganzfigur
Mit Autograph: »Olga
Desmond, Hannover April
1911«
Deutsches Theatermuseum,
München

92
Olga Desmond
Fotografie im Vertrieb
von GG Co.,
Postkarte, schwarzweiß,
um 1911.
Brustbild
Mit Autograph: »Olga
Desmond, Hannover April
1911«
Deutsches Theatermuseum,
München

93
Olga Desmond
Fotografie im Verlag Neue
Photographische Gesellschaft,
Postkarte, schwarzweiß,
Berlin, undatiert.
Ganzfigur
Sammlung Brygida Ochaim,
München

94
Olga Desmond
Fotografie im Verlag Neue
Photographische Gesellschaft,
Postkarte, schwarzweiß,
Berlin, undatiert.
Ganzfigur
Deutsches Theatermuseum,
München

95
Olga Desmond
Fotografie von
Ernst Schneider,
Postkarte, schwarzweiß,
Berlin, undatiert.
Ganzfigur
Österreichisches Theater-
Museum, Wien

96
Olga Desmond
Fotografie von
Ernst Schneider,
Postkarte, schwarzweiß,
Berlin, undatiert.
Ganzfigur
Österreichisches Theater-
Museum, Wien

97
Olga Desmond
Fotografie von A. Binder,
Postkarte, schwarzweiß,
Berlin, undatiert.
Ganzfigur
Sammlung Brygida Ochaim,
München

98
Olga Desmond
Fotografie von A. Binder,
Postkarte, schwarzweiß,
Berlin, undatiert.
Brustbild
Sammlung Brygida Ochaim,
München

99
Olga Desmond
Fotografie von Gerlach,
Postkarte, schwarzweiß,
Berlin, undatiert.
Ganzfigur
Österreichisches Theater-
Museum, Wien

100
Olga Desmond
Fotografie von Gerlach,
Postkarte, schwarzweiß,
Berlin, undatiert.
Brustbild
Österreichisches Theater-
Museum, Wien

101
Olga Desmond
Fotografie von Gerlach,
Postkarte, schwarzweiß,
Berlin, undatiert.
Halbfigur
Sammlung Brygida Ochaim,
München

102
Olga Desmond
Fotografie vermutl. von
Gerlach,
Postkarte, schwarzweiß,
Berlin, undatiert.
Brustbild
Österreichisches Theater-
Museum, Wien

103
Olga Desmond
Fotografie vermutl. von
Gerlach im Verlag Neue
Photographische Gesellschaft,
Postkarte, schwarzweiß,
Berlin, undatiert.
Brustbild
Österreichisches Theater-
Museum, Wien

104 Abb. S. 126
Olga Desmond
Fotografie
Postkarte, schwarzweiß,
undatiert.
Halbfigur
Deutsches Theatermuseum,
München

105
Olga Desmond
Fotografie
Postkarte, schwarzweiß,
undatiert.
Brustbild
Mit Autograph
Deutsches Theatermuseum,
München

Loïe Fuller

106
Théâtre de Loïe Fuller
Plakat von Manuel Orazi
[=Emmanuel-Joseph-Raphael
Orazi],
Farblithographie, 200 x 64 cm,
Paris, 1900.
Ganzfigur
Staatliche Museen zu Berlin –
Preußischer Kulturbesitz,
Kunstbibliothek

107 Abb. S. 9
Folies-Bergère - La Loïe Fuller
Plakat von Jules Chéret,
Farblithographie,
123 x 87,5 cm,
Paris, 1893.
Ganzfigur
Museum für Gestaltung –
Plakatsammlung, Zürich

108 Abb. S. 55
Loïe Fuller
Druck einer Zeichnung von
Ferdinand von Reznicek,
Postkarte, schwarzweiß,
um 1906.
Ganzfigur
Sammlung Brygida Ochaim,
München

109
Loïe Fuller
Postkarte, Druck mit Struktur,
coloriert,
undatiert.
Ganzfigur
Sammlung Brygida Ochaim,
München

110 Abb. S. 127
Loïe Fuller
Fotografie von Napoleon
Sarony,
Cabinet, schwarzweiß,
New York, vor 1892.
Brustbild
Deutsches Theatermuseum,
München

111
Loïe Fuller
Fotografie von Reutlinger,
Cabinet, schwarzweiß,
Paris, 1893.
Ganzfigur
Deutsches Theatermuseum,
München

La Goulue

112
La Goulue et Valentin, valse
[= Valentin le Désossé]
Graphik von Henri de
Toulouse-Lautrec,
Lithographie, 29,8 x 23 cm,
Paris, 1894.
Dreiviertelfiguren
Kunsthalle Bremen –
Kupferstichkabinett

113 Abb. S. 53
La Goulue
Fotografie
Cabinet, schwarzweiß
(Reproduktion),
Paris, undatiert.
Ganzfigur
Bibliothèque Nationale de
France, Paris

114 Abb. S. 81
La Goulue
Fotografie von
Jules Hautecoeur,
Cabinet, schwarzweiß,
Paris, undatiert.
Ganzfigur
Deutsches Theatermuseum,
München

115 Abb. S. 81
La Goulue und Grille d'Egout
Fotografie
Cabinet, schwarzweiß
(Reproduktion),
undatiert.
Ganzfiguren
Bibliothèque Nationale de
France, Paris

116 Abb. S. 128
La Goulue
Fotografie
Postkarte, schwarzweiß
(Reproduktion),
undatiert.
Brustbild
Bibliothèque Nationale de
France, Paris

Rosario Guerrero

117 Abb. S. 43
Danseuse - Rosario Guerrero
Gemälde von Friedrich August
von Kaulbach,
Öl auf Leinwand, 86 x 49 cm,
München, vor 1905.
Ganzfigur
Sammlung Peter Müller,
Hattersheim

118 Abb. S. 88
Rosario Guerrero
Plakat der Kunstanstalt Arnold
Weylandt,
Farblithographie, 136 x 91,5 cm,
Berlin, vor 1906.
Ganzfigur
Historisches Museum der Stadt
Frankfurt

119 Abb. S. 87
Rosario Guerrero als Carmen
Fotografie
Postkarte, schwarzweiß,
um 1903/1904.
Ganzfigur
Deutsches Theatermuseum,
München

120
Rosario Guerrero
Fotografie von Adolf Baumann,
22, 5 x 13,5 cm, schwarzweiß,
München, undatiert.
Brustbild
Österreichisches Theater-
Museum, Wien

121
Rosario Guerrero
mit Partnerin
Fotografie von Reutlinger,
Cabinet, schwarzweiß,
Paris, undatiert.
Ganzfiguren
Deutsches Theatermuseum,
München

122
Rosario Guerrero
Fotografie von Sartony,
Postkarte, coloriert,
Paris, undatiert.
Ganzfigur
Sammlung Brygida Ochaim,
München

123
Rosario Guerrero
Fotografie von Ogerau,
Postkarte, schwarzweiß,
Paris, undatiert.
Ganzfigur
Sammlung Brygida Ochaim,
München

124
Rosario Guerrero
Fotografie von Reutlinger,
Postkarte, coloriert,
Paris, undatiert.
Halbfigur
Sammlung Brygida Ochaim,
München

125
Rosario Guerrero
Fotografie von Waléry,
Postkarte, schwarzweiß,
Paris, undatiert.
Brustbild
Sammlung Brygida Ochaim,
München

126
Rosario Guerrero
Fotografie im Vertrieb von
GG Co.,
Postkarte, schwarzweiß,
undatiert.
Ganzfigur
Deutsches Theatermuseum,
München

127 Abb. S. 33
Rosario Guerrero
Fotografie im Vertrieb von
GG Co.,
Postkarte, schwarzweiß,
undatiert.
Ganzfigur
Deutsches Theatermuseum,
München

128
Rosario Guerrero
Fotografie im Vertrieb von
GG Co.,
Postkarte, schwarzweiß,
undatiert.
Ganzfigur
Deutsches Theatermuseum,
München

129
Rosario Guerrero
Fotografie im Vertrieb von
GG Co.,
Postkarte, schwarzweiß,
undatiert.
Ganzfigur
Deutsches Theatermuseum,
München

130
Rosario Guerrero
Fotografie im Vertrieb von
GG Co.,
Postkarte, schwarzweiß,
undatiert.
Dreiviertelfigur
Deutsches Theatermuseum,
München

131
Rosario Guerrero
Fotografie im Vertrieb von
GG Co.,
Postkarte, schwarzweiß,
undatiert.
Dreiviertelfigur
Deutsches Theatermuseum,
München

132
Rosario Guerrero
Fotografie im Vertrieb von
GG Co.,
Postkarte, schwarzweiß,
undatiert.
Ganzfigur
Deutsches Theatermuseum,
München

133
Rosario Guerrero
Fotografie im Vertrieb von
GG Co.,
Postkarte, schwarzweiß,
undatiert.
Ganzfigur
Deutsches Theatermuseum,
München

134
Rosario Guerrero
Fotografie im Vertrieb von
GG Co.,
Postkarte, schwarzweiß,
undatiert.
Ganzfigur
Deutsches Theatermuseum,
München

135
Rosario Guerrero
Fotografie im Vertrieb von
GG Co.,
Postkarte, coloriert,
undatiert.
Dreiviertelfigur
Deutsches Theatermuseum,
München

136
Rosario Guerrero
Fotografie im Vertrieb von
GG Co.,
Postkarte, schwarzweiß,
undatiert.
Halbfigur
Deutsches Theatermuseum,
München

137 Abb. S. 129
Rosario Guerrero
Fotografie im Vertrieb von
GG Co.,
Postkarte, schwarzweiß,
undatiert.
Halbfigur
Sammlung Brygida Ochaim,
München

138
Rosario Guerrero
Fotografie im Vertrieb von
GG Co.,
Postkarte, coloriert,
undatiert.
Halbfigur
Deutsches Theatermuseum,
München

139
Rosario Guerrero
Fotografie im Vertrieb von
GG Co.,
Postkarte, schwarzweiß,
undatiert.
Halbfigur
Deutsches Theatermuseum,
München

140
Rosario Guerrero
Fotografie
Postkarte, schwarzweiß,
undatiert.
Ganzfigur
Deutsches Theatermuseum,
München

141
Rosario Guerrero
Programm Apollo-Theater,
Wien, 15.9.1907.
Münchner Stadtmuseum –
Puppentheatersammlung

Madeleine G.

142 Abb. S. 111
Die Traumtänzerin Madeleine
Gemälde von Albert von
Keller,
Öl auf Eiche, 41 x 23,7 cm,
München, um 1904.
Ganzfigur
Bayerische Staatsgemälde-
sammlung, München – Neue
Pinakothek

143
Tanzende im weißen Kleid
(vermutl. Madeleine G.)
Zeichnung von Friedrich
August von Kaulbach,
Kohle und Kreide auf Pappe,
95 x 56 cm,
München, undatiert.
Ganzfigur
Kaulbach-Villa, Ohlstadt –
LVA Unterfranken

144 Abb. S. 130
Madeleine G.
Fotografie des Atelier
E. Kintschel,
Cabinet, schwarzweiß,
Wien, undatiert.
Ganzfigur
Österreichisches Theater-
Museum, Wien

145 Abb. S. 111
Madeleine G.
Programm Palace Theatre,
London, 3.5.1909.
Derra de Moroda Dance
Archives, Salzburg

Mata Hari

146 Abb. S. 95
Mata Hari
Fotografie
Cabinet, schwarzweiß
(Reproduktion),
Paris, undatiert.
Ganzfigur
Bibliothèque Nationale de
France, Paris

147 Abb. S. 36
Mata Hari
Fotografie
Cabinet, schwarzweiß
(Reproduktion),
undatiert.
Ganzfigur
Bibliothèque Nationale de
France, Paris

148
Mata Hari
Serie mit 8 Fotografien
vermutl. von Waléry,
Cabinet, schwarzweiß
(Reproduktionen)
Paris, undatiert.
Ganzfiguren
Hulton Getty Collection,
London

149 Abb. S. 131
Mata Hari
Fotografie von Waléry,
Postkarte, coloriert,
Paris, undatiert.
Ganzfigur
Österreichisches Theater-
Museum, Wien

150 Abb. S. 32
Mata Hari
Fotografie
Postkarte (Querformat),
schwarzweiß (Reproduktion),
undatiert.
Ganzfigur
Bibliothèque Nationale de
France, Paris

151 Abb. S. 23
Mata Hari
Fotografie
Postkarte, schwarzweiß
(Reproduktion),
undatiert.
Dreiviertelfigur
Bibliothèque Nationale de
France, Paris

Cléo de Mérode

152 Abb. S. 19
Cléo de Mérode
Plakat von PAL
[= Jean de Paleologu],
Farblithographie,
142 x 107 cm,
Paris, um 1900.
Ganzfigur
Hessisches Landesmuseum,
Darmstadt

153
Cléo de Mérode
Graphik von Henri de
Toulouse-Lautrec,
Lithographie, 29,3 x 24 cm,
Paris, 1898.
Halbfigur
Staatliche Museen zu Berlin –
Preußischer Kulturbesitz,
Kupferstichkabinett

154
Cléo de Mérode
Graphik von Rolf Niczky,
Lithographie, 55,5 x 42 cm,
vermutl. Berlin, undatiert.
Brustbild
Deutsches Theatermuseum,
München

155
Cléo de Mérode
Fotogravure von Franz
Hanfstaengl nach einem
Gemälde von Friedrich
August von Kaulbach,
38 x 26,5 cm,
München, um 1904.
Halbfigur
Derra de Moroda Dance
Archives, Salzburg

156 Abb. S. 103
Cléo de Mérode als Phryné
in *Phryné*, Ballett von Auguste
Germain,
Grand Casino, Royan,
1.8.1896.
Fotografie im Verlag Neue
Photographische Gesellschaft,
Postkarte, schwarzweiß,
Berlin, um 1896.
Ganzfigur
Stuck Erbengemeinschaft,
Baldham

157
Cléo de Mérode von der grossen
Oper in Paris. Wintergarten:
Debut 1. November
Fotografie von Edgar Schmidt
im Verlag Neue Photographi-
sche Gesellschaft,
Cabinet, schwarzweiß,
Dresden, Berlin, 1898.
Dreiviertelfigur
Österreichisches Theater-
Museum, Wien

158 Abb. S. 92
Cléo de Mérode
in *La Cambodgienne,*
Théâtre Indochinois, Paris,
1900 (UA).
Fotografie von Reutlinger,
Cabinet, schwarzweiß,
Paris, 1900.
Ganzfigur
Österreichisches Theater-
Museum, Wien

159
Cléo de Mérode
in *La Cambodgienne,*
Théâtre Indochinois, Paris,
1900 (UA).
Fotografie von Reutlinger,
Cabinet, schwarzweiß,
Paris, um 1900.
Ganzfigur
Deutsches Theatermuseum,
München

160 Abb. S. 15
Cléo de Mérode
in *La Cambodgienne,*
Théâtre Indochinois, Paris,
1900 (UA).
Fotografie von Reutlinger,
Cabinet, schwarzweiß,
Paris, um 1900.
Dreiviertelfigur
Deutsches Theatermuseum,
München

161
Cléo de Mérode
in *La Cambodgienne,*
Théâtre Indochinois, Paris,
1900 (UA).
Fotografie von Reutlinger,
Cabinet, schwarzweiß,
Paris, um 1900.
Halbfigur
Österreichisches Theater-
Museum, Wien

162
Cléo de Mérode
in *La Cambodgienne,*
Théâtre Indochinois, Paris,
1900 (UA).
Fotografie von Reutlinger,
Postkarte, schwarzweiß,
Paris, um 1900.
Ganzfigur
Sammlung Brygida Ochaim,
München

163
Cléo de Mérode
Fotografie von Nadar,
Cabinet, schwarzweiß,
Paris, undatiert.
Brustbild
Deutsches Theatermuseum,
München

164
Cléo de Mérode
Fotografie von Nadar,
Cabinet, schwarzweiß,
Paris, undatiert.
Brustbild
Deutsches Theatermuseum,
München

165
Cléo de Mérode
Fotografie von Reutlinger,
Cabinet, schwarzweiß,
Paris, undatiert.
Ganzfigur
Deutsches Theatermuseum,
München

166
Cléo de Mérode
Fotografie von Edgar Schmidt,
Postkarte, schwarzweiß,
Dresden, um 1898.
Ganzfigur
Österreichisches Theater-
Museum, Wien

167
Cléo de Mérode
Fotografie
Postkarte, coloriert,
um 1905.
Halbfigur
Mit handschriftlicher Datie-
rung: »St. Croce, 4.10.05«
Sammlung Brygida Ochaim,
München

168
Cléo de Mérode
Fotografie von Reutlinger,
Postkarte, schwarzweiß,
Paris, undatiert.
Ganzfigur
Mit Autograph
Österreichisches Theater-
Museum, Wien

169
Cléo de Mérode
Fotografie von Reutlinger,
Postkarte, schwarzweiß,
Paris, undatiert.
Ganzfigur
Österreichisches Theater-
Museum, Wien

170
Cléo de Mérode
Fotografie von Reutlinger,
Postkarte, schwarzweiß,
Paris, undatiert.
Ganzfigur
Österreichisches Theater-
Museum, Wien

171
Cléo de Mérode
Fotografie von Reutlinger,
Postkarte, schwarzweiß,
Paris, undatiert.
Brustbild
Sammlung Brygida Ochaim,
München

172
Cléo de Mérode
Fotografie von Reutlinger,
Postkarte, schwarzweiß,
Paris, undatiert.
Brustbild
Sammlung Brygida Ochaim,
München

173
Cléo de Mérode
Fotografie von Reutlinger im
Verlag Neue Photographische
Gesellschaft,
Postkarte, schwarzweiß,
Paris, Berlin, undatiert.
Brustbild
Mit Autograph
Deutsches Theatermuseum,
München

174
Cléo de Mérode
Fotografie von Reutlinger im
Verlag Neue Photographische
Gesellschaft,
Postkarte, schwarzweiß,
Paris, Berlin, undatiert.
Brustbild
Österreichisches Theater-
Museum, Wien

175 Abb. S. 14
Cléo de Mérode
Fotografie von Reutlinger im
Verlag Neue Photographische
Gesellschaft,
Postkarte, schwarzweiß,
Paris, Berlin, undatiert.
Brustbild
Mit Autograph
Deutsches Theatermuseum,
München

176
Cléo de Mérode
Fotografie vermutl. von Nadar,
Postkarte, schwarzweiß,
vermutl. Paris, undatiert.
Brustbild
Deutsches Theatermuseum,
München

177
Cléo de Mérode
Fotografie im Vertrieb von
GG Co.,
Postkarte, schwarzweiß,
undatiert.
Halbfigur
Mit Autograph
Deutsches Theatermuseum,
München

178
Cléo de Mérode
Fotografie im Vertrieb von
GG Co.,
Postkarte, schwarzweiß,
undatiert.
Halbfigur
Mit Autograph
Deutsches Theatermuseum,
München

179 Abb. S. 132
Cléo de Mérode
Fotografie im Verlag Neue
Photographische Gesellschaft,
Postkarte, schwarzweiß,
Berlin, undatiert.
Brustbild
Deutsches Theatermuseum,
München

180
Cléo de Mérode
Fotografie im Verlag Neue
Photographische Gesellschaft,
Postkarte, schwarzweiß,
Berlin, undatiert.
Brustbild
Mit Autograph
Deutsches Theatermuseum,
München

181
Cléo de Mérode
Fotografie
Postkarte, schwarzweiß,
undatiert.
Ganzfigur
Österreichisches Theater-
Museum, Wien

182
Cléo de Mérode
Fotografie
Postkarte, schwarzweiß,
undatiert.
Dreiviertelfigur
Deutsches Theatermuseum,
München

183
Cléo de Mérode
Fotografie
Postkarte, schwarzweiß,
undatiert.
Halbfigur
Sammlung Brygida Ochaim,
München

184
Cléo de Mérode
Fotografie
Postkarte, schwarzweiß,
undatiert.
Halbfigur
Deutsches Theatermuseum,
München

185
Cléo de Mérode
Fotografie
Postkarte, schwarzweiß,
undatiert.
Brustbild
Deutsches Theatermuseum,
München

186
Cléo de Mérode
Fotografie von Reutlinger,
13,7 x 4,4 cm, schwarzweiß,
Paris, undatiert.
Ganzfigur
Sammlung Brygida Ochaim,
München

187
Cléo de Mérode
Fotografie von Reutlinger,
13,4 x 4,1 cm, schwarzweiß,
Paris, undatiert.
Ganzfigur
Sammlung Brygida Ochaim,
München

Stasia Napierkowska

188
Mlle Napierkowska
Plakat von J. Bansic,
Farblithographie, 160 x 120 cm,
undatiert.
Ganzfigur
Deutsches Tanzarchiv, Köln

189 Abb. S. 133
Stasia Napierkowska
Fotografie
19 x 15 cm, schwarzweiß,
undatiert.
Brustbild
Österreichisches Theater-
Museum, Wien

La Belle Otéro

190 Abb. S. 85
Folies-Bergère – La Belle Otéro
Plakat von PAL
[= Jean de Paleologu],
Farblithographie,
125,5 x 81,5 cm,
Paris, 1898.
Ganzfigur
Deutsches Plakat Museum,
Essen

191
La Belle Otéro
Graphik von Rolf Niczky,
Lithographie, 57 x 45 cm,
vermutl. Berlin, undatiert.
Halbfigur
Deutsches Theatermuseum,
München

192
La Belle Otéro
Fotografie von E. Bieber,
Cabinet, schwarzweiß,
Berlin, Hamburg, um 1891.
Brustbild
Mit Autograph: »Vienne le
19/12 91 C. Otero«
Österreichisches Theater-
Museum, Wien

193
La Belle Otéro
Fotografie des Ateliers Adèle,
Cabinet, schwarzweiß,
Wien, undatiert.
Dreiviertelfigur
Österreichisches Theater-
Museum, Wien

194
La Belle Otéro
Fotografie von Reutlinger,
Cabinet (Querformat),
schwarzweiß,
Paris, undatiert.
Ganzfigur
Deutsches Theatermuseum,
München

195
La Belle Otéro
Fotografie von Reutlinger,
Cabinet, schwarzweiß,
Paris, undatiert.
Ganzfigur
Deutsches Theatermuseum,
München

196 Abb. S. 46
La Belle Otéro
Fotografie von Reutlinger,
Cabinet, schwarzweiß,
Paris, undatiert.
Ganzfigur
Deutsches Theatermuseum,
München

197
La Belle Otéro
Fotografie von Reutlinger,
Cabinet, schwarzweiß,
Paris, undatiert.
Ganzfigur
Deutsches Theatermuseum,
München

198 Abb. S. 7
La Belle Otéro
Fotografie von Reutlinger,
Cabinet, schwarzweiß,
Paris, undatiert.
Ganzfigur
Deutsches Theatermuseum,
München

199
La Belle Otéro mit Partner
Fotografie von Reutlinger,
Cabinet, schwarzweiß,
Paris, undatiert.
Ganzfigur
Deutsches Theatermuseum,
München

200
La Belle Otéro
Fotografie von Reutlinger,
Cabinet, schwarzweiß,
Paris, undatiert.
Brustbild
Deutsches Theatermuseum,
München

201 Abb. S. 86
La Belle Otéro
Fotografie von
W. & D. Downey,
Cabinet, schwarzweiß,
London, undatiert.
Brustbild
Deutsches Theatermuseum,
München

202
La Belle Otéro
Fotografie von
W. & D. Downey,
Cabinet, schwarzweiß,
London, undatiert.
Halbfigur
Deutsches Theatermuseum,
München

203
La Belle Otéro
Fotografie von Reutlinger,
Postkarte, schwarzweiß,
Paris, undatiert.
Ganzfigur
Sammlung Brygida Ochaim,
München

204
La Belle Otéro
Fotografie von Reutlinger,
Postkarte, schwarzweiß,
Paris, undatiert.
Ganzfigur
Sammlung Brygida Ochaim,
München

205 Abb. S. 38
La Belle Otéro
Fotografie von Reutlinger,
Postkarte, schwarzweiß,
Paris, undatiert.
Dreiviertelfigur
Deutsches Theatermuseum,
München

206
La Belle Otéro
Fotografie von Reutlinger,
Postkarte, coloriert,
Paris, undatiert.
Dreiviertelfigur
Sammlung Brygida Ochaim,
München

207
La Belle Otéro
Fotografie von Reutlinger,
Postkarte, coloriert,
Paris, undatiert.
Dreiviertelfigur
Sammlung Brygida Ochaim,
München

208
La Belle Otéro
Fotografie von Reutlinger,
Postkarte, coloriert,
Paris, undatiert.
Ganzfigur
Sammlung Brygida Ochaim,
München

209
La Belle Otéro
Fotografie von Reutlinger,
Postkarte, schwarzweiß,
Paris, undatiert.
Ganzfigur
Österreichisches Theater-
Museum, Wien

210
La Belle Otéro
Fotografie von Reutlinger,
Postkarte, coloriert,
Paris, undatiert.
Brustbild
Sammlung Brygida Ochaim,
München

211 Abb. S. 134
La Belle Otéro
Fotografie von Reutlinger,
Postkarte, schwarzweiß,
Paris, undatiert.
Halbfigur
Sammlung Brygida Ochaim,
München

212
La Belle Otéro
Fotografie von Reutlinger,
Postkarte, schwarzweiß,
Paris, undatiert.
Halbfigur
Sammlung Brygida Ochaim,
München

213 Abb. S. 56
La Belle Otéro
Fotografie von Reutlinger im
Verlag Neue Photographische
Gesellschaft,
Postkarte, schwarzweiß,
Paris, Berlin, undatiert.
Ganzfigur
Österreichisches Theater-
Museum, Wien

214
La Belle Otéro
Fotografie von Reutlinger im
Verlag Neue Photographische
Gesellschaft,
Postkarte, schwarzweiß,
Paris, Berlin, undatiert.
Ganzfigur
Österreichisches Theater-
Museum, Wien

215
La Belle Otéro
Fotografie von Reutlinger im
Verlag Neue Photographische
Gesellschaft,
Postkarte, schwarzweiß,
Paris, Berlin, undatiert.
Ganzfigur
Österreichisches Theater-
Museum, Wien

216
La Belle Otéro
Fotografie von Reutlinger im
Verlag Neue Photographische
Gesellschaft,
Postkarte, schwarzweiß,
Paris, Berlin, undatiert.
Halbfigur
Österreichisches Theater-
Museum, Wien

217
La Belle Otéro
Fotografie von P. Berger,
Postkarte, schwarzweiß,
Paris, undatiert.
Ganzfigur
Mit Autograph
Sammlung Brygida Ochaim,
München

218
La Belle Otéro
Fotografie von Waléry,
Postkarte, schwarzweiß,
Paris, undatiert.
Ganzfigur
Sammlung Brygida Ochaim,
München

219
La Belle Otéro
Fotografie im Verlag Neue
Photographische Gesellschaft,
Postkarte, schwarzweiß,
Berlin, undatiert.
Ganzfigur
Österreichisches Theater-
Museum, Wien

220
La Belle Otéro
Fotografie im Vertrieb von
Max Marcus,
Postkarte (Querformat),
schwarzweiß,
Berlin, undatiert.
Brustbild
Rechtsseitig beschrieben
Sammlung Brygida Ochaim,
München

221
La Belle Otéro
Fotografie
Postkarte, schwarzweiß,
undatiert.
Dreiviertelfigur
Österreichisches Theater-
Museum, Wien

Polaire

222 Abb. S. 135
Polaire
Fotografie von Stebbing,
Postkarte, schwarzweiß,
Paris, undatiert.
Brustbild
Sammlung Brygida Ochaim,
München

223 Abb. S. 108
Polaire
Fotografie
Postkarte, schwarzweiß,
undatiert.
Ganzfigur
Mit Autograph: »Philippine«
Sammlung Brygida Ochaim,
München

224
Polaire
Programm Folies-Bergère,
Paris, 1900.
Münchner Stadtmuseum –
Puppentheatersammlung

Liane de Pougy

225 Abb. S. 90
Folies-Bergère - Liane de Pougy
Plakat von Paul Berthon,
Farblithographie, 197 x 61 cm,
Paris, 1898.
Ganzfigur
Museum für Gestaltung –
Plakatsammlung, Zürich

226
Folies-Bergère - Liane de Pougy
Plakat
Farblithographie, 82 x 58 cm,
undatiert.
Halbfigur
Sammlung Prince Alexandre
Ghika, Paris

227
Liane de Pougy
Fotografie von Reutlinger,
Cabinet, schwarzweiß,
Paris, undatiert.
Dreiviertelfigur
Deutsches Theatermuseum,
München

228 Abb. S. 136
Liane de Pougy
Fotografie von Reutlinger,
Postkarte, schwarzweiß,
Paris, undatiert.
Brustbild
Sammlung Brygida Ochaim,
München

229
Liane de Pougy
Fotografie von Reutlinger,
Postkarte (Querformat),
schwarzweiß,
Paris, undatiert.
Brustbild
Sammlung Brygida Ochaim,
München

230 Abb. S. 91
Liane de Pougy
Fotografie im Vertrieb von
K.F. Editeurs,
Postkarte, coloriert,
Paris, undatiert.
Ganzfigur
Mit handschriftlichen
Bemerkungen
Sammlung Brygida Ochaim,
München

231
Liane de Pougy
Fotografie von Nadar,
Postkarte, coloriert,
Paris, undatiert.
Ganzfigur
Sammlung Brygida Ochaim,
München

232
Liane de Pougy
Fotografie von Waléry,
Postkarte, coloriert,
Paris, undatiert.
Ganzfigur
Sammlung Brygida Ochaim,
München

233
Liane de Pougy
Fotografie von Waléry,
Postkarte, coloriert,
Paris, undatiert.
Ganzfigur
Sammlung Brygida Ochaim,
München

234 Abb. S. 60
Liane de Pougy
Fotografie von Waléry,
Postkarte, coloriert,
Paris, undatiert.
Ganzfigur
Sammlung Brygida Ochaim,
München

Rita Sacchetto

235
Rita Sacchetto in *Cocain,* 1924
Plakat
Lithographie, 82 × 45 cm,
1924.
Ganzfiguren
Bayerisches Hauptstaatsarchiv,
München

236
Rita Sacchetto
Fotografie eines Gemäldes
von Baron B. de Szankowski
(1910), im Vertrieb von
Raphaël Tuck & Sons,
Postkarte, farbig,
undatiert.
Halbfigur
Deutsches Theatermuseum,
München

237
Rita Sacchetto in *Frühlings-
stimmen* von Johann Strauß
Fotografie von F. Grainer im
Vertrieb von Hermann Leiser,
Postkarte, schwarzweiß,
München, Berlin, um 1910.
Ganzfigur
Deutsches Theatermuseum,
München

238
Rita Sacchetto in *Frühlings-
stimmen* von Johann Strauß
Fotografie vermutl. von
F. Grainer,
Postkarte, schwarzweiß,
vermutl. München, um 1910.
Ganzfigur
Deutsches Theatermuseum,
München

239
Rita Sacchetto in *Frühlings-
stimmen* von Johann Strauß
Fotografie vermutl. von
F. Grainer,
Postkarte, schwarzweiß,
vermutl. München, um 1910.
Ganzfigur
Deutsches Theatermuseum,
München

240
Rita Sacchetto im Kostüm
der Kaiserin Eugénie
Fotografie von F. Grainer im
Vertrieb von Hermann Leiser,
Postkarte, schwarzweiß,
München, Berlin, um 1910.
Ganzfigur
Sammlung Brygida Ochaim,
München

241
Rita Sacchetto im Kostüm
der Kaiserin Eugénie
Fotografie von F. Grainer im
Vertrieb von Hermann Leiser,
Postkarte, schwarzweiß,
München, Berlin, um 1910.
Ganzfigur
Sammlung Brygida Ochaim,
München

242
Rita Sacchetto im Kostüm
der Kaiserin Eugénie
Fotografie im Vertrieb von
Hermann Leiser,
Postkarte, schwarzweiß,
Berlin, um 1910.
Ganzfigur
Deutsches Theatermuseum,
München

243
Rita Sacchetto in *Orientalische
Phantasie*
Fotografie im Vertrieb von
Hermann Leiser,
Postkarte, schwarzweiß,
Berlin, undatiert.
Ganzfigur
Deutsches Theatermuseum,
München

244 Abb. S. 25
Rita Sacchetto in *Orientalische
Phantasie*
Fotografie im Vertrieb von
Hermann Leiser,
Postkarte, schwarzweiß,
Berlin, undatiert.
Ganzfigur
Deutsches Theatermuseum,
München

245 Abb. S. 75
Rita Sacchetto nach *Madame
Recamier*
Fotografie im Vertrieb von
Hermann Leiser,
Postkarte, schwarzweiß,
Berlin, undatiert.
Ganzfigur
Deutsches Theatermuseum,
München

246
Rita Sacchetto als Madonnina
Fotografie im Vertrieb von
Hermann Leiser,
Postkarte, schwarzweiß,
Berlin, undatiert.
Halbfigur
Deutsches Theatermuseum,
München

247
Rita Sacchetto als Pierrot
Fotografie von F. Grainer,
Postkarte, schwarzweiß,
München, undatiert.
Ganzfigur
Deutsches Theatermuseum,
München

248
Rita Sacchetto als Pierrot
Fotografie von A. Stiffel im
Vertrieb von Hermann Leiser,
Postkarte, schwarzweiß,
München, Berlin, undatiert.
Ganzfigur
Sammlung Brygida Ochaim,
München

249
Rita Sacchetto
Fotografie von Jos. Paul Böhm,
Postkarte, schwarzweiß,
München, 1906.
Ganzfigur
Deutsches Theatermuseum,
München

250
Rita Sacchetto
Fotografie von Jos. Paul Böhm,
Postkarte, schwarzweiß,
München, 1906.
Dreiviertelfigur
Mit Autograph
Deutsches Theatermuseum,
München

251
Rita Sacchetto
Fotografie
Postkarte, schwarzweiß,
1907.
Dreiviertelfigur
Mit Autograph
Sammlung Brygida Ochaim,
München

252
Rita Sacchetto
Fotografie im Vertrieb von
Hermann Leiser,
Postkarte, schwarzweiß,
Berlin, undatiert.
Ganzfigur
Deutsches Theatermuseum,
München

253
Rita Sacchetto
Fotografie von Gerlach,
Postkarte, schwarzweiß,
Berlin, undatiert.
Halbfigur
Deutsches Theatermuseum,
München

254 Abb. S. 75
Rita Sacchetto
Fotografie von Gerlach,
Postkarte, schwarzweiß,
Berlin, undatiert.
Ganzfigur
Deutsches Theatermuseum,
München

255
Rita Sacchetto
Fotografie von Gerlach,
Postkarte, schwarzweiß,
Berlin, undatiert.
Ganzfigur
Mit Autograph
Deutsches Theatermuseum,
München

256
Rita Sacchetto
Fotografie von Karl Schenker,
Postkarte, schwarzweiß,
Berlin, undatiert.
Halbfigur
Sammlung Brygida Ochaim,
München

257
Rita Sacchetto
Fotografie von A. Binder,
Postkarte, schwarzweiß,
Berlin, undatiert.
Ganzfigur
Sammlung Brygida Ochaim,
München

258
Rita Sacchetto
Fotografie von A. Binder,
Postkarte, schwarzweiß,
Berlin, undatiert.
Ganzfigur
Sammlung Brygida Ochaim,
München

259
Rita Sacchetto
Fotografie von A. Binder,
Postkarte, schwarzweiß,
Berlin, undatiert.
Halbfigur
Sammlung Brygida Ochaim,
München

260
Rita Sacchetto
Fotografie von d'Ora
[= Dora Kallmus] im Verlag
Neue Photographische
Gesellschaft,
Postkarte, schwarzweiß,
Wien, Berlin, undatiert.
Ganzfigur
Sammlung Brygida Ochaim,
München

261
Rita Sacchetto
Fotografie von d'Ora
[= Dora Kallmus] im Verlag
Neue Photographische
Gesellschaft,
Postkarte, schwarzweiß,
Wien, Berlin, undatiert.
Halbfigur
Sammlung Brygida Ochaim,
München

262
Rita Sacchetto
Fotografie von Marie Reiser im
Vertrieb von Hermann Leiser,
Postkarte, schwarzweiß,
Prag, Berlin, undatiert.
Dreiviertelfigur
Deutsches Theatermuseum,
München

263 Abb. S. 137
Rita Sacchetto
Fotografie im Vertrieb von
GL & Co.,
Postkarte, schwarzweiß,
undatiert.
Halbfigur
Deutsches Theatermuseum,
München

264
Rita Sacchetto
Fotografie
Postkarte, coloriert,
undatiert.
Dreiviertelfigur
Sammlung Brygida Ochaim,
München

265
Rita Sacchetto
Informationsblatt des
Verbandes konzertierender
Künstler Deutschland e.V.
zu Cocain, Juli 1924,
Papier, 28,5 x 22,5 cm.
Bayerisches Hauptstaatsarchiv,
München

Saharet

266
Hexenfeuer
Plakat der Kunstanstalt
Hollerbaum und Schmidt,
Farblithographie,
174 x 118 cm,
Berlin, 1912.
Ganzfigur
Staatliche Museen zu Berlin –
Preußischer Kulturbesitz,
Kunstbibliothek

267 Abb. S. 84
Saharet
Plakat von Maurice Biais,
Farblithographie, 136,5 x 93 cm,
Paris, 1900.
Ganzfigur
Staatliche Museen zu Berlin –
Preußischer Kulturbesitz,
Kunstbibliothek

268
Wintergarten – Saharet
Plakat von Ernst Neumann,
Farblithographie, 136 x 90,5 cm,
Berlin, 1903.
Dreiviertelfigur
Münchner Stadtmuseum –
Plakatsammlung

269
Saharet
Plakat der Kunstanstalt
Hollerbaum und Schmidt,
Farblithographie, 135 x 90 cm,
Berlin, 1903.
Brustbild
Staatliche Museen zu Berlin –
Preußischer Kulturbesitz,
Kunstbibliothek

270
Orpheum – Saharet.
The Australian Dancing Wonder
Plakat der Druckerei
The Metropolitan Print,
Farblithographie, 99 x 73 cm,
New York, vor 1899.
Brustbild und Ganzfiguren
Historisches Museum
der Stadt Frankfurt

271
Wintergarten – Saharet
Plakat von Lehmann,
Farblithographie, 68 x 91 cm,
Berlin, vor 1912.
Staatliche Museen zu Berlin –
Preußischer Kulturbesitz,
Kunstbibliothek

272
Saharet – Kathinka Polka
Graphik von Leo Rauth,
Farblithographie, 37 x 33 cm,
undatiert.
Ganzfigur
Derra de Moroda Dance
Archives, Salzburg

273
Saharet
Pigmentdruck von Hanfstaengl
nach einem Gemälde von
Franz von Stuck (1902),
34,5 x 29,5 cm,
München, 1902.
Dreiviertelfigur
Stuck Erbengemeinschaft,
Baldham

274
Saharet
Pigmentdruck von Hanfstaengl
nach einem Gemälde von
Franz von Stuck, 25 x 20,5 cm,
München, undatiert.
Brustbild
Stuck Erbengemeinschaft,
Baldham

275
Saharet
Pigmentdruck von Hanfstaengl
nach einem Gemälde von
Franz von Stuck, 24 x 20,5 cm,
München, undatiert.
Brustbild
Stuck Erbengemeinschaft,
Baldham

276
Saharet
Fotogravure von Barnes Co.
nach einem Gemälde von
Franz von Stuck (1902),
20 x 16,5 cm,
München, 1902.
Dreiviertelfigur
Stuck Erbengemeinschaft,
Baldham

277 Abb. S. 83
Der Zauberlehrling
Saharet-Karikatur von
Paul Rieth,
in »Die Jugend«, Nr.3,
Papier, Karton, 4°,
München, 1902.
Ganzfiguren und Brustbilder
Städtische Galerie im
Lenbachhaus, München

278
Saharet
Fotografie eines Gemäldes
von Franz von Stuck,
12,5 x 11 cm, schwarzweiß,
München, undatiert.
Brustbild
Stuck Erbengemeinschaft,
Baldham

279
Saharet
Fotografie einer Zeichnung
von Ferdinand von Reznicek,
Postkarte, farbig,
um 1906.
Ganzfigur
Mit folgender Bemerkung:
»Saharet. Obige Stellung
historische Thatsache, Nach-
machen!!! Gruß Moritz«
Sammlung Brygida Ochaim,
München

280
Saharet
Fotografie von Fritz Möller,
21 x 10,5 cm, schwarzweiß,
Halle, 1904.
Ganzfigur
Österreichisches Theater-
Museum, Wien

281 Abb. S. 83
Saharet
Fotografie von Fritz Möller,
21 x 10,5 cm, schwarzweiß,
Halle, 1904.
Ganzfigur
Österreichisches Theater-
Museum, Wien

282
Saharet
Fotografie von Dr. Szekely,
Cabinet, schwarzweiß,
Wien, um 1901.
Halbfigur
Mit Widmung: »Sincerely
yours Saharet«
Österreichisches Theater-
Museum, Wien

283
Saharet
Fotografie von E. Bieber,
Cabinet, schwarzweiß,
Berlin, Hamburg, 1903.
Ganzfigur
Österreichisches Theater-
Museum, Wien

284
Saharet
Fotografie von E. Bieber,
Cabinet, schwarzweiß,
Berlin, Hamburg, 1903.
Ganzfigur
Österreichisches Theater-
Museum, Wien

285
Saharet
Fotografie vermutl. von
Franz von Stuck,
Cabinet, schwarzweiß,
München, um 1905.
Ganzfigur
Stuck Erbengemeinschaft,
Baldham

286
Saharet
Fotografie vermutl. von
Franz von Stuck,
Cabinet, schwarzweiß,
München, um 1905.
Dreiviertelfigur
Stuck Erbengemeinschaft,
Baldham

287
Saharet
Fotografie vermutl. von
Franz von Stuck,
Cabinet, schwarzweiß,
München, um 1905.
Dreiviertelfigur
Stuck Erbengemeinschaft,
Baldham

288
Saharet
Fotografie vermutl. von
Franz von Stuck,
Cabinet, schwarzweiß,
München, um 1905.
Dreiviertelfigur
Stuck Erbengemeinschaft,
Baldham

289
Saharet
Fotografie vermutl. von
Franz von Stuck,
Cabinet, schwarzweiß,
München, um 1905.
Dreiviertelfigur
Stuck Erbengemeinschaft,
Baldham

290
Saharet
Fotografie vermutl. von
Franz von Stuck,
Cabinet, schwarzweiß,
München, um 1905.
Dreiviertelfigur
Stuck Erbengemeinschaft,
Baldham

291
Saharet
Fotografie vermutl. von
Franz von Stuck,
Cabinet, schwarzweiß,
München, um 1905.
Dreiviertelfigur
Stuck Erbengemeinschaft,
Baldham

292
Saharet
Fotografie vermutl. von
Franz von Stuck,
Cabinet, schwarzweiß,
München, um 1905.
Dreiviertelfigur
Stuck Erbengemeinschaft,
Baldham

293
Saharet
Fotografie vermutl. von
Franz von Stuck,
Cabinet, schwarzweiß,
München, um 1905.
Halbfigur
Stuck Erbengemeinschaft,
Baldham

294
Saharet
Fotografie vermutl. von
Franz von Stuck,
Cabinet, schwarzweiß,
München, um 1905.
Halbfigur
Stuck Erbengemeinschaft,
Baldham

295 Abb. S. 38
Saharet
Fotografie vermutl. von
Franz von Stuck,
Cabinet, schwarzweiß,
München, um 1905.
Halbfigur
Stuck Erbengemeinschaft,
Baldham

296
Saharet
Fotografie vermutl. von
Franz von Stuck,
Cabinet, schwarzweiß,
München, um 1905.
Halbfigur
Stuck Erbengemeinschaft,
Baldham

297
Saharet
Fotografie vermutl. von
Franz von Stuck,
Cabinet, schwarzweiß,
München, um 1905.
Brustbild
Stuck Erbengemeinschaft,
Baldham

298
Saharet
Fotografie vermutl. von
Franz von Stuck,
Cabinet, schwarzweiß,
München, um 1905.
Halbfigur
Stuck Erbengemeinschaft,
Baldham

299
Saharet
Fotografie
Cabinet, schwarzweiß,
undatiert.
Ganzfigur
Stuck Erbengemeinschaft,
Baldham

300
Saharet
Fotografie
Cabinet, schwarzweiß,
undatiert.
Ganzfigur
Stuck Erbengemeinschaft,
Baldham

301
Saharet
Fotografie von Gerlach,
Postkarte, schwarzweiß,
Berlin, um 1907.
Ganzfigur
Mit Widmung: »Kindest
regards, Saharet, 9.3.07«
Deutsches Theatermuseum,
München

302 Abb. S. 138
Saharet
Fotografie im Vertrieb von
Raphaël Tuck & Sons,
Postkarte, schwarzweiß,
Paris, 1909.
Halbfigur
Mit handschriftlicher
Datierung: »31 Decembre
1909«.
Sammlung Brygida Ochaim,
München

303
Saharet
Fotografie
Postkarte, schwarzweiß,
um 1910.
Ganzfigur
Mit Widmung: »Yours
Sincerely, Saharet, München
17.12.10«
Deutsches Theatermuseum,
München

304
Saharet
Fotografie von Reutlinger,
Postkarte, coloriert,
Paris, undatiert.
Brustbild
Sammlung Brygida Ochaim,
München

305
Saharet
Fotografie von Reutlinger mit
einem Dekor von L. Combe,
Postkarte, schwarzweiß,
Paris, undatiert.
Brustbild
Sammlung Brygida Ochaim,
München

306
Saharet
Fotografie von Gerlach,
Postkarte, coloriert,
Berlin, undatiert.
Ganzfigur
Sammlung Brygida Ochaim,
München

307 Abb. S. 22
Saharet
Fotografie im Vertrieb von
NP Industrie,
Postkarte, schwarzweiß,
undatiert.
Ganzfigur
Deutsches Theatermuseum,
München

308
Saharet
Fotografie im Vertrieb von
NP Industrie,
Postkarte, schwarzweiß,
undatiert.
Ganzfigur
Sammlung Brygida Ochaim,
München

309
Saharet
Fotografie im Vertrieb von AL,
Postkarte, schwarzweiß,
undatiert.
Ganzfigur
Deutsches Theatermuseum,
München

310
Saharet
Fotografie im Vertrieb von AL,
Postkarte, schwarzweiß,
undatiert.
Ganzfigur
Sammlung Brygida Ochaim,
München

311
Saharet
Fotografie im Vertrieb von AL,
Postkarte, schwarzweiß,
undatiert.
Ganzfigur
Deutsches Theatermuseum,
München

312
Saharet
Fotografie im Vertrieb von AL,
Postkarte, schwarzweiß,
undatiert.
Ganzfigur
Sammlung Brygida Ochaim,
München

313 Abb. S. 13
Saharet
Fotografie im Vertrieb von
GG Co.,
Postkarte, schwarzweiß,
undatiert.
Ganzfigur
Mit Autograph
Deutsches Theatermuseum,
München

314
Saharet
Fotografie im Vertrieb von
GG Co.,
Postkarte, coloriert,
undatiert.
Ganzfigur
Sammlung Brygida Ochaim,
München

315 Abb. S. 26
Saharet
Fotografie im Vertrieb von
GG Co.,
Postkarte, schwarzweiß,
undatiert.
Ganzfigur
Mit Autograph
Deutsches Theatermuseum,
München

316
Saharet
Fotografie im Vertrieb von
GG Co.,
Postkarte, schwarzweiß,
undatiert.
Ganzfigur
Deutsches Theatermuseum,
München

317
Saharet
Fotografie im Vertrieb von
GG Co.,
Postkarte, schwarzweiß,
undatiert.
Ganzfigur
Stuck Erbengemeinschaft,
Baldham

318
Saharet
Fotografie im Vertrieb von
GG Co.,
Postkarte, schwarzweiß,
undatiert.
Ganzfigur
Deutsches Theatermuseum,
München

319
Saharet
Fotografie im Vertrieb von
GG Co.,
Postkarte, schwarzweiß,
undatiert.
Ganzfigur
Stuck Erbengemeinschaft,
Baldham

320
Saharet
Fotografie im Vertrieb von
GG Co.,
Postkarte, schwarzweiß,
undatiert.
Dreiviertelfigur
Sammlung Brygida Ochaim,
München

321
Saharet
Fotografie im Verlag Neue
Photographische Gesellschaft,
Postkarte, schwarzweiß,
Berlin, undatiert.
Ganzfigur
Die Fotografie ist mit einem
Dekor versehen und hat
folgenden Text: »Lustig Blut
und heiterer Sinn, fort ist fort,
hin ist hin.«
Sammlung Brygida Ochaim,
München

322 Abb. S. 50
Saharet
Fotografie
Postkarte, coloriert,
undatiert.
Brustbild (als Spielkarte)
Deutsches Theatermuseum,
München

323
Saharet
Fotografie
13,9 x 4,8 cm, schwarzweiß,
undatiert.
Ganzfigur
Sammlung Brygida Ochaim,
München

Ruth St. Denis

324 Abb. S. 97
Ruth St. Denis
Gemälde von Friedrich August
von Kaulbach,
Öl auf Leinwand, 205 x 91 cm,
München, um 1907/1908.
Ganzfigur
Privatsammlung

325
Damenbildnis II
(vermutl. Ruth St. Denis)
Zeichnung von Friedrich
August von Kaulbach,
Tusche und Feder auf Papier,
38,5 x 26,5 cm,
München, undatiert.
Ganzfigur
Kaulbach-Villa, Ohlstadt –
LVA Unterfranken

326
Ruth St. Denis – Schlangentanz
Fotografie einer Lithographie
von Leo Rauth,
Postkarte, farbig,
um 1911.
Ganzfigur
Sammlung Brygida Ochaim,
München

327 Abb. S. 69
Ruth St. Denis in *Radha, Dance
of the Five Senses*,
New York Theatre,
28.1.1906 (UA).
Fotografie von Gerlach,
Postkarte, coloriert,
Berlin, um 1906.
Ganzfigur
Deutsches Theatermuseum,
München

328 Abb. S. 9
Ruth St. Denis in *Radha,
Dance of the Five Senses*,
New York Theatre,
28.1.1906 (UA).
Fotografie von Gerlach,
Postkarte, coloriert,
Berlin, um 1906.
Ganzfigur
Deutsches Theatermuseum,
München

329
Ruth St. Denis in *Radha,
Dance of the Five Senses*,
New York Theatre,
28.1.1906 (UA).
Fotografie im Vertrieb von
GG Co.,
Postkarte, coloriert,
um 1906.
Ganzfigur
Deutsches Theatermuseum,
München

330
Ruth St. Denis in *Radha, Dance
of the Five Senses*,
New York Theatre,
28.1.1906 (UA).
Fotografie von Paul Boyer im
Verlag Neue Photographische
Gesellschaft,
Postkarte, coloriert,
Paris, Berlin, um 1906.
Ganzfigur
Deutsches Theatermuseum,
München

331
Ruth St. Denis in *Incense*, 1906
Fotografie von Paul Boyer im
Verlag Neue Photographische
Gesellschaft,
Postkarte, schwarzweiß,
Paris, Berlin, um 1906.
Ganzfigur
Deutsches Theatermuseum,
München

332
Ruth St. Denis in *The Cobras*
Fotografie von Gerlach,
Postkarte, schwarzweiß,
Berlin, um 1906.
Ganzfigur
Deutsches Theatermuseum,
München

333
Ruth St. Denis in *The Cobras*
Fotografie von Gerlach,
Postkarte, schwarzweiß,
Berlin, um 1906.
Ganzfigur
Deutsches Theatermuseum,
München

334
Ruth St. Denis in *The Nautch*
Fotografie
Postkarte, schwarzweiß,
um 1908.
Ganzfigur
Stuck Erbengemeinschaft,
Baldham

335 Abb. S. 42
Ruth St. Denis
Fotografie von Otto Sarony,
31,4 x 22,8 cm, schwarzweiß,
New York, Boston, undatiert.
Ganzfigur
Stuck Erbengemeinschaft,
Baldham

336 Abb. S. 139
Ruth St. Denis
Fotografie von Otto Sarony,
31,4 x 22,8 cm, schwarzweiß,
New York, Boston, undatiert.
Ganzfigur
Stuck Erbengemeinschaft,
Baldham

337
Ruth St. Denis
Fotografie
21,5 x 16,3 cm, schwarzweiß,
undatiert.
Ganzfigur
Österreichisches Theater-
Museum, Wien

Sent M'ahesa

338
Sent M'ahesa
Plakat von Albert Weisgerber,
Farblithographie, 119 x 87 cm,
München, 1910.
Ganzfigur
Museum für Kunst und
Gewerbe, Hamburg

339 Abb. S. 100
Sent M'ahesa
Plakat von Albert Weisgerber,
Farblithographie, 97,5 x 81 cm,
München, 1911.
Ganzfigur
Münchner Stadtmuseum –
Plakatsammlung

340
Sent-M'ahesa Tänze
Plakat von Johanna M...
[unleserlich],
Farblithographie, 95 x 70 cm,
Berlin, um 1912/1914.
Ganzfigur
Staatliche Museen zu Berlin –
Preußischer Kulturbesitz,
Kunstbibliothek

341
Sent M'ahesa
Büste, unsign.
[Bernhard Hoetger],
Bronze, H. 38 cm,
undatiert.
Städtische Kunsthalle Reckling-
hausen

342 Abb. S. 140
Sent M'ahesa
Fotografie von Wanda
v. Debschitz,
21 x 11 cm, schwarzweiß,
München, undatiert.
Ganzfigur
Deutsches Theatermuseum,
München

343 Abb. S. 8
Sent M'ahesa
Fotografie von Hugo Erfurth,
Postkarte, schwarzweiß,
Dresden, 1914.
Ganzfigur
Deutsches Theatermuseum,
München

344
Sent M'ahesa
Fotografie von Franz Löwy,
Postkarte, schwarzweiß,
Wien, 1919.
Dreiviertelfigur
Österreichisches Theater-
Museum, Wien

345
Sent M'ahesa
Fotografie von Wanda
v. Debschitz,
Postkarte, schwarzweiß,
München, undatiert.
Ganzfigur
Deutsches Theatermuseum,
München

346
Sent M'ahesa
Fotografie von Wanda
v. Debschitz,
Postkarte, schwarzweiß,
München, undatiert.
Ganzfigur
Deutsches Theatermuseum,
München

347
Sent M'ahesa
Fotografie von Wanda
v. Debschitz,
Postkarte, schwarzweiß,
München, undatiert.
Ganzfigur
Deutsches Theatermuseum,
München

348
Sent M'ahesa
Fotografie von Wanda
v. Debschitz,
Postkarte, schwarzweiß,
München, undatiert.
Ganzfigur
Deutsches Theatermuseum,
München

349
Sent M'ahesa
Fotografie von Hanns Holdt,
Postkarte, schwarzweiß,
München, undatiert.
Ganzfigur
Deutsches Theatermuseum,
München

350 Abb. S. 100
Sent M'ahesa
Fotografie
Postkarte (Querformat),
schwarzweiß,
undatiert.
Ganzfigur
Deutsches Theatermuseum,
München

351
Sent M'ahesa
Fotografie
Postkarte, schwarzweiß,
undatiert.
Ganzfigur
Deutsches Theatermuseum,
München

352
Sent M'ahesa
Brief vom 29.3.1919,
Papier, 28,5 x 22 cm.
Bayerisches Hauptstaatsarchiv,
München

353
Sent M'ahesa
Brief vom 23.12.1924,
Papier, 29 x 22 cm.
Bayerisches Hauptstaatsarchiv,
München

Kate Vaughan

354 Abb. S. 72
Kate Vaughan als Morgiana
in The Forty Thieves,
Gaiety Theatre, London,
24.12.1880.
Fotografie von
W & D. Downey,
Cabinet, schwarzweiß
(Reproduktion),
London, 1880.
Ganzfigur
Theatre Museum, London

Sada Yacco

355 Abb. S. 44
Sada Yacco
Gemälde von Max Slevogt,
Öl auf Leinwand,
129 x 83,4 cm,
München, 1901.
Ganzfigur
Saarland Museum – Stiftung
Saarländischer Kulturbesitz,
Saarbrücken

356 Abb. S. 94
Sada Yacco
Plakat von Müller,
Farblithographie,
225 x 76,5 cm,
1899.
Ganzfigur
Staatliche Museen zu Berlin –
Preußischer Kulturbesitz,
Kunstbibliothek

357
Sada Yacco
Zeichnung von Emil Orlik,
Kohle und Deckfarbe auf
Karton, 49,5 x 31,5 cm,
1901.
Halbfigur
Österreichisches Theater-
Museum, Wien

358 Abb. S. 142
Sada Yacco als Geisha
Fotografie von Nadar,
26 x 19,5 cm (Zeitungs-
ausschnitt), coloriert,
Paris, um 1900.
Ganzfigur
Sammlung Brygida Ochaim,
München

Weitere Tänzerinnen

359
Ida Fuller – The Flame Dance
Plakat
Farblithographie, 94 x 69 cm,
undatiert.
Ganzfigur
Historisches Museum
der Stadt Frankfurt

360
Ida Fuller
Fotografie im Vertrieb von
GG Co.,
Postkarte, coloriert,
undatiert.
Ganzfigur
Sammlung Brygida Ochaim,
München

361
Ida Fuller
Fotografie
Postkarte, coloriert,
undatiert.
Ganzfigur
Sammlung Brygida Ochaim,
München

362
Ida Fuller
Fotografie
Postkarte, coloriert,
undatiert.
Ganzfigur
Sammlung Brygida Ochaim,
München

363
Letty Lind
Fotografie von
W. & D. Downey,
Cabinet, schwarzweiß,
London, undatiert.
Ganzfiguren
Österreichisches Theater-
Museum, Wien

364
Ziz(z)i Papillon
Fotografie von Sartony,
Postkarte, coloriert,
Paris, undatiert.
Ganzfigur
Sammlung Brygida Ochaim,
München

365
Ziz(z)i Papillon
Fotografie
Postkarte, coloriert,
undatiert.
Dreiviertelfigur
Sammlung Brygida Ochaim,
München

366
Valentine Petit in *Visions
Nocturnes – Le Papillon*, 1900
Fotografie von Reutlinger,
Postkarte, coloriert,
Paris, um 1900.
Ganzfiguren
Sammlung Brygida Ochaim,
München

367 Abb. S. 93
Valentine Petit in *Visions
Nocturnes – Le Papillon*, 1900
Fotografie
Postkarte, schwarzweiß,
um 1900.
Ganzfigur
Sammlung Brygida Ochaim,
München

368
Valentine Petit in *Visions
Nocturnes – Le Papillon*, 1900
Fotografie
Postkarte, schwarzweiß,
um 1900.
Ganzfigur
Sammlung Brygida Ochaim,
München

369
Valentine Petit
Fotografie von Reutlinger,
Cabinet, schwarzweiß,
Paris, undatiert.
Ganzfigur
Österreichisches Theater-
Museum, Wien

370
Valentine Petit
Fotografie von Reutlinger,
Postkarte, schwarzweiß,
Paris, undatiert.
Brustbild
Mit handschriftlichen
Bemerkungen
Sammlung Brygida Ochaim,
München

371
Kitty Starling the London Darling
Plakat von Ludwig Hohlwein,
Farblithographie, 125 x 91 cm,
München, 1914.
Ganzfigur
Münchner Stadtmuseum –
Plakatsammlung

372
*Kitty Starling – deutsch-amerika-
nische Excentric-Tänzerin*
Plakat von Ludwig Hohlwein,
Farblithographie, 125 x 87 cm,
München, 1914.
Ganzfigur
Museum für Gestaltung –
Plakatsammlung, Zürich

373
Kitty Starling the London Darling
Plakat von Ella Madrakowska,
Farblithographie, 120,5 x 87 cm,
1914.
Ganzfigur
Münchner Stadtmuseum –
Plakatsammlung

374 Abb. S. 84
Kitty Starling
Plakat von Ludwig Hohlwein,
Farblithographie, 53 x 38,5 cm,
München, 1914.
Ganzfigur
Museum für Kunst und
Gewerbe, Hamburg

375
Die Tänzerin Kitty Starling
Graphik von Max Pollak,
Farb-Radierung, 42 x 28,5 cm,
Wien, um 1917.
Ganzfigur
Derra de Moroda Dance
Archives, Salzburg

376
Die Tänzerin Kitty Starling
Graphik von Max Pollak,
Radierung, 39 x 18 cm,
Wien, um 1917.
Ganzfigur
Derra de Moroda Dance
Archives, Salzburg

377
Kitty Starling
Fotografie einer Original-
radierung von Max Pollak,
Postkarte, schwarzweiß,
Wien, um 1917.
Ganzfigur
Österreichisches Theater-
Museum, Wien

378
Kitty Starling
Fotografie von d'Ora
[= Dora Kallmus],
Postkarte, schwarzweiß,
Wien, 1916.
Ganzfigur
Österreichisches Theater-
Museum, Wien

379
Kitty Starling
Fotografie von d'Ora
[= Dora Kallmus],
Postkarte, schwarzweiß,
Wien, 1916.
Ganzfigur
Österreichisches Theater-
Museum, Wien

380
Kitty Starling
Fotografie von d'Ora
[= Dora Kallmus],
Postkarte, schwarzweiß,
Wien, 1916.
Ganzfigur
Österreichisches Theater-
Museum, Wien

381
Kitty Starling
Fotografie von d'Ora
[= Dora Kallmus],
Postkarte (Querformat),
schwarzweiß,
Wien, 1916.
Ganzfigur
Österreichisches Theater-
Museum, Wien

382
Kitty Starling
Fotografie von d'Ora
[= Dora Kallmus],
Postkarte (Querformat),
schwarzweiß,
Wien, 1916.
Ganzfigur
Österreichisches Theater-
Museum, Wien

383
Kitty Starling
Fotografie von d'Ora
[= Dora Kallmus],
Postkarte, schwarzweiß,
Wien, 1916.
Dreiviertelfigur
Österreichisches Theater-
Museum, Wien

384
Kitty Starling
Fotografie
Postkarte, schwarzweiß,
undatiert.
Ganzfigur
Österreichisches Theater-
Museum, Wien

385
Kitty Starling
Fotografie
Postkarte, schwarzweiß,
undatiert.
Ganzfigur
Österreichisches Theater-
Museum, Wien

386
Liane de Vries
Fotografie
Postkarte, coloriert,
undatiert.
Ganzfigur
Sammlung Brygida Ochaim,
München

Allgemein

387
Cancan
Mappe mit 9 Blättern von
Louis Legrand,
Lithographie, alle 42 x 30 cm,
undatiert.
Ganzfiguren
Derra de Moroda Dance
Archives, Salzburg

388 Abb. S. 54
Cancan
Farbdruck, 5,5 x 8,5 cm,
undatiert.
Ganzfiguren
Sammlung Brygida Ochaim,
München

389 Abb. S. 29
Le Panorama – Paris La Nuit
3 Ausgaben, erschienen in
Librairie d'Art,
Paris, undatiert.
Münchner Stadtmuseum –
Puppentheatersammlung

390
Footsteps
Lampe von Chiparus,
Bronze und Elfenbein auf
einem Sockel aus Marmor
(Reproduktion), H. 36 cm,
Paris, undatiert.
Ganzfigur
Körperhaltung, Kleidung und
Kopfputz weisen Ähnlichkeiten
mit Ruth St. Denis auf.
Als Vorlage, die Chiparus frei
interpretierte, könnte eine
Lithographie Leo Rauths
gedient haben, die 1911 in
dem Mappenwerk »Tänze«
ediert wurde.
Sammlung Gerd Blank,
München

Bibliographie

Allan, Maud: My Life and Dancing. London (Everett & Co.) 1908

Abélès, Luce: Toulouse-Lautrec. La baraque de la Goulue. Cahiers Musée d'Art et d'Essai. Paris (Réunion des Musées Nationaux) 1984

Apropos Mata Hari. Mit einem Essay v. Christine Lüders. [= Apropos 8] Frankfurt am Main (Neue Kritik) 1997

Bach, Rudolf: Das Mary Wigman-Werk. Dresden (Carl Reissner) 1933

Baker, Josephine: Mein Debut. In: Das Theater, IX. Jg., H.I, Januar 1928, S.14

Balducci, Richard: Les Princesses de Paris – l'age d'or des cocottes. Paris (Hors Collection) 1994

Balk, Claudia: Theatergöttinnen. Inszenierte Weiblichkeit. Clara Ziegler, Sarah Bernhardt, Eleonora Duse. Frankfurt am Main (Stroemfeld) 1994

Balzac, Honoré de: Ein Junggesellenheim. Roman. [= Die Menschliche Komödie. Bd.3] Übers. v. Felix Paul Greve. Frankfurt am Main, Leipzig (Insel Taschenbuch) 1996

Balzac, Honoré de: Verlorene Illusionen. Roman. [= Die Menschliche Komödie. Bd.6] Übers. v. Hedwig Lachmann. Frankfurt am Main, Leipzig (Insel Taschenbuch) 1996

Barney, Natalie Clifford: Indiskrete Erinnerungen. Düsseldorf (Bollmann) 1995

Battersby, Martin: The Devine Loïe. In: The World of Art Nouveau. London (Hamlyn) 1968

Beauvoir, Simone de: Das andere Geschlecht. Sitte und Sexus der Frau. Übers. v. Eva Rechel-Mertens und Fritz Montfort. Reinbek bei Hamburg (Rowohlt Taschenbuch) 1990. Französische Erstausgabe: Paris (Gallimard) 1949

Becker, Marie Luise: Die Sezession in der Tanzkunst. In: Bühne und Welt, XII. Jg., 1909/1910, I. Halbjahr, H.I, S.27-43

Beerbohm, Max: Last Theatres 1904-1910. London (Rupert Hart-Davis) 1970

Berber, Anita und Sebastian Droste: Tänze des Lasters, des Grauens und der Ekstase. Wien 1922

Birnie Danzker, Jo-Anne (Hrsg.): Loïe Fuller. Getanzter Jugendstil. Katalog zur Ausstellung im Museum Villa Stuck 19.10.1995 - 14.1.1996. München (Prestel) 1995

Blin, Roland: Le centenaire de la Argentina. In: Danser, H. 9, 1990, S.24-25

Blum, Daniel: A Pictorial History of the Silent Screen. New York (Grosset & Dunlap) 1953

Boehn, Max von: Der Tanz. Berlin (Volksverband der Bücherfreunde) 1925

Bovenschen, Silvia: Die imaginierte Weiblichkeit. Exemplarische Untersuchungen zu kulturgeschichtlichen und literarischen Präsentationsformen des Weiblichen. Frankfurt am Main (edition suhrkamp) 1979

Brandstetter, Gabriele und Brygida Maria Ochaim: Loïe Fuller. Tanz. Licht-Spiel. Art Nouveau. [= Reihe Litterae] Freiburg im Breisgau (Rombach) 1989

Brandstetter, Gabriele: Stasia Napierkowska. Skizze einer Tänzerinnenlaufbahn. In: Tanzdrama, Nr. 6, 1980, S.28-30

Brandstetter, Gabriele: Tanz-Lektüren. Körperbilder und Raumfiguren der Avantgarde. Frankfurt am Main (Fischer Taschenbuch) 1995

Bret, David: The Mistinguett Legend. New York (St. Martin's) 1991

Brisson, Adolphe: Sisters Barrison. In: Revue Illustrée, 1. Mai 1896, S.309-316

Buonaventura, Wendy: Die Schlange vom Nil. Frauen und Tanz im Orient. Übers. v. Eva u. Thomas Pampuch. Hamburg (Rogner & Bernhard bei Zweitausendeins) 1997[6]. Engl. Erstausgabe: London (Saqi Books) 1989

Camfield, William A.: Francis Picabia. His Art, Life and Times. New Jersey (Princeton University) 1979

Castle, Charles: The Folies Bergère. London (Methuen) 1982

Chalon, Jean: Liane de Pougy – Courtisane, princesse et sainte. Paris (Flammarion) 1994

Cherniavsky, Felix: The Salome Dancer – the Life and Times of Maud Allan. Toronto (McClelland & Stewart) 1991

Crawford Flitch, J. E.: Modern Dancing and Dancers. London (Grant Richards) 1913

d'Aubecq, Pierre [= Anton Lindner]: Die Barrisons. Ein Kunsttraum. Mit Illustrationen von Thomas Theodor Heine. Berlin (Schuster & Löffler) 1897

Duncan, Isadora: Memoiren. Übers. v. C. Zell. Zürich, Leipzig, Wien (Amalthea) 1928

Eberstaller, Gerhard: Ronacher. Ein Theater in seiner Zeit. Wien (J&V, Edition Wien, Dachs) 1993

Ettlinger; Karl: Sent M'ahesa. In: Das Theater, I. Jg, H. 16, April 1910, S.372-373

Festschrift 50 Jahre Wintergarten: 1888 - 1938. Berlin (Wintergarten) 1938

Fischer, Lothar: Anita Berber. Tanz zwischen Rausch und Tod. 1918 - 1928 in Berlin. [= Edition Jule Hammer] Berlin (Haude & Spener) 1984

Friedrich, Otto: Edouard Manet und das Paris seiner Zeit. Übers. v. Bernd Rüther und Barbara Scriba-Sethe. Köln (Kiepenheuer & Witsch) 1994

Freud, Sigmund: Der Wahn und die Träume in W. Jensens Gradiva. Frankfurt am Main (Fischer Taschenbuch) 1992

Gautier, Théophile: Ecrits sur la Danse. Ausgewählt und kommentiert v. Ivor Guest. [= »L'Art de la Danse«, hrsg. v. Sonia Schoonejans] Paris (Actes Sud) 1995. Engl. Erstausgabe: London (Dance Books) 1986

Gray, Frank: The time machine. In: High Art and Low Life: The Studio and the fin de siècle. Katalog zur Ausstellung im Victoria and Albert Museum 21.6.-31.10.1993. London (Studio International) 1993

The Green Room Book. London (T. Sealey Clark) 1906

Gregor, Ulrich und Enno Patalas: Geschichte des Films 1895 - 1939. Reinbek bei Hamburg (Rowohlt Taschenbuch) 1976

Günther, Ernst: Geschichte des Varietés. [=Taschenbuch der Künste] Berlin (Henschel) 1978

Günther, Helmut: Die Tänze und Riten der Afro-Amerikaner. Bonn (Dance Motion) 1982.

Guilbert, Yvette: Lied meines Lebens. Erinnerungen. Berlin (Rowohlt) 1928.

Hauser, Arnold: Sozialgeschichte der Kunst und Literatur. München (C.H. Beck) 1983

Heymel, Alfred Walter: Saharet. In: Dekorative Kunst. Hrsg. v. J. Meier-Graefe. III. Jg., H.9, München 1900, S.370-373

Hilmes, Carola: Die Femme Fatale. Ein Weiblichkeitstypus in der nach-romantischen Literatur. Stuttgart (Metzler) 1990

Hofmannsthal, Hugo von: Gesammelte Werke. Hrsg. v. Bernd Schoeller. Bd. 8. Reden und Aufsätze I. 1891-1913. Frankfurt am Main (Fischer Taschenbuch) 1979

Hofmannsthal, Hugo von: Sämtliche Werke. Kritische Ausgabe. 38 Bde. Hrsg. v. Rudolf Hirsch, Christoph Perels und Heinz Rölleke. Veranstaltet vom Freien Deutschen Hochstift. Frankfurt am Main (S. Fischer) seit 1975

Hugo von Hofmannsthal. Harry Graf Kessler. Briefwechsel 1898 - 1929. Hrsg. v. Hilde Burger. Frankfurt am Main (Insel) 1968

Hugo von Hofmannsthal. Helene von Nostitz. Briefwechsel. Hrsg. v. Oswalt von Nostitz. Frankfurt am Main (S. Fischer) 1965

Hugo von Hofmannsthal. Richard Beer-Hofmann. Briefwechsel. Frankfurt am Main (S. Fischer) 1972

Hofstätter, Hans H[elmut]: Symbolismus und die Kunst der Jahrhundertwende. Köln (DuMont) 1965

Jansen, Wolfgang: Das Varieté. Die glanzvolle Geschichte einer unterhaltenden Kunst. Berlin (Edition Hentrich) o.J. [1990/91]

Junk, Victor: Handbuch des Tanzes. Hildesheim, New York (Georg Olms) 1977 (Nachdruck)

Kirby, E.T.: The Delsarte Method: 3 Frontiers of Actor Training. In: The Drama Review, Vol. 16, No.1, 1972

Klein, Gabriele: Frauen Körper Tanz. Eine Zivilisationsgeschichte des Tanzes. München (Heyne) 1994

Kloos, Reinhard und Thomas Reuter: Körperbilder – Menschenornamente in Revuetheater und Revuefilm. Frankfurt am Main (Syndikat) 1980

Kosok, Lisa: Singspielhallen, Spezialitätentheater und Varietés. In: Viel Vergnügen. Öffentliche Lustbarkeiten im Ruhrgebiet der Jahrhundertwende. Katalog zur Ausstellung im Ruhrlandmuseum der Stadt Essen 25.10.1992 - 12.4.1993. Essen (Peter Pomp) 1992

Kracauer, Siegfried: Jacques Offenbach und das Paris seiner Zeit. Frankfurt am Main (Insel) 1980. Ersterscheinung: 1937

Kracauer, Siegfried: Das Ornament der Masse. Essays. Mit einem Nachwort von Karsten Witte. Frankfurt am Main (Suhrkamp Taschenbuch) 1977. Erstausgabe dieser Essaysammlung: Frankfurt am Main (Suhrkamp) 1963

Kühn, Dieter: Josephine. Aus der öffentlichen Biographie der Josephine Baker. Frankfurt am Main (Suhrkamp) 1976

Kunzle, David: Fashion and Fetishism. Totowa, New Jersey (Rowman and Littlefield) 1982

Labiche, Eugène: Das Sparschwein. Übers. v. Götz von Langheim und Rudolf Weys. Wien (Hans Pero) 1982

Lanoux, Armand: Amour 1900 – Paris im Brennspiegel einer faszinierenden Jahreszahl. München (Heyne) 1967

Laparcerie, Marie: Mme. Sada Yacco est à Paris!!! In: Femina, 1.11.1907, S.490-491

Lebeck, Robert (Hrsg.): Leopold Reutlinger. Die Schönen von Paris. Mit einem Nachwort von Nikolaus Neumann. Dortmund (Harenberg) 1981

Lebensztejn, Jean-Claude: Chahut. Paris (Hazan) 1989

Lemogodeuc, Jean-Marie und Francis Moyano: Le Flamenco. Paris (Université de France) 1994

Les Lautrec de Lautrec. Katalog zur Ausstellung in der Bibliothèque Nationale de France 18.2.-15.5.1992. Paris (Bibliothèque Nationale) 1992

Lever le Rideau. Katalog zur Ausstellung in der Bibliothèque Forney. Paris (Bibliothèque Forney) 1989

Levinson, Andrei: Meister des Balletts. Übers. v. Reinhold von Walter. Potsdam, Berlin, Petersburg (Müller & Co.) 1923.

Lindhout, Marianne: Tanz als beseelte Plastik. Plastik als beseelter Tanz. Einige Beobachtungen zu Hoetgers »Tänzerinnen«. In: Bernhard Hoetger. Skluptur, Malerei, Design, Architektur. Katalog zur Ausstellung in der Kunstsammlung Böttcherstraße. 6.2.-7.6.1998. Hrsg. v. Maria Anczykowsi. Bremen (Hauschild) 1998. S.30-40

Long, Richard A.: The Black Tradition in American Dance. New York (Rizzoli) 1989

Mann, Heinrich: Professor Unrat oder Das Ende eines Tyrannen. Roman. [=Studienausgabe in Einzelbänden. Hrsg. v. Peter-Paul Schneider] Frankfurt am Main (Fischer Taschenbuch) 1989

Mann, Heinrich: Varieté. Einakter. Bühnenmanuskript. Berlin (Henschel Bühnenvertrieb) o.J.

Marmin, Olivier: Danseuses et courtisanes. In: Les Saisons de la Danse, 15.4.1993, S.45-47 u. 15.5.1993. S.44-46

Mauclair, Camille: Sada Yacco et Loïe Fuller. In: Revue Blanche, 15.10.1900, S.279

Maupassant, Guy de: Bel-Ami. Übersetzung u. Nachwort v. Ernst Sander. Stuttgart (Reclam) 1995

Mérode, Cléo de: Le ballet de ma vie. Paris (Pierre Horay) 1985. Erstausgabe: 1955

Mey, Dorothea: Courtisane oder ménagère? Zwei Pole des bürgerlichen Frauenbildes. Männliche Liebesideologie in der Mitte des 19. Jahrhunderts in Frankreich. In: Wiener Historikerinnen (Hrsg.): Die ungeschriebene Geschichte. Historische Frauenforschung. Dokumentation des 5. Historikerinnentreffens in Wien, 16.-19.4. 1984. Himberg bei Wien (Wiener Frauenverlag) 1984. S.187-198

Michel, Artur: Kate Vaughan or the Poetry of the Skirt Dance. In: Dance, January 1945, S.12-32

Möhrmann, Renate (Hrsg.): Die Schauspielerin. Zur Kulturgeschichte der weiblichen Bühnenkunst. Mit einer Einleitung v. Renate Möhrmann. Frankfurt am Main (Insel) 1989

Moeller-Bruck, Arthur: Das Variete. Berlin (Julius Bard) 1902

Monti, Raffaele und Elisabetta Matucci: Leonetto Cappiello. Katalog zur Ausstellung. Centro Culturale di Saint-Vincent. Florenz (Artificio) 1985

Moulin, Jean-Pierre, Yvan Dalain u.a. (Hrsg.): Eintritt frei. Varieté. Lausanne (Editions Rencontre) 1963

Muerdel-Dormer, Lore: Berührung der Sphären. Die Bedeutung der Freundschaft mit Hugo von Hofmannsthal im Werdegang der Tänzerin Ruth St. Denis. In: NZZ, Nr. 87, 15./16.4.1978, S.68.

Nelson, Richard und Marcia Ewing Current: Loïe Fuller – Goddess of Light. Boston (Northeastern University) 1997.

Oberzaucher-Schüller, Gunhild (Hrsg.): Ausdruckstanz. Eine mitteleuropäische Bewegung der ersten Hälfte des 20. Jahrhunderts. [= Heinrichshofen-Bücher] Wilhelmshaven (Florian Noetzel) 1992

Ochaim, Brygida: Die getanzten Bilder der Rita Sacchetto. In: Tanzdrama, Nr. 14, 1991, S.22-25

Ochaim, Brygida: Miss Saharet. In: Tanzdrama, Nr.16,1991. S.34-36

Offenbach, Jacques: Pariser Leben. Text v. Henri Meilhac und Ludovic Halévy. Übers. v. Walter Felsenstein unter Benutzung der Übers. v. Carl Treumann. [=Regiebuch] Berlin, Wiesbaden (Bote & Bock) 1958

[Otéro, Carolina]: Die Erinnerungen der schönen Otero. Übers. v. Paul Fabian. Hamburg (Gebr. Enoch) 1927

Paglia, Camille: Die Masken der Sexualität. Berlin (Byblos) 1992

Patalas, Enno: Stars – Geschichte der Filmidole. Frankfurt am Main, Hamburg (Fischer) 1967

Pessis, Jacques und Jacques Crépineau: Les Folies Bergère. Paris (Fixot) 1990

Petzold, Bruno: Die Theater und Cabarets der Pariser Weltausstellung. In: Bühne und Welt, II. Jg., 1. Halbjahr, H. 3, 1900, S.91-95

Pougy, Liane de: Mes cahiers bleus. Paris (Plon) 1977

Pusch, Luise F. (Hrsg.): Feminismus. Inspektion der Herrenkultur. Ein Handbuch. Frankfurt am Main (edition suhrkamp) 1983

Rauh, Reinhold: Lola Montez. Die königliche Mätresse. München (Diederichs) 1996

Ret, Angelika: Tingel-Tangel und Volksvarieté. In: Theater als Geschäft. Berlin und seine Privattheater um die Jahrhundertwende. Hrsg.v. Ruth Freydank. Berlin (Edition Hentrich/Stadtmuseum Berlin) 1995. S.39-49

Riemenschneider, Heinrich: Theatergeschichte der Stadt Düsseldorf. Bd. II. Düsseldorf (Goethe-Buchhandlung Teubig) 1987

Rigolboche: Memoiren der Rigolboche, erste Tänzerin vom Theater Délassements-Comiques in Paris. Berlin (Julius Abelsdorff's) 1861[2)]

Rimer, Thomas J.: Das japanische Theater in der Welt. In: Japan – Theater in der Welt. Katalog zur Ausstellung im Museum Villa Stuck 12.3.-24.5.1998. Hrsg. v. Gunhild Avitabile und Jo-Anne Birnie Danzker. München (Museum Villa Stuck) 1998. S.211-217

Rose, Phyllis: Josephine Baker oder Wie eine Frau die Welt erobert. Wien (Paul Zsolnay) 1990

Ruyter, Nancy Lee Chalfa: Delsarte, son systeme et les Etats-Unis. In: François Delsarte 1811 - 1871. Katalog zur Ausstellung im Musée de Toulon 21.3. - 14.5.1991. Toulon (Musée de Toulon) 1991

St. Denis, Ruth: An Unfinished Life. An Autobiography. Brooklyn, New York (Dance Horizons) o.J. [Reproduktion der Erstausgabe von 1939]

Schaubühne am Halleschen Ufer (Hrsg.): Programmheft zu Labiche, Eugène: Das Sparschwein. Premiere: 1.9.1973. Regie: Peter Stein. Berlin 1973

Schneider, Marcel: 1925. Joséphine Baker et la Revue Nègre. In: An American Story. Publikation anläßlich der 4e Biennale de la Danse Lyon 13.9. - 6.10.1990. Lyon (Biennale de la Danse) 1990. S.57

Schreiber, Hermann: Die Belle Epoque. Paris 1871-1900. München (List) 1990

Schrenck-Notzing, Freiherr von: Albert von Keller als Malerpsychologe und Metapsychiker. In: Psychische Studien, April-Mai 1921. Leipzig (Oswald Mutze) 1921

Schrenck-Notzing, Freiherr von: Die Traumtänzerin Magdeleine G. Eine psychologische Studie über Hypnose und dramatische Kunst. Stuttgart (Ferdinand Enke) 1904

Shawn, Ted: Every Little Movement. A Book about Delsarte. New York (Dance Horizons) 1963

Shelton, Suzanne: Ruth St. Denis. A Biography of the Divine Dancer. [= American Studies Series. Hrsg. v. William H. Goetzmann] Austin (University of Texas) 1990

Shercliff, Jose: Jane Avril vom Moulin Rouge. Wien (Paul Zsolnay) 1953

Slide, Anthony: Encyclopedia of Vaudeville. Westport, Connecticut (Greenwood) 1994

Sorell, Walter: Der Tanz als Spiegel der Zeit. Eine Kulturgeschichte des Tanzes. Wilhelmshaven (Heinrichshofen's) 1985

Souvais, Michel: Les Cancans de la Goulue. Paris (Les Compagnons de Montmartre) 1992

Strohmeyer, Klaus: Warenhäuser. Geschichte, Blüte und Untergang im Warenmeer. Berlin (Wagenbach) 1980

Toepfer, Karl: Empire of Ecstasy. Nudity and Movement in German Body Culture, 1910 - 1935. Berkeley, Los Angeles, London (University of California) 1997

Vechten, Carl van: Maud Allan (21.1.1910). In: Chronicles of the American Dance – From the Shakers to Martha Graham. Hrsg. v. Paul Magriel. New York (Da Capo) 1978. S. 221-223

Vrieslander, Minni: Die spanische Tänzerin. Gespräch mit La Argentina In: Das Theater, IX. Jg., H.13, Juli 1928, S.331

Waagenaar, Sam: Sie nannte sich Mata Hari. Der erste wahre Bericht über die legendäre Spionin. Übers. v. Heddy Weissfeld. Vollst. überarb. u. erw. Fassung. Bergisch Gladbach (Bastei Lübbe) 1983

Wagner, Anne M.: Jean-Baptiste Carpeaux. Der Tanz. Kunst, Sexualität und Politik. [= kunststück. Hrsg.v. Klaus Herding] Frankfurt am Main (Fischer Taschenbuch) 1989

Warbeck, Hans: Ein verhängnisvolles Präludium. In: Die Schaubühne, 2.Jg., H.17, 22.11.1906. Wiederabgedruckt in: Tanzdrama, Nr. 2, 1988, S.18-19

Wencker-Wildberg, Friedrich: Mata Hari. Roman ihres Lebens. Leipzig (Kiepenheuer) 1994

Zola, Emile: Paradies der Damen. Übers. v. Hilda Westphal. München (Winkler) 1976

Register

Leihgeber

Badisches Landesmuseum, Karlsruhe
Bayerische Staatsgemäldesammlung, München – Neue Pinakothek
Bayerisches Hauptstaatsarchiv, München
Sammlung Gerd Blank, München
Derra de Moroda Dance Archives, Salzburg
Deutsches Plakat Museum, Essen
Deutsches Tanzarchiv, Köln
Sammlung Prince Alexandre Ghika, Paris
Hessisches Landesmuseum, Darmstadt
Historisches Museum der Stadt Frankfurt
Kaulbach-Villa, Ohlstadt – LVA Unterfranken
Kunsthalle Bremen – Kupferstichkabinett
Kunsthaus Zürich
Sammlung Guy Graf von Moy, Freising
Sammlung Peter Müller, Hattersheim
Münchner Stadtmuseum:
  Plakatsammlung,
  Puppentheatersammlung
  und von Parish-Kostümbibliothek
Museum für Gestaltung – Plakatsammlung, Zürich
Museum für Kunst und Gewerbe, Hamburg
Die Neue Sammlung, München
Sammlung Brygida Ochaim, München
Österreichisches TheaterMuseum, Wien
Saarland Museum – Stiftung Saarländischer Kulturbesitz, Saarbrücken
Sprengel Museum, Hannover
Staatliche Museen zu Berlin – Preußischer Kulturbesitz:
  Kunstbibliothek und Kupferstichkabinet
Städtische Galerie im Lenbachhaus, München
Städtische Kunsthalle Recklinghausen
Stuck Erbengemeinschaft, Baldham

Abbildungsnachweis